寓真 著

张伯驹身世钩沉

山西出版传媒集团 ◎ 三晋出版社

目　录

一 文外的前言

（一）

对于张伯驹的事迹，广大读者并不陌生。但许多人也许知其然，而不知其所以然。

出身于一个大官僚、大地主、大资产阶级的家庭，正处在二十世纪那个社会大变革的时代，张伯驹却走了一条自己独往的道路。他既没有投入熊熊燃烧的革命斗争的烈火，也没有充当他出身的那个没落阶级的卫士而成为牺牲品。在一枰激战甚烈的棋局中，他不过是一枚游离于局外的棋子。然而，他实现了自己的人生价值，得到了世人的敬佩。这也许就是一个可以令人回顾而凝思的奇迹。

世界丰富多彩，人生形形色色。世人走着不同的人生道路，抑或是自己的选择，更似乎是天意的安排。出身、环境、天资、气质、机缘、经历，诸多因素决定着事业的成败和价值的实现。

说到张伯驹的身世，会让人想起李白的诗中名句："天生我材必有用，千金散尽还复来。"

李白有谪仙人的气质,性情豪放,而"千金散尽"的另一个因素,则是有钱。这位大诗人出身于四川富商家庭,二十五岁时"仗剑去国,辞亲远游"。他广交天下朋侣,两赴长安求取功名,当然不只是身佩宝剑,而且是腰中缠了金银的。

我们看张伯驹,生性嗜好艺文,澹泊功名,以收购国宝而驰名,亦有"千金散尽"的豪气。而他的家庭,曾经是当时国中富豪。正是那样一个亦官亦商的富厚家业,为他的豪逸洒脱的侠行义举提供了基础。

然而,值得我们羡慕的并不是他们的金钱。世界上富甲一方、腰缠万贯的巨商大贾很多很多,然古代成为诗仙的,只有太白;现代留下护藏国华之美名的,只有伯驹。

世上有钱人有两种。一种人既有钱,更有豪心逸志,便能特立独行,在某一事业上做出非凡贡献,青史留芳。另一种人虽有钱,却猥琐庸俗,只知吃喝嫖赌,精神贫乏,也许自以为快活一生,其实是虫鸟物类之快活,并不知何为人生。当代这后一种人,据传甚多。国家改革开放的这些年中,一些人财运亨通,暴发而成巨富,不论群众如何地买房困难、看病困难、子女上学困难,他们先富起来的那部分人已经钱财多得不知该如何消受,于是有人携巨款到境外豪赌,穷奢极欲,挥霍无度。如此富人,徒有华丽外表,内实污秽不堪。

世上没钱人也有两种。一种人虽无钱,外形寒酸,内在却有高情雅趣,有道是"唐之诗人,类多穷士",甚至有"乞丐诗人"。陶渊明曾作《咏贫士》诗云:"倾壶绝馀沥,窥灶不见烟,""敝襟不掩肘,藜羹常乏斟,""岂不实辛苦,所惧非饥寒,贫富常交战,道胜无戚颜。"你看他酒壶干得一滴不也倒不出来了,厨灶也不见烟火了,破衣烂裳露着肩肘,这实在是太穷苦了,然而他所惧怕的不是饥寒,而是最怕失去道义原则,贫富二字常在内心交战,"贫而有道"属于他心中的胜利者,只要守着正道,脸上就不会有悲戚的容颜。这就是陶渊明笔下的贫士。另一种没钱人，则缺乏这种道德的力量，因生活所迫而至于胡作非为，所谓"民贫则奸邪生"，贫而贱，贫而无耻。贫穷是可悲的，贫而无耻则更加可悲。

可见无论贫和富，精神是极重要的。无论贫和富，只要精神卓尔不群，就可以成为名士。

如果我们只是复述张伯驹先生那些利国的好事，似乎并无必要；然而，当我们透过行为现象，观照一个人的精神世界的时候，却会是别有意趣的。

（二）

李白诗集中有一首《书怀·重寄张相公》，写道：

> 本家陇西人，先为汉边将。
> 功略盖天地，名飞青云上。
> 苦战竟不侯，当年颇惆怅。
> 世传崆峒勇，气激金风壮。
> 英烈遗厥孙，百代神犹王。
> 十五观奇书，作赋凌相如。
> …………

这首诗中，李白称自己是西汉著名边将李广的后裔。"飞将军"功盖天地，未能封侯，其英烈之气却遗传于后代。李白或许是承续了先祖灵根，所以少年有为，天才英特。"十五观奇书，作赋凌相如"，是把自己比做西汉大文学家司马相如。而在另一首诗中，他还说过："五岁诵六甲，十岁观百家。"可知其儿童时代是何其聪慧，对于历史古籍早已广泛涉猎。他二十岁时所写的《大猎赋》,其中有句云:"擢倚天之剑,弯落月之弓;昆仑叱兮可倒,宇宙噫兮增雄。"确有司马相如的闳大气魄。

然而,李白在政治生涯中却屡遭失败。唐玄宗召李白入京,曾以翰林供奉的身份,待诏一年多时间,后来遭人谗毁而"赐金还山"。到安禄山叛乱时,又应永王李璘的征召,随其东巡。永王兵败后,李白被囚于狱,落入"世人皆欲杀"的境地。传说是汾阳王郭子仪站出来为他说话,才把他的死罪改成流放。在流放去往夜郎的途中,有幸遇上了大赦。

上面所引《书怀·重寄张相公》,就是李白出狱后,写给当时的朝中宰相张镐的诗。诗中还写道:"想像晋末时,崩腾胡尘起……抚剑夜吟啸,雄心日千里。誓欲斩鲸鲵,澄清洛阳水。"这是以西晋末年的"五胡乱华"的历史,借指安史之乱,表示诗人斩鲸平乱的雄心。诗意最后则归结到惩灭敌虏后,并不求论功封赏,只愿飘然而去,永作海外的游仙:"灭虏不言功,飘然涉方壶。惟有安期舄,留之沧海隅。""方壶",是传说中的海上仙山。"安期舄",指蓬莱仙人安期生,传说事。

李白在这篇诗歌中所表达的政治抱负,和功成之后归隐学仙的心愿,是他的一贯思想。早年写的《代寿山答孟少府移文书》中,他就说过:"达则兼济天下,穷则独善一身",表示要立志奋其智能,辅助帝王,"使寰区大定,海县清一",然后则愿像陶朱、留侯一样去"浮五湖,戏沧洲"。然而,他的政治抱负始终不能实现,因而也始终不能达到其"功成身退"的隐士、仙家、道人的愿望。

历史只能让李白成为一个诗人,让他成为了一个沉浸在醉态和狂幻中的诗人。历史为人类造就了一个诗仙。

张伯驹所收藏的极品文物,其中一件便是李白书法《上阳台帖》。一九五六年,伯驹致函毛泽东主席,并赠送此帖,交由中央统战部徐冰转呈。原物现存于北京故宫博物院。

《上阳台帖》为白麻纸本,草书,五行二十五字。前隔水有宋徽宗泥金书签,引首有清乾隆皇帝所题的"青莲逸翰"四字,并钤有多家鉴藏印。宋代黄庭坚题跋云:"及观其稿书,大类其诗,弥使人远想慨然。李白在开元、天宝间不以能书传,今其行草殊不减古人。"书评家都认为,李白作书如其作诗,高视阔步,物我皆忘,心闲笔纵,无不如意。此帖所写的内容,有"非有老笔,清壮何穷"的句子,字意一体,表现了这位诗仙的沉雄放达的气度。

《上阳台帖》原藏于清内府,清末流出宫外,为张伯驹发现后购藏。伯驹鉴认此帖为李白真迹。他在《丛碧书画录》中记曰:"余曾见太白摩崖字,与是帖笔势同。以时代论,墨色笔法非宋人所能拟。《墨缘汇观》断为真迹,或亦有据。按《绛帖》有太白书,一望而知为伪迹,不如是卷之笔意高古。"

张伯驹对《上阳台帖》的收藏,除了体现其对国家文物的珍爱之外,同时也体现出他对诗仙李白的钦慕。历史相隔遥遥一千二百馀年,李白不仅有近一千首诗歌一直为人们吟诵,而且竟然还有他的墨迹幸存人间,尤其是中国文化人的灵魂如此递相沿袭,绵延不绝,想到这一点,不能不让我们感到这是多么值得庆幸的事情。

李白产生于李白的时代,伯驹出现在伯驹的时代,不可拟比。这个时代不可能诞生诗仙,这个时代却可以有艺术收藏鉴赏家。任何人的思想气度、德业功次,都不可能超越其历史环境。然而,名士都有同样的风流。有道是:"名下无虚士","是真名士自风流。"

(三)

笔者因职业所限, 长期埋头于案牍中, 以前与文艺界人士接触甚少。一次在朋友家里, 偶尔看到一卷张伯驹手写的词稿。他的词, 吸引了我,内心为之一震。大概由于文化断层已久、风气丕变的原因,当代人写的词,多有词语生硬、意味贫乏之病。而伯驹的词,是真正词人的词,可以读出古人的遗韵,这在当代词林中已殊为难得。由此而始,我便随时留意张伯驹的著述,以及有关他的生平事迹的评介。

其时,我还在高级法院的岗位上。我所学习的专业只是法律。

法学教育的根本,并不在乎要记熟多少法律条文,而是重在培养一种崇尚法治的精神和公平正义的理念。真正研读法律的人,都会具有奉法律为至高无上、以护持正义为己任的基本品质。或许由于这种本质上的原因,法学界人士在社会政治形势的变化中,往往显得书生气而反应迟钝。正当司法体制改革成为社会热议的时候,我也曾经抱着某种热情和期待,而在实际进行中,才感觉到我们面对着许多复杂的情况。改革者的任何良好的意愿和举措,都可能会被他人利用而产生逆向的结果。我并不善于研究社会问题,而我所在的岗位却使我领教了各色人物,看到了那些离奇的现象。忽然有一天,在无意中想到了张伯驹先生。豁然觉得这老先生不愧是现代社会的翘楚人物, 他比我们这些学习法律的人要高超出许多。

除了先生的词令人喜爱,他收藏古代书画的事迹亦令人感慕。文物收藏真正是一件好事、雅事,既是为国家珍藏国宝,保护民族文化,而对自己来说,无疑也是一种情趣陶冶,大有益于身心。即使一九五七年被打成右派,文化大革命中再遭厄难,张伯驹始终精神不萎,照旧于诗词书画如醉如痴。法律界的人士却不会有这样的潇洒。法律无法与艺术相比,艺术很有情趣,而法律是很枯燥的。法律也不能与政治经济相比,政治经济可以随机应变,可以投机取巧,法律却以正直、稳固为特征。在政治经济的跃变之际,法律总是滞后的。那一场灾难性的反右运动中,各级法院属于重灾区,右派之比例据说高于其他党政机关。尔后的大跃进时代,仍然有许多法律专业人士不能随应形势,而被指斥为"右倾"和"旧法观点"。艺术家即使戴了右派帽子,也还会有机会进行自己的艺术创作。许多法官被打成右派之后,却完全销声匿迹了。他们之中会不会有人走上艺术品收藏的路子呢? 那个年代的书画价格还很低廉,如果偶有觉醒者,应该是一种幸运吧。

九十年代初,在太原市府西街有一片闲置的空地。喜好收藏的人们习惯在那里交易。那时我家住在附近,星期日闲逛偶然发现了这个市场。可惜我并没有及时从繁忙的事务中解脱出来。一方面要给络绎不绝的诉讼者排难解纷,另一面却承受着多种的干扰和莫名的发难,加之审判机关的自身建设,涉及人财物诸多问题,足使人焦头烂额。许多的法官大概与我类似,那些年让我们付出了太多的精力。

在西方的法律观念中,有自然法之说,我以为就是中国古人所说的天道。忠实地执行法律,为人间主持公道,是法官的天职,是这个职业的本质,是天道和良知。法官如果不能独立公正地行使审判权,而要听命于法外干预和要挟,既是对法律的玷污,也是对法官人格的玷污,那样的法官宁可不做。但是你又不能不做,因为有国家的重托,有当事人及大众的期许,你不能自命清高而不负责任。这也许就是所谓忍辱负重的含义。

在这个时候,受到了张伯驹的影响,真是一种幸运。艺术的爱好很神奇,它可以让人陶醉,可以化解烦忧、调节心态,可以让你在困境中得到慰藉,可以让你在威胁面前藐视他们,在利诱面前坚守节操。

对于诗词,我从年轻时即已形成嗜好,而涉足金石和艺术鉴赏,实在已经为时过晚,骨董市场上已经无漏可捡。然而,对于古玩和艺术品收藏的沉湎,终于使我从繁冗琐务的围困中,找到了一个逃避的去处。自九十年代后期,我逐渐把较多的业馀时间消耗在古籍、碑帖、书画、文房的玩赏中。这促使我研究了许多资料,早年所学的某些文史知识得到发挥,学养和人生情操也在接受着新的熏陶。譬如,过去背诵过不少李白的诗歌,似懂非懂,只有自己的生活经验和审美体验到了那种深度,才能读懂名士的风流。

李白歌咏道:行路难,行路难,多歧路,今安在?长风破浪会有时,直挂云帆济沧海。且放白鹿青崖间,须行即骑访名山。安能摧眉折腰事权贵,使我不得开心颜。歌且谣,意方远。东山高卧时起来,欲济苍生应未晚。

张伯驹有词云:今日异,几时休,人间不解重骅骝。歌百阕,酒千觞,风流犹似少年狂。宛转柔情都似水,飘摇残梦总如花,人间何处不天涯。辞北阙,对南山,孤吟独向海西边。陶然一醉东篱酒,万事如流等逝川。

名士风流,使人钦慕。于是,我便更加注意搜求有关张伯驹的行藏资料,也发现了流行的书刊中对他有许多不准确的描述,需要钩沉史料,道出真情。现在这本书,也就这样构思出来了。

以上,只是一篇文外的前言,且看下章言归正传。

二　且从张镇芳说起

　　解读张伯驹其人，要从他的身世说起。了解张伯驹的身世，要从他的父亲张镇芳说起。

　　张伯驹出生于一八九八年二月十二日，即是清光绪二十四年正月二十二日。原籍河南项城秣陵镇阎楼村。其生父张锦芳，当时只是一个乡间秀才；伯父张镇芳则是进士出身，在朝为官。一九零三年伯驹六岁时，张镇芳已经到了天津，在直隶总督、北洋大臣袁世凯麾下担任要职。镇芳、锦芳是同胞兄弟，镇芳为长，锦芳为次。因为镇芳膝下没有男儿，按照传俗，锦芳便将亲生子伯驹过继给长兄。伯驹被送到天津张镇芳身边。自此以后，他称镇芳为父亲，称生父锦芳为叔父，称生母为姊母。

　　张镇芳在我国近代史上，是一个值得关注的人物。著名的天津长芦盐场，是在清朝末年由张镇芳主管期间，驱逐了俄、法、日等外国人的侵犯，理顺体制，拓展规模，至今作为我国海盐产量最大的盐场，不应该忘记张镇芳当年所奠定的基础。袁世凯任直隶总督、北洋大臣期间，设法收回被英国人霸占的开平煤矿，当时出面与英国人交涉的，正是时任天津道台的张镇芳;后来因在伦敦诉讼未果,国人另办滦州煤矿,迫使英国人同意成立合营的开滦矿务总局。这个联办合同,正是在张镇芳担任直隶总督时签订的,可谓是近代史上最早的中外合资合同之一。接着张镇芳调任河南都督,又参照开滦煤矿的办法,将英国人独占的卫辉煤矿改制为中英合资。辞去河南总督回京之后,张镇芳创办了盐业银行,该银行成为我国北方第一家商业银行。这些都是在中国近代经济发展史上,值得大书一笔的勋绩。

在近代史研究中,对于张镇芳这个人物至今没有引起重视。而且由于某种教条主义的概念, 很容易形成对历史人物的误解和偏见。概念化、公式化的评骘,只会把张镇芳当作一个反动政客,对于他的政治作为和人品作了贬低和歪曲。

其实,张镇芳是一个真正的儒士。纵观他一生行藏,显然深受正心诚意、格物致知的儒家思想熏染,在云翻雨覆的政治舞台上,他一直在寻求着合乎忠信礼义的道德规范的人生归宿。伯驹的学习成长,以至成家立业,无不受到张镇芳的深刻影响。伯驹对于张镇芳的一生事业,以及其人格器识和政治态度,都是完全赞成和非常之崇敬的。

张伯驹的文化品格的养成,一个重要因素便是得益于家学,及其家族的文化精神的传续。

张镇芳字馨庵,生于一八六三年(清同治二年),二十九岁时(光绪十八年),考中进士。初任翰林院编修、户部主事,袁世凯任北洋大臣时推荐镇芳任北洋银元局会办、永平七属盐务局总办,后提升到天津河间兵备道、长芦盐运使,宣统末接署直隶总督。入民国后,调任河南都督。在豫督任上因镇压白朗起义不力,被撤职回京,之后致力于开办盐业银行。张勋复辟时,张镇芳是复辟派的主要成员,因而以犯"内乱罪"受到审判。获释后,曾任盐业银行董事长,不再参政,基本上过着隐居生活,一九三三年病逝于天津。

墓志铭:镇芳的忠心与才干

关于张镇芳的历史资料,只是散见于各处档案中,不易搜寻归拢。新近的出版物中或可见到"张镇芳传略"之类的篇什,然浮文粗略,几无可取之处。只有传世的一篇墓志铭,对他的生平叙述有始有终。这种文体虽然不免多有溢美之辞,所述事迹却是可信的,因为它要铭刻在石碑上,公诸世人。当时,镇芳相与共事的人还大都在世,人们对他的经历了如指掌,文中的基本事实是不可能虚拟伪作的。

《清故光禄大夫署直隶总督张公馨庵墓志铭》,这是铭文的全称,显然是把张镇芳作为清朝的旧臣看待的,并不冠以民国的职务。这也正好迎合了张镇芳生前的意愿,他本人始终以"忠清"自居。

此碑为杭县钟广生撰文,铜山张伯英书丹。钟广生是民国时期文化名人,时居天津,有《愻庵诗集》等著作多种。张伯英是光绪进士,入民国曾任执政府秘书长,精于金石碑帖之学。整篇墓志铭行文清省而有文采,不愧为出自文章大家,值得一读。只是原文全篇文言,如果完全直译成现代口语,就会失去文章的风格,笔者斟酌现在的阅读习惯,语句上略加整理改动,将不易看懂的文言字句,掺了一些白话释义,半文半白,虽不如原文简雅,或可便于阅读。其文如下:

公讳镇芳,字馨庵,河南项城人。自高祖徙居县城新庄,传到镇芳为第三代。镇芳之父恩周先生,学识渊博,且有文才,但于科举不利,未能入仕,在家亲自教授镇芳和镇芳之弟锦芳读书,使两子攻苦诵读,既作严父,又是名师。光绪乙酉年,镇芳二十二岁,乡试选拔各科,与父亲同往参加秋试,到榜示发出,镇芳中了举人。当镇芳将往礼部之时,其父命他缓行,并说:"我虽老了,还应当为文章争一口气。"到第三年,是戊子年,其父再次参加考试,果然得到捷报,于是父子二人同上礼部,此事一时传为佳话。

张家累世寒微,直到镇芳成名,家业始得昌盛,门庭大为光耀,自其父恩周先生以上,至其高祖,都受赠为光禄大夫,自恩周夫人刘氏以上三代都受赠为一品夫人。

镇芳自幼有器识,言诗立礼,矩步蹑趋,行止端方合度,赴京会试一举及第。以光绪壬辰年进士,授职户部主事,于京城多与贤士大夫交游,学识愈加进步。乙未、丙申两年中,母亲、父亲先后去世,镇芳回原籍守丧。到庚子年丧期服满,镇芳返回京城,却遇上义和拳起事与八国联军乱京,慈禧与光绪帝两宫仓惶西走。镇芳未及更换官服,衣装破旧,徒步而行,出阜成门欲扈从御驾,听说溃兵阻挡在卢沟桥,只好改道混杂在难民中间,一直走到衡水才有车马可乘。过洛阳,涉潼关,终于到达两宫行在处。次年事态平息,扈从御驾回到京师后,叙评功劳,镇芳被赏加为四品官衔。

袁世凯署理直隶总督之时,认为镇芳老成而负有名望,专上奏折请准将镇芳调往天津。往年镇芳在户部任职时,即为常熟、仁和、定兴诸位主管过财政之丞相所赏识,历任捐纳房之银库管理要职。镇芳当初并无请求外任之意,接到圣旨,乃勉为一行。

镇芳思虑缜密,长于财务综核。委任为铜元局会办后,经他钩稽铢析,精心核查疏理,赢息倍增。永平七属盐场废置已久,镇芳理财以削减有馀而补不足,使得商引阜通,年收入盈馀五六十万,当时舆论认为如此成绩实为难得,镇芳由此赢得善于理财之名声。随后担任天津河间兵备道,转任长芦盐运使,所到之处都有懋绩。

宣统元年,镇芳受朝命升调为湖南提法使,赏头品顶戴。即将赴任之际,时任直隶总督之陈夔龙上疏挽留,朝廷许之。时间不久,发生武昌起义,袁世凯再度执掌大权,任用镇芳接替陈夔龙之直隶总督,行使北洋大臣职事。其时正当清廷逊位,京畿一带兵变麻乱,镇芳坐镇北门,审时度势,静翕动施,使军民得以安居,博得袁世凯嘉许而更加依赖之。

共和成立,袁世凯反侧不安,认为中州管毂南北,地位极其重要,因而又调镇芳任河南都督,为故乡效力。而开封的军政管理久已弛松,有人欲乘镇芳初来之机,扰乱以撼摇局势,于是发生了勾结奸宄轰炸火药库事件。镇芳不动声色,严布城防,捕杀首要三十馀人,解散徒党,使之未能蔓延,旬日之间平息乱事。镇芳持事之镇定作风,大多类似此举。

镇芳治豫,一遵清代成法,不为急功近利。惟有因卫辉煤矿被英国商人垄断专权,镇芳引用在天津任道台时处理开滦煤矿之案例,极力与英人争论,使其改制为中英合办,命名为福中公司。为河南省开辟此一致富资源,实乃自镇芳手上肇始。

逾年,镇芳辞去河南都督,还居天津,手创盐业银行。袁世凯病逝后,发生张勋复辟事,当事者骤起,镇芳参与其中,负责财政。复辟事败,牵涉被捕,羁押多日,方获释放。

呜呼!镇芳自束发之年受学读书,对于“在三之义”谙熟于心。由于袁世凯之缘故，有感其知遇之恩而随其调用，然而，耿耿之衷肠并未能情愿而心安。故在任豫督方一年时，毅然求罢，由此已将其内心隐衷明明予天下所共见。有评论者，怀疑镇芳处事不当，本末乖牾，认为他本当一意献身于袁世凯才是，匡复清朝旧君则是其谬误之处。如此之议论，岂是足以真正识得镇芳之真心者哉！

镇芳自辞职以来，优游于沽上十余年。壬申年其七十大寿，其弟锦芳，字絅庵，亦年届六十，正是埙吹篪奏，兄弟亲睦，其欢怡怡。次年癸酉五月二十日，镇芳以微疾终于天津寓所，春秋七十有一。元配智夫人已卒在其前。无子，生一女亦早夭。立其弟锦芳之子家骐（伯驹）为嗣。孙名柳溪。以翌年春卜葬于天津南郊佟楼之原。

墓志铭由志、铭两部分构成，所谓"其序则传，其文则铭"。以上是志文部分，虽也称"序"，实际是主要部分，是死者的生平传记。后面的铭为四言韵文，类似赞美的诗歌，歌功颂德，无大意义，姑且略去不引。

读如上墓志，对于张镇芳的印象，大概有两点较为显著：一是他的忠心；二是他的才干。

关于他的忠心。志文记事有详有略，而写到慈禧和光绪帝出逃，镇芳追踪扈行的那一段，具体描写其敝衣徒步的辛苦，作者刻意多着笔墨，表现镇芳如何地尽心竭忠，也是为叙述镇芳一生的行迹打好了底色。

《国语·晋语一》云："民生于三，事之如一。父生之，师教之，君食之。非父不生，非食不长，非教不知。生之族也，故一视之，唯其所在，则致死焉。"这段话的意思是说，人都是父亲所生育，老师所教育，君国所给养，归根结底就是让人懂得礼敬君、父、师,三者视之如一,这就是"在三之义"。墓志文说,镇芳自少小读书,"对于'在三之义'谙熟于心"。忠君、孝亲、敬师的伦理道德,是张镇芳思想中根深蒂固的东西。这在墓志铭后一部分的铭诗中,也概括了四句话:"学有本原,忠孝之则,孝惟显名,忠惟尽命。"

再说他的才干。张镇芳在户部期间,还只是初出茅庐,就已经被三位丞相先后看重。"常熟、仁和、定兴",就是指户部的前后三任尚书:常熟翁同龢,仁和王文韶,定兴鹿传霖。过去对尊贵人士不直接称呼姓名,而以他们的籍贯为代称,如称李鸿章为"合肥",称袁世凯为"项城"。翁同龢是咸丰六年进士,历任户部侍郎,刑部、工部、户部尚书,两次入值军机大臣,中日甲午战争后力主维新变法,戊戌变法的纲领文件《定国是诏》就是出自他的手草。变法失败,翁同龢被慈禧下令革职,"永不叙用"。晚年虽被撵出京城,却博得"中国维新第一导师"之称,备受尊敬。王文韶是咸丰二年进士,历任湖南巡抚、云贵总督、直隶总督兼充北洋大臣,后以户部尚书、大学士入值军机处。鹿传霖是同治元年进士,历任河南、陕西巡抚,江苏巡抚兼署两江总督,回京后任户部尚书、兼办政务大臣、军机大臣。这三位人物都是晚清名臣,张镇芳有幸作为名臣的属下,得到他们的信任,并担当管理"捐纳"的重任,这便使他能够有机会崭露头角。

什么是"捐纳"呢?古代通过捐资、纳粮换取官职、官衔,叫做捐纳。历朝设立捐纳的制度,大概出于两个用意:一是搜罗人才,充实官吏,与科举制度为互补;二是充实中央财政和粮库。西汉大文学家、弹琴挑诱卓文君私奔的司马相如,就是捐资做了郎中令的,可见捐纳确有过罗致人才的作用。

清朝吏治,以科举考试入官为正途,以捐纳入官为异途。而清中期后,捐纳盛行,实际捐纳入官的人数甚至超过正途。下级地方官员,直至郎中以下的京官,以及武职中的千总、把总、参将,都可以通过捐纳获取。平民可以捐纳贡监,不经科举而获得举人、进士的名分。捐纳项目可谓花样繁多,包括升迁、加级、改任、降职革职后留任、复职等等,都可以通过捐纳途径。

官吏礼帽上装饰的孔雀翎,叫做"翎子"或"翎枝",也是可以捐纳得到的。况周颐《眉庐丛话》中记载说:扬州的盐商都捐了官,自咸丰朝开了捐纳翎枝的规定,盐商又都戴上了花翎。他们每天都到平山堂摆宴席聚餐,翎顶辉煌,互相夸耀。盐商们结伴往来,不坐车,专门结队骑马,沿街穿行,震动炫耀。有一个穷人装疯作傻,戴着铜顶破帽,帽子后檐插上办丧事用的那种纸钱,骑上一头秃尾巴的瘦驴,穿插在盐商们的华丽的队列中,做出一副洋洋得意的神态,专门起哄,旁观的人也都故意叫好,给他助威。盐商们感到十分讨厌,但也没有办法,只好集了巨款来收买他,求他不要和富商捣乱。这个穷人原来生活很寒酸,自此得了一笔丰厚钱财,日子过得滋润起来。这是反映晚清捐纳的一个笑话。

捐纳有现行事例、暂行事例两种,暂行事例专为赈灾、河工、军需三个方面的经费需要而开设。朝廷将捐纳作为财政收入的重要途径,而弊端日益显现,造成官员滥冗,仕途混杂,并发生徇私舞弊、中介侵蚀、私行减折、虚报赈灾、侵吞巨款等现象,故屡有上疏批评捐纳不是善政,力谏废止。光绪五年,曾经诏令停止捐纳,但因海防和赈灾需要,实际上捐例屡开。光绪末年锐意图治,又下诏停止捐纳,但仍然允许保留某些捐纳项目,停捐仍是徒有其名。由此可知,捐纳是清政府中一项重要而又极其复杂的政务。

这样一件要务由哪个部门来承办呢?这就是户部的"捐纳房",举国上下捐纳事项全归这个部门主管。所有的捐纳收入,都由捐纳房负责收归中央财政;凡捐纳收入用于赈灾和国防,也都由捐纳房核拨。

张镇芳在户部捐纳房管理银库收支,不仅显示了他精通会计、善于理财的才干,也表现了他廉洁奉公的品质。在这样一项复杂的政务中,他能够获得"老成负清望"的评价,应该说是非常之不易。读过《红楼梦》的人,都会记得"秦可卿死封龙禁尉"的情节。贾珍为了让秦可卿的丧事办得风光,托了大明宫掌宫内监戴权,给贾蓉"捐个前程",戴权看了贾蓉的履历,回手递与一个贴身的小厮收了,说道:"回去送与户部堂官老赵,说我拜上他,起一张五品龙禁尉的票,再给个执照,就把这履历填上,明日我来兑银子送过去。"贾珍问银子还是我到部去兑,还是送入内相府中?戴权道:"若到部兑,你又吃亏了,不如称准一千两银子,送到我家,就完了。"这个故事中,既可以看出户部堂官老赵重权在握,也可以看出中间人戴权如何诡诈。联想到张镇芳在户部堂官这种岗位上,能够守正不私,正合了"廉士重名,贤士尚志"的古训,不愧是一个"学有本源"的正心诚意的读书人。

是攀靠袁世凯走上了暴富之路吗

袁世凯与张镇芳都是项城人,袁世凯的兄长袁世昌娶了镇芳的姐姐为妻,两家遂有姻亲关系。但镇芳在户部期间,与袁世凯并无多少交往。袁世凯署理直隶总督兼北洋大臣之后,要编练新军,筹措经费,需要有善于理财的人才,经上折请准,将镇芳调去为他管理财政(铜元局),随后又让镇芳管理作为重要财源的长芦盐场。由于镇芳在这些岗位上的业绩受到公认,后来在朝命升调他到湖南任提法使时,陈夔龙又上疏挽留。陈夔龙出任直隶总督兼北洋大臣时,袁世凯已经被清廷罢黜,他骂袁世凯是"乱臣贼子",与袁并非同道。另一说法,挽留张镇芳署直隶长芦盐运使,是盐政大臣载泽的奏请。无论有何背景,挽留上疏总是以镇芳的才干和业绩为由的,不然也不会得到谕准。

世面上有些历史读物,渲染张镇芳攀上袁世凯的关系,因而显赫发达,"掌管了肥得流油的职位","由一个穷京官走上了暴富之路"。也有人说"张镇芳为袁理财,办理军需……公私兼顾,个人也发了大财,成为大富翁,与翰林院时的穷书生相比,已是别若天渊。"这种捕风捉影的渲染,完全不是写史,倒像是写流行小说。

其实我们不应该以现在的风气,去一律套括以前的历史人物。张镇芳在户部深得信任,他并不是主动要去与袁世凯攀亲,而是袁世凯出于自身需要,请求把镇芳要过去的。袁世凯所以要上奏请调镇芳,不排除有姻亲的因素,但主要的因素是镇芳的才干与声望。如果是一个才干平常、品行不佳、名声不好的人,即使是至亲,袁世凯会要去给他理财吗?朝廷会准许任用吗?

张镇芳的项城家中,从他父亲已成为大地主,拥有三千亩土地,并非"穷书生"之家。镇芳"言诗立礼,矩步矱趋",并非贪官。他如果贪赃,在户部捐纳房最具有贪赃的机会,何至于是一个"穷京官"?镇芳后期家产兴隆,主要是他离开政界以后,建立盐业银行,恰得商机,遂成茂业,并不是靠贪赃发家。清末民初,法治方兴,舆论渐开,政风也不见得就是一片黑暗,大可不必以当代官场上的某些现象去臆测前人。

关于张镇芳的宦海沉浮,还有下面几件档案材料可供参阅。

一,《清代官员履历档案》中,存有光绪三十一年(一九零五年)吏部制作的张镇芳履历表:

> 张镇芳,现年四十岁,系河南项城县人,由优廪和应光绪
>
> 乙酉科试考选拔贡,是年应本省乡试中式举人,壬辰会试

中式进士,签分户部陕西司主事。二十八年九月经直隶总
督奏调北洋差委,奉

旨允准行知在案。到津后派北洋银元局会办,复派永平七属盐
务总办,又派盐业公司、森林公司等事宜。二十九年十一
月报捐候选道员。三十年十一月加捐指分直隶试用,是年
十二月经北洋大臣袁世凯奏保,奉

旨交部从优议叙。本年二月二十三日由吏部带领引见,奉
旨照例发往。

二,光绪三十三年十一月初九日,署理北洋大臣、直隶总督兼管长
芦盐政、山东巡抚杨士骧的奏折。杨士骧任直隶总督兼北洋大臣,是继
袁世凯之后,而在陈夔龙之前。此件奏折,杨士骧专为推荐张镇芳,请求
委以重任而上奏朝廷:

再:现署长芦盐运司直隶存记道张镇芳,由进士主事,在
户部供差年久,熟悉度支。光绪二十八年经升任督、臣袁
世凯奏调来直,委办银元局务,规画精详,实心任事,旋改
捐道员。派令办理永平府属盐务,著有成效。并因办理公
债暨筹办中立,在事出力。迭经升任督、臣袁世凯奏保、奉
旨交部从优议叙。并两次蒙

恩饬交军机处存记,钦遵在案。是该员之沈毅有为,廉能卓著,
早在

圣明洞鉴之中。查永平盐务,自道光年间,商倒引悬,改归官
运,因循废弛,百弊丛生。自该员经理以来,厘剔弊端,杜
绝滩私,扩充销路,岁得馀利十馀万。四年统计,已成巨
款。洵属苦志经营,有裨国计。数年前,臣在直隶藩司任内

与之共事,即已深佩其才。该员现署长芦运司,整顿引课,纲情翕然,醛务当日有起色。溯查长芦自遭兵燹,滩盐、坨盐先为俄、法占踞。虽经设法以巨款赎回,而外人窥伺垂涎,时须防范。曾有日人商购永属石碑场滩盐,运往海参崴等处销售,以图尝试,该员严词拒绝,得以保我利权。其从前经管沿海渔业,陆军粮饷,调度得法,综核靡遗,犹其馀事。当此举行新政,百废待兴,款绌用繁,理财是亟,人才难得。若该员之精于计学、成绩昭然者,实为不可多得之员。臣知之既稔,不敢壅于上

闻。应如何

施恩,量予擢用之处,出自

圣裁,理合附片密陈。伏乞

圣鉴。谨

　奏

张镇芳仍交军机处存记(硃批)

三,张镇芳被委任长芦盐运使到任之后,感谢皇恩的奏折。因资格不能亲自上朝,由其上司、直隶总督北洋大臣杨士骧代奏:

　　　　署理北洋大臣、直隶总督、兼管长芦盐政、

　　　　山东巡抚、臣杨士骧跪

　奏,为据情代

　奏叩谢

天恩恭摺,仰祈

圣鉴:事窃据二品衔长芦盐运使张镇芳,详称光绪三十四年正

　　月二十五日钦奉

上谕:长芦盐运使著张镇芳补授等因,钦此。跪聆之下,惶悚莫
　　名。旋奉饬赴新任,于二月十二日准升任运司凌福彭将
　　印信文卷移交,前来当即恭设香案,望

　阙叩头谢

恩任事。伏念镇芳,汝南下士、冀北备员,十载公车,忝附杏林
　　之宴;九年郎署,幸观农部之光。曾权篆于长芦,复备兵
　　于渤海,涓埃未报,冰惕方深。兹更渥荷

恩纶,畀司盐运,自

天闻命,伏地增惭。查长芦为滨海要区,运司为鹾纲总汇,必须
　　严除积弊,裕岁课以济时艰;更期广浚利源,通商情以培
　　元气。镇芳才轻责重,深惧弗胜,惟有矢慎矢勤,悉心筹
　　画,随时随事,竭力经营。固不敢操切图功,亦不敢因循
　　废事,以冀仰答

圣主高厚鸿慈于万一。所有感激下忱,并任事日期,详情代谢
天恩等情理,合据情代

　奏。伏乞

皇太后

　皇上圣鉴。谨

　　奏

知道了(硃批)

　光绪三十四年二月二十五日

　从"履历档案"可知,张镇芳到北洋银元局、永平七属盐务局任职,确是袁世凯任直隶总督时保奏。而杨士骧的奏折可清楚看到,张镇芳虽然是经袁世凯奏调直隶任职,但他为官并非靠诌谀媚上,而是靠他的忠

厚、干练和能力。杨士骧奏折中对张镇芳的赞语,并非虚言。张镇芳在长芦盐场的管理中,忠于职守,苦志经营,整顿有方,成绩昭著,确为事实。尤其是他毅然抵制法、俄、日等外国商人侵占我资源,维护国家经济权益,耿耿忠心可见。

张镇芳托上司代上的奏折,当然要说一些感激皇恩的官话。而他对职责忠忱的表示,也是他的真实态度。诸如"严除积弊"、"广浚利源"、"矢慎矢勤"、"悉心筹画"、"竭力经营"等等,表明了他"心存君国"的责任感。

据长芦盐务方面历史记载,张镇芳曾经建立缉私总局,严治盐运走私。经过他兴利除弊,扩充销路,达到了"岁得馀利十馀万,四年统计,已成巨款",这大概不会是夸大其词。杨士骧在奏折中还说,"该员之精于计学","理财是亟,人才难得"。张镇芳确是一个善于理财的经济人才,清廷逊位前还曾经任命他为"度支部尚书",让他掌管财政部。

临战辞职,感喟百姓痛不聊生

存档的以下三件电报,与镇压白朗起义有关:

一,中华民国二年(一九一三年)十一月十四日,张镇芳电请参谋部、陆军总部增调军队:

　　开封来电:

急。参陆两部钧鉴,拱密:豫省匪炽,民不聊生。军队不敷分布。前电许拨一混成旅,不知究系何军,翘盼速来,以便痛剿。祈示。张镇芳叩,元印。

二，一九一四年，袁世凯迫于舆论，电令张镇芳撤职避位：

　　河南都督府来电纸

第一等计四十六字，二月十二日下午五点四十分到

开封，段总长：部密、真二电悉。张督近为中外攻击甚力，留之适足害之，不如避位以塞舆情，于公私为两利也。大总统，文印。

三，复令张镇芳继续留在河南，会办剿抚事宜的电报：

　　河南都督府来电纸

第一等计三十五字，二月十九日上午一点零分到

特急。开封，陆军总长钧鉴：部，张前督奉令留河南会办剿抚事宜，回任，毋庸议，谨陈，树铮。巧印。

光州王总司令、周口王副司令、漯河陶旅长：华筱日奉大总统令，张镇芳着仍留河南会办剿匪事宜等因，仰饬各军队知照。瑞巧印。

　　辛亥革命发生，袁世凯重新出山后，以内阁总理大臣奏准以张镇芳接替陈夔龙，署理直隶总督兼北洋大臣，随后又改任为河南都督。河南是袁世凯故乡所在，又地处中州，乃是统临四路、屏捍京国的要冲之地。镇芳赴任之初，曾遭到河南诸多团体抵制。省咨议局致电袁世凯，拒绝镇芳赴豫。镇芳走马上任，果断起用在地方上有影响力的前清翰林、进士，迅速稳住了局势。这一举措既显示了他的政治运筹能力，也表明了他的守旧政治态度。在孙中山发动"二次革命"时，开封发生了火药库爆炸事件，张镇芳为镇压肇事者，出动军警包围革命派的报社，捕杀该报社青年，引起了舆论抨击。有的报道甚至指责他"杀戮无辜，不可数计"。

开封《大中民报》曾经刊载一组《哀江南》诗,其中一首写道:

> 堂堂贵戚莅中州,亡国馀威使人愁。
> 大陆依然崇专制,共和若付水东流。

诗中"亡国馀威",是说张镇芳是已经灭亡的清朝的旧臣,在他身上却还馀留着封建专制的威风。新闻报道虽可能有夸大之词,而严厉打击革命派、稳定中州政局,确实是张镇芳当时的基本立场。舆论如此强烈却是他未必能料想到的,在自己的家乡落得声名狼藉,不能不使他万分难堪。所以在随后的镇压白朗起义中,他实际采取了后退的态度。

白朗起义是民国初年爆发于河南的一起农民起义。白朗是河南宝丰县大刘村人,在豫西一带以"杀富济贫"为号召聚众起事,遇上连年荒旱,"丐与盗满河南",饥民纷纷聚集到白朗的旗帜下。孙中山"二次革命"失败后,白朗起义军成为国中反袁的一支最强力量,提出"逐走袁世凯"、"建立完美政府"的政治口号,攻城占地,声势浩大,纵横于豫、鄂、皖三省边境,号称"公民讨贼军"。袁世凯调集二十万军,四省会剿,起义军遂西走陕甘。后转战回河南,被包围在鲁山一带,白朗在激战突围中负伤,牺牲于鲁山石庄。

自一九一三年十月起,袁世凯调兵遣将镇压白朗起义,历经近一年的围剿战。起初是将任务交给时任河南护军使的雷震春,后以雷震春镇压不力为由,将其调离,张镇芳当即呈请调赵倜为河南护军使。赵倜是河南汝南县人,早年进入军界,时为袁世凯派驻潼关一带的毅军统领。张镇芳呈请调赵倜回豫,便是有辞职的意图。赵倜一到任,镇芳就向袁世凯呈上了辞职的请求。

这件致袁世凯的呈文中写道:"镇芳素不知兵,致使到处伏莽,酿成流寇。军队疲于奔命,闾阎痛不聊生。即局外无言,早生愧赧。况教堂屡求保护,车站迭请维持,报纸之讥评,议员之指摘,闻者足戒,咎实难辞。""镇芳非济变之才,断难胜任。渥荷知遇,又不能事外逍遥。务乞另简贤能,克期扫荡。俾得回京趋侍,借供驰驱。丰沛从龙,安能与萧曹并论!"

镇芳的辞呈,语气似乎还是比较恳切的。他看到了军队征战的疲惫,尤其是看到了平民百姓于战祸中痛不聊生,为此深为惭愧,舆论的谴责也使他感到"咎实难辞",这应该是他辞职的真实心情。辞呈中不乏对于袁世凯的知遇深恩的感激之词,反复表白自己愿意竭力尽职,而才能不足以胜任。"丰沛"是汉高祖刘邦的代称(丰沛是刘邦故里),这里借指袁世凯,镇芳在辞呈结尾处说自己不能与汉朝刘邦的良臣萧何、曹参相比,因而请求另选贤能来接手。

在请兵的电报中说到"民不聊生",辞职的呈文中又说"闾阎痛不聊生",其义可有三解:一曰因为民不聊生,而有揭竿起义;二曰因为战乱不息,更加致使民不聊生;三曰因为残酷镇压,尤其令人痛不聊生。民国时期的笔记作家朱德裳,在所著《三十年闻见录》中,有一篇《不失民心》的短文,大意是:

镇压太平天国起义时,周馥在李鸿章幕府。张树声率军攻打常州,对周馥说:"干这种军职时间不能长了。天地好生,而用兵之道在杀;人道在和,而用兵之道在争。我见有饥民靠造反而求饭吃,有难民跟着乱贼而求生存,杀他们真不忍心!"周馥说:"平息乱贼,不可不杀,不可尽杀,以不失民心为主。孔子忠恕之道,一以贯之,能因为战争就不予贯彻吗?"当时战祸正烈,人命如草芥,统兵者也不能不有恻隐之心。周馥"不失民心"一语,应作为统兵者的有益的箴言,无论过去和现在都是同样的道理。

张镇芳是一个读书人出身,自然懂得"不失民心"的忠恕之道。他因为处置开封火药库纵火案,已经担了"滥杀青年"的不好名声,而白朗起义队伍中,又大多是求生不得、铤而走险的贫民,他岂肯再去承担镇压家乡的农民起义的责任,这是他辞职的实际原因。

再从张镇芳一贯的政治立场来看,他怀着忠于清廷的正统思想,虽然与袁世凯有着特殊的亲近关系,但内心并不赞成袁世凯取代清王朝。他非常明白袁世凯叛清负国,在历史上将会是怎样的评价。他大概宁愿做清朝的"遗老",而不情愿把自己拴死在袁世凯的牢笼中。这可能是他所以辞职的又一层考虑,是他在呈文中所表白的意思之外,一个不可向人吐露的内心矛盾。

张伯驹所著《续洪宪纪事诗补注》(以下简称《补注》)之"八七"章写道:

> 三公四世竟忘恩,不恤遗羞到子孙。
> 青史千秋谁得似?阿爹端合比桓温。
> 某岁,余与项城四、五、六、七、八诸子,同车往彰德洹上村,祝项城正室于夫人寿。于车中谈及项城在历史上比何人,克端曰:操、莽耳。克权曰:可比桓温。众论乃定。

这是张伯驹回忆起某一年,他同袁世凯的五个儿子一起,同车前去安阳为袁世凯正妻于夫人祝寿的时候,车中议论袁世凯在历史上能和何人相比,袁四子克端说:"比王莽、曹操罢了!"五子克权说:"可以比作东晋的桓温。"于是都觉得比作桓温较为合适。为此,伯驹写了上面的一首诗。诗的大意是:袁家祖上三公四世都受恩于清朝,到袁世凯叛清负国,让后世子孙都感羞耻,在千秋历史上他能与谁人作比呢?儿子们说:"我爹正好与桓温相比很合适啊!"

王莽、曹操,是中国历史上赫赫有名的逆臣、奸雄,这是尽人皆知的。桓温是何许人?桓温是东晋的征西大将军,史书说他有雄豪逸气,征伐功高,兵权在握,以雄武专朝,废去皇帝司马奕,另立简文帝,有野心取而代之,却突发疾病而身亡。历史学家评骘说:"废主以立威,杀人以逞欲,曾不知宝命不可以求得,神器不可以力征,岂不悖哉!岂不悖哉!"对桓温的如此评价,其实也是把他列入了王莽、曹操之流。

张镇芳熟读诗书,深谙孔孟教义,他不会不考虑如何保持自身的名节。历史上的关羽,在对待刘备和曹操两方的关系上,处置适当,因而赢得了千秋忠义的名声。镇芳处在清朝和袁氏之间,也有"忠"和"义"的矛盾,实在是进退两难的事情。清朝有恩于他,"忠臣"的"士节"是他所遵循的一条根本的道德原则;袁氏背叛清朝,他不应当趋附,但袁氏亦有恩于他,如果断然与袁氏决裂,亦有不义之嫌。袁世凯让他去河南出任都督,报效故里,他不去似乎不合适;既去了河南,必欲稳定局势,而杀戮革命青年已遭人怨,如果继续黩武镇压白朗起义,为袁氏卖命到底,当然更不合适。所以,他只有婉言谢职。

袁世凯急于扑灭起义烈火,知道张镇芳已经不能依靠,不得不下令以张镇芳"近为中外攻击甚力"为由,撤去张镇芳的职务,另派陆军总长段祺瑞前往开封坐镇督战。而到达开封指挥"剿匪"的段祺瑞,并不想独担此任,他想拉住镇芳作个臂膀,因而致电袁世凯,要求留下镇芳"会办剿抚事宜","以期和衷商榷,共济时艰"。但镇芳已经以"面见大总统禀陈要事"为由,回到北京。

白朗起义既是发于河南,张镇芳身为河南总督,当然明白自己此时此刻对于袁世凯担负着怎样的责任,他电请总部调兵"痛剿",实际已有规避之意;及至辞职时,在辞呈中虽然有"渥荷知遇,又不忍事外逍遥"的表白,而正在与白朗激战的关键时刻辞职,实际是表明了他对袁世凯不予配合的态度。后来在袁世凯称帝时,镇芳的态度也较为消极。但到张勋出来为清朝复辟的时候,镇芳却是一个积极支持和参与者。有人批评他这样做是本末倒置,认为力保袁世凯才是他应有的态度,而匡复清朝是他的错误。墓志铭的作者针对这种非议,写道:"此岂足知公之心者哉!"这句话写得非常有见地,解成一句白话,即是说:这样的议论,哪里真正懂得张镇芳的一片忠心呢?

三　盐业银行之问世

　　张镇芳被撤销河南总督职务之后，回到北京只是任了参政院的"参政"之职，显然是一个闲差。于是他把眼光转移到经济方面，筹备成立了盐业银行。镇芳亲任盐业银行总理，并作为大股东，倾家资投入。此举显示了他对经济发展形势的洞察和远见，而从此，盐业银行也成了他的家业的依赖。张伯驹后来也在该行任职，其家业状况，多年间随银行之兴而兴，随银行之衰而衰。

　　本书专列一章来叙述盐业银行之问世，正是鉴于盐业银行与张家的兴衰相关，与伯驹本人的经历亦密切相关。而且，盐业银行成立之时，也正是袁世凯进行称帝活动之时。张镇芳办银行当然想拉住袁世凯为靠山，但是他并不情愿支持称帝。洪宪帝制失败之时，张镇芳有异虑而受人诟病，伯驹曾撰文为父辩诬。及至后来张镇芳参与张勋复辟，伯驹仍是抱着一味同情其父的态度。

　　笔者无意评断政治上的是非曲直，而洪宪帝制和张勋复辟，是中国近代舞台上的两出非常热闹，而又颇有一些滑稽意味的闹剧，我们不妨略加回眸。张伯驹本人在这个历史时期的思想表现,也是值得我们留意的。透过纷纭的历史现象,也许可以体味到某些文化的意义。

北方商业银行之创始者

清朝末年,受到西方银行业的影响,国内开始兴办银行。中国首家银行成立于一八九七年,初名中国通商银行。进入民国,不久便爆发了第一次世界大战,外商银行业务不振,甚至倒闭,为国内民族金融业发展提供了机会。相继成立的盐业银行、金城银行、中南银行、大陆银行,称之为"北四行",后来实行了业务联合。北方的商业银行中,盐业银行成立最早,后来的发展成绩亦最佳,成为中国近代商业银行的典型。

由于张镇芳曾任长芦盐运使,熟悉盐务,意欲将盐税结馀款纳入银行运作,藉以维持盐业,展拓财源。成立盐业银行的宗旨即在于:经营盐业范围内的设备改良、汇兑、抵押、存放、收付等金融业务,面向各个盐运公司、盐业专卖局,并可发放债券、证券,需要时呈明政府发行公债。

一九一五年初,张镇芳正式向袁世凯提出官商合股开办银行的建议,得到袁的批准,并转财政部执行。同年三月,盐业银行正式成立。按照原来的拟议,总股款为五百万元,其中官股二百万元,私股三百万元。私股中有:张镇芳四十万元(实交三十万元),张勋十万元,倪嗣冲(皖系军阀)十万元,还有袁乃宽、那桐(满洲镶黄旗人,曾任清朝体仁阁大学士,民国后为天津寓公)等人,多则八万元,少则二三万元。

其时北洋政府的财政总长是周学熙,其后的继任者是周自齐,两任财政总长均认为:中央财政的收入一向依靠关、盐两税,因为与外国人签订不平等条约,背上了巨额赔款,使关税受到外国人的节制,国内财政尚须仰人鼻息,如果再让盐业银行控制了盐税,财政总长不便控制,国库来源就会更加困难。因而,财政部对于成立盐业银行的态度是很消极的。但他们又不能直接违拗袁世凯总统的旨意,便采取了虚与应付的办法,拟议官股二百万元,财政部只拨出十万元。财政总长给张镇芳的复函称:"盐业银行官股,已由盐务署筹拨十万元。兹奉手教,事关实业,亟应竭力维持,惟目前库储支绌万状,前项官股容即陆续筹付。"说是"陆续筹付",实际上始终没有按照设定的官股数额出资。

档案中尚存有民国四年为盐业银行的开业事宜,张镇芳写给财政部的函件:

> 迳启者:镇芳前奉
> 大总统谕筹办盐业银行,嗣以事体重大,条理繁颐,禀
> 　添派乃宽会同办理在案,遵即敬谨筹划,迭经财政会议,业
> 　蒙
> 大总统谕饬
> 　大部筹拨官款二百万元,另由镇芳、乃宽招集商款三百万
> 元,官商合办,定为股份有限公司。当经修订简章,函准
> 　大部查照复核在案。现在组织一切,粗具规模,择于本年三
> 月二十六日,先行开办北京总行。其天津、上海两处,亦拟设
> 立分行,赓续开幕。至各省繁盛之区,俟京津沪三行成立后,
> 节次扩充,酌量添设。务期基础坚定,脉络贯通,进渐持恒,
> 推行尽利。仰副
> 大总统谆谆委任之至意,所有开办北京盐业银行日期相应函
> 　达
> 　大部,即希查明为荷。
> 　　此致

财政部

张镇芳　袁乃宽　谨启　三月二十六日

张伯驹著《北方四银行》一文,曾有如下记述:

清末,山西大德通票号,自京都至黄河流域各省,皆其经营范围。庆亲王奕劻当国,极贪婪,公然卖官纳贿,而大德通常为过手人。又如各外省候补官,一经挂牌任知州县,票号立即送去折子,可在票号支钱,则到任后所刮地皮之钱,当然存于其号矣。所以,大德通票号声势浩大,手眼通天。至民国后,有中国银行及交通银行,更有外国银行,后成立浙江财阀,而北方则无商业银行。袁世凯任总统时,先君建议创办官商合办银行,由财政部及私人各出资一百万元,名盐业银行。因袁任直隶总督时,先君任长芦盐运使,对于盐务熟谙,由银行经营盐税,与盐商存放款,有固定来源去路。袁批准办理,时财政总长为周自齐,以盐税为财政部主要收入,如由银行经营,财政部即不能独立掌握,乃拖延其事,仅以盐务署入股八万元以应命。袁殁后,官商合办之议作罢,遂成商业银行,由先君任总理,成立北京、天津、上海、汉口四分行。北京由岳乾斋任经理,为北方成立商业银行之创始。

由以上资料,可知盐业银行的初创情状。当初官股实收十万元(一说八万元),私股实收五十四万元。

借重张勋为盐业银行张翼

盐业银行由张镇芳任总理，袁乃宽任协理，后来又增加张勋为协理。

张勋时任长江巡阅使、安徽督军。镇芳与张勋私交深厚，在"忠清"的立场上可谓是志同道合。为拉出张勋出任银行协理，镇芳亲自起草专函。档案中存有往来函件，兹列如下。

一、张镇芳代股东会起草之专函：

敬启者：　镇芳　于民国三年十月间奉

大总统谕，筹办盐业银行，遵即招集股本，厘订章程，绵蕞经营，悉心规画，于四年二月间先设京行，以立基础，津沪两处分行，旋即赓续开设，进渐持恒，已逾一载，营业发展，成绩灿然。本年中、交两行停兑以后，我行撑拄横流，信用昭著，官商各界，极表欢迎，事务愈形繁多，办理尤为稳健。现经公司议决，以张绍轩将军威信素隆，在行资本极厚，于行中各事尤能随时维持，公推为盐业银行协理，以资提挈而策进。行业经专函推举，佥服既出众议，表决自有同情，相应函达，即布

詧照为荷，专此肃布。敬颂

台绥。

　　张镇芳启

二、盐业银行为请张勋出任协理之公函：

这是股东会工作人员接到张镇芳总理起草的信件后，经删改而写就的正式函件。与前件对照，主要意思未变，而文字更为简明扼要。我们现在的公文处理，一般规矩是由秘书起草，送请领导修改签发。如果是领导手批的文字，下面的人是一个字都不敢改动的。我们看当年的盐业银行，公函却是由领导拟稿，草稿交给办事人员后，承办者竟然将领导的文稿进行删改，然后形成正式文件发出。当今的办文作风，似乎与民国以前大相径庭。两件都予照录，虽繁琐，或许聊有小趣。

上徐州长江巡阅使安徽督军张

绍轩上将军麾下：敬启者　盐业银行开幕以来，已逾一载，进渐持恒，营业日见发展。而中、交两行停兑以后，我行撑挂横流，信用昭著，官商各界，极表欢迎，事务愈形繁多，办理尤为稳健。现经公同议决，以

贵上将军威信素隆，在行资本极厚，于行中各事尤能随时维持，众论交称，同声翕服，用敢公推为盐业银行协理，以资提挈而策进，行谨持函达，敬请

允诺，是为至幸。肃颂

台绥　惟祈

霁照为益。　盐业银行股东会谨启　七月十二日

三、张勋复函婉言谢绝任职：

敬复者　顷接

股东会来函，诵悉一切。我国银行业，远逊外人，中、交停兑以来，信用扫地。盐业银行开幕以后，各界极表欢迎，撑挂中流，差强人意，此系

诸公维持之力,勋何有焉!所望恢广信用,日上蒸蒸,在在持稳健主义,综核名实,脚踏实地,为中华营业界大放光明,勋亦与有荣。施至承

公推协理一节,勋以治军在远,不获随诸公后一效微劳,膺此虚名,转无实际,抚衷循省,非所敢任。若有须照拂之处,但使力量所及,必不辞也。专复。祇请

公安 诸惟

爱照不宣

　　张勋拜启

四、盐业银行股东会再致张勋函:

上定武上将军长江巡阅使安徽督军张

绍轩上将军麾下　敬启者　顷奉

台函,聆悉一是。我

公威信素切服膺,此次公推

俯就盐业银行协理一席,委属望实俱副,同声翕服,出于至诚。表决后业经通告各股东暨各分行在案,且行开幕至今,持恒进渐,稳健经营,匝岁以来,颇著成效,非赖我公遇事维持,曷克臻此!嗣后恢张营业,事务益繁,仰仗

鼎力之处实多,仍祈

俯鉴诚悃

勉任仔肩,勿再谦让,是为盼祷!专此肃布。敬颂

台安　惟希

荃照为益。盐业银行股东会启　七月廿九日

五、张勋复函,同意任盐业银行协理:

敬复者　顷奉

环章,猥承

推许过情,不鄙固陋,必欲以银行协理一席相加,念责望之匪

轻,惧美名之难副,抚衷循省,既感且惭,欲再固辞,恐无以副

诸公垂诿之盛意。弟视师江表,既不能随

诸公后,效其一得之愚,而协理一席又非名誉之比,踌躇再四,

只得勉予担任,嗣后遇有待商之件,以及行中一切事务,均由

舍侄肇达就近到行,代为接洽,以符名实,并祈随事

指示一切,俾有持循。是所至祷。专此。敬颂

公安　惟希

爱照

　　张勋拜启

由上述函件可以看出,盐业银行开张一年,经营状况颇令人满意。力求张勋出任协理,既是镇芳与张勋的交契,也是有意借重张勋在军政界的威望,为银行的今后发展张翼。

称帝大肆挥金,哪能顾得盐行

盐业银行开张之时,袁世凯正在与日本交涉"二十一条",嗣后,紧锣密鼓地进入了洪宪帝制的大戏上演。

袁世凯把大量经费用于筹办洪宪帝制,登极大典筹备处就有四百馀人,用度极其奢侈。据当时报纸所载,仅登极大典预算竟达五百九十馀万银元。结果却是导致了护国战争爆发。于是有人写诗曰:"金尽床头

有甲兵。"

洪宪帝制之始，先由杨度牵头成立"筹安会"大肆鼓噪，策动请愿风潮，各省请愿团和北京的"绅商耆民"，在新华门前跪求袁世凯称帝。张伯驹《补注·三〇》有诗纪其景况：

> 踉跄列队大街游，请愿声高索报酬。
> 向背人心何用问，真民意最爱袁头。

诗后注释说，洪宪前，各省请愿代表列队游行至新华门前，高呼万岁，完毕，每人各赠路费百元，远道者二百元。各代表请求增加费用，以至于狂骂，后来变成各赠二百元，纠葛始了。以前的银元，以有站人图案的银质为优，其次是光绪元宝，再次为鹰洋。但进入民国后，有袁世凯像的银元银质更优，号称"袁大头"，人争要之。所以，到新华门请愿，民意不是要帝制，"真民意"是要钱，要"袁大头"银元。此诗是张伯驹对袁世凯称帝的讽刺。

曾见《阎锡山日记》中写道："据当时蛛丝马迹观之，促使袁世凯称帝的，有五种人：一为袁氏长子克定，意在获立太子，膺承大统；一为清朝的旧僚，意在尔公尔侯，谋求子孙荣爵；一为满清的亲臣，意在促袁失败，以作复清之地步；一为副总统黎元洪之羽翼，意在陷袁不义，冀黎得以继任总统；一为日、英、俄三国，意在促中国于分崩离析，永陷贫弱落后之境地，以保持其在中国之利益与东亚之霸权及瓜分中国的阴谋。"

阎锡山还说："据了解内幕的人说：与袁克定暗中同谋者，除杨度之外，另一要角为梁士诒。因民国三年徐世昌出任国务卿后，袁世凯曾应徐之请免去梁秘书长职务，另设内史长以代替之。同一时间，袁又成立了一个平政院，颇似现在的行政法院。平政院中有一个肃政厅，内设若干肃政使,如同清朝的御使。肃政厅于民国四年提出一个五路大贪污的弹劾案。梁为交通系领袖,此案与其关系颇大。梁此时正处于最尴尬地位,为转移视线,乃出奇制胜,劝进帝制。初劝告袁未之答,继通过袁克定劝之,袁亦无表示。最后以极迷信的话,语袁氏谓:袁氏先氏历代相承,都没能活到五十九岁的(是时袁氏已五十七岁),应以绝大喜事相冲。袁方首肯。"

袁世凯称帝竟然有迷信成分,怕活不到五十九岁而以称帝相冲,结果大喜反成大悲,果然苍天不让他活到五十九岁,不然,中国更受其无穷之害也!

我们由此可知,袁世凯从根本上就不是一个读书人。他早年参加乡试落榜,为求升官发财之路,混入军界,投机发迹,未经科举而步入高位,所以,与曾国藩、左宗棠那些由儒士而将帅的经历决然不同。袁世凯夺得辛亥革命成果,当上大总统之后,撕毁《临时约法》,推行"屈天下人奉一人"的独裁制度,指责不按他旨意审理案件的大理院是"为法所奴役",并下令取消地方法院,可见他缺少民主法治意识,因而他不可能真正实行民主共和制度。没落的封建帝王思想把袁世凯推上了绝路。

有道是"天心厌绝帝制"。袁世凯称帝的悲剧结局,说明民主共和的历史潮流已不可逆转,任何人妄图在中国实行专制,都将逆天心、背民心,必将自取灭亡。连阎锡山都如此说:"幸而中国文化是民本文化,孟子所说'民为贵,社稷次之,君为轻'的道理深入人心,民主很合乎民本的心理,故一经变君主为民主,绝大多数的人谁也不愿再倒退回君主的窠臼,以故袁氏称帝卒遭到全国人民的唾弃。"

张镇芳不赞成袁世凯称帝,他曾经规劝袁说:"称帝即使成功,也难以为继,试看你们家的后人谁能是李世民呢?"张伯驹《补注·四三》曾记述此事:

纵使龙兴鼎革新,后来谁是继承人?

邺台只有陈思俊,惜少唐家李世民。

洪宪初,先父曾劝项城勿为,谓即使成功,难以为继,试看后人谁为李世民耶? 清室逊位,洪宪帝制,克定皆力主持;但与筹安会之流谋,皆文人徒事空言,无实力武功。迨直、皖诸将尽不用命,项城始感克定非李世民之才,然已晚矣。

曹操为魏王时,在邺城修建了冰井、铜雀、金虎三台,其中以铜雀台最有名,唐杜牧诗有"东风不与周郎便,铜雀春深锁二乔","邺台"即指此地。曹操之次子曹植,为陈思王,《文心雕龙·时序》说:"陈思以公子之豪,下笔琳琅,并体貌英逸,故俊才云蒸。"因袁世凯的次子袁克文有诗词歌赋之异才,因而人们把克文比做曹植。"邺台只有陈思俊,惜少唐家李世民",意思是说袁家的后代中,只是有曹操家的陈思王,而没有李渊家的李世民。袁克定力主帝制,而自己没有实力,直系皖系军阀到关键时刻都不听从, 事实证明袁克定果真不是李世民之才。袁世凯不听劝告,后悔却已来不及了,临死前骂克定说:"一生威名,皆为汝所败! "

策动帝制的"筹安会"的头领杨度,是湖南湘潭人,早年留学日本,旧学和新知水平都很卓越,不赞成孙中山的民主革命,而主张君主立宪,曾与孙中山在日本横滨辩论多日。民国后做了袁世凯的参政,撰写《君宪救国论》,鼓吹非君主不足以立宪,非立宪不足以救国,以为中国非实行帝制不可。另一活跃人物、以迷信劝进帝制的梁士诒,是广东人,一九零三年应清朝的经济特科考试, 成绩名列前茅,但因康有为字祖诒,与他的名字中有一相同的"诒"字,又与梁启超同姓,慈禧太后嫌这个名字"梁头康尾"而不予录取,后来便去操办银行、铁路事务,进入民国曾任袁世凯总统府的秘书长、交通银行总理等职, 他是称帝活动中

"各省请愿联合会"的发起人。

杨、梁二人，都属于文官，而在封疆大吏和军界怂恿帝制的大员中，为首者则是段芝贵。

段芝贵曾经督理东三省军务兼奉天巡抚。所谓"十九将军联名劝进电"就是由段芝贵领衔，他亲自缮写密呈。电文说："恳请元首改君主国体，以固根本，以救危亡。"以后种种请愿、推戴活动，都是靠他的实力操纵。到洪宪封赏时，段芝贵不仅受封为一等公，而且和袁世凯的公子们一样被赐予在帽子前装饰碧玉，作为皇室标志，因此都说他是袁世凯的养子。此人一贯投机钻营，心酷行辣，品质卑劣。

张镇芳早已对段芝贵的人品极为厌恶，绝不与之合作。而"筹安会"中却有一人与镇芳关系密切，这就是河南人袁乃宽。袁乃宽与袁世凯同宗，属侄辈，担任总统的侍从武官。他又是张镇芳的门生，并为盐业银行筹股，安排为银行协理，因而成为镇芳避不开的一个牵系。袁乃宽还把张镇芳的弟弟张锦芳，即伯驹的亲生父亲，也拉出来作了"各省请愿联合会"的副会长。其实张锦芳原来只是个乡间的廪生，民国初年倚赖镇芳的影响，才挂了个众议院议员的名义，实际从不参与政务。

由于张家与袁家的乡谊关系为众所周知，镇芳在场面上不得不虚与委蛇。但袁世凯心知镇芳不赞成其称帝，便不给他委任要职。洪宪时颁布"赐爵令"，论功行赏，大封爵位，所封公侯中也没有张镇芳。

帝制活动中一个有名的滑稽人物，是湖北人陈宧。此人于湖北武备学堂毕业，民国后在北洋军中受袁世凯器重。当初章太炎一见到陈宧，就感觉此人非同寻常，说道："中国第一人物，中国第一人物，他日亡民国者，必此人也。"袁世凯称帝前，任命陈宧为毅威将军、会办四川军务，袁面谕说："西南半壁山河，从今天起我算托付给你了！"陈宧出京前拜见袁世凯，伏地九叩首，跪着向前，用鼻子嗅着袁世凯的脚，流着眼泪说:"大总统如不明年登极称帝,陈宦此去,死都不回!"袁说:"一切照汝策画,决登帝位。"曹汝霖当时在座,出来告人说:"此种嗅脚仪式,欧洲中世纪有对罗马教皇行之,陈宦在大庭广众竟能出此举动,这是中国官僚所不为也。"但到了梁启超发表文章抨击洪宪帝制,蔡锷在云南发起护国战争之时,陈宦见大势已去,转舵反袁,响应蔡锷,通电四川独立,并揭露袁世凯的罪恶,宣布与袁氏个人断绝关系。袁世凯在病中看到陈宦通电,大为忿怒,瞿然而起说:"人心大变,乃至是也!"

袁世凯死后,黎元洪任大总统,段祺瑞任国务总理,恢复约法,召开国会,废止袁世凯颁布的种种反民主的法律,释放政治犯,舆论解禁,重开新闻言论自由。但在惩办帝制祸首问题上,却发生了分歧。黎元洪代表南方势力,不同意把陈宦列为惩办对象;而帝制祸首段芝贵,投靠到段祺瑞麾下,段祺瑞坚持必列陈宦,如果不列陈宦,更不能列段芝贵。总统和总理交换条件,结果陈、段二人都没有列入,而提出了一个惩办罪魁十三人的名单,倒是把张镇芳列入了其中,称之为"十三太保"。这十三人其实大多是文人学士,而真正的罪魁祸首,像陈宦、段芝贵那样的实力派人物却被放纵,可见在政治争端中无公道可言。后来又经南北两方多次协商,把张镇芳排除在外,决定只拿杨度、梁士诒等八人交法庭审理,陈宦、段芝贵仍然不在追究之列,这岂能服天下人心,一时舆论哗然。结果是杨度、梁士诒等逃离京城,隐匿不出,政府发出通缉只是虚应故事,最终不了了之。

张镇芳自从被撤去其河南总督,回京赋闲以后,大概在政治上不会有更多的抱负,所以把精力用在了盐业银行上。但他深知经济活动必须有足可依赖的政治背景,官商合营的目的即是要仗恃于袁世凯。他不赞成袁称帝,一个原因是他仍站在清朝旧臣的立场上,认为君主立宪应该是恢复清帝,袁称帝既背叛民国,又背叛清廷,这是使抱有"忠清"思想的人难以接受的;另一个原因,凭张镇芳的政治洞察,他看到了那些帝制鼓噪者都包藏祸心,深知称帝如临深渊,所以他曾予以劝阻。即便是为盐业银行考虑,张镇芳也是不愿意让袁世凯垮掉的,然而,他不愿意看到的结果还是出现了。

自从袁世凯倾全力张罗帝制,财政滥支,哪里还顾得上盐业银行那个官股! 袁世凯之死,意味着盐业银行与政府断线,官股退出,官商合办变成纯属私人合股。盐业银行从此成为了纯粹的商业银行。

寒云怒责镇芳,伯驹为父辩诬

当护国战争爆发之时,张镇芳觉察到袁世凯倒台已成必然,而局势谲诡莫测, 政权无论是落在南方的护国军手中, 还是落在皖系军阀手中,都会对他不利。出于这样的犹疑,他曾让张伯英到河南寻求和商量对策。袁世凯次子袁克文(寒云),听到镇芳密遣心腹去河南之事,以为其背叛袁家,意在图谋河南独立,联合护国军抗袁,并联系到当初袁世凯被清廷罢职时,张镇芳投靠载泽的过节,为此责骂道:"张既以至戚,且赖先公而致官禄,初寒士,今富翁矣,竟反复若是,斯尚不若禽兽之有心也!"他的意思是说:镇芳以前不过是一介寒士,依靠袁世凯才得以显赫,但到了袁世凯失势之时,镇芳忘恩负义,反而对袁世凯中伤陷害,既是亲戚关系,又是靠了袁家才有官禄、才成富翁,竟然这样反复,其人心之坏,连禽兽都不如了。

袁克文并不赞成帝制,他曾经写诗说:"绝临高处多风雨,莫到琼楼最上层。"这首诗显然意在劝阻其父。袁世凯怕他坏事,曾将他软禁于北海。但到帝制惨败后,克文也不能不对其父的下场感到痛切,他詈责张镇芳,也许正是他内心伤痛的一种发泄。

伯驹与克文是词侣戏友,莫逆之交。克文对镇芳有所不解,伯驹虽然没有与他争辩,在《补注》文中却有意写了两篇,专为澄清事实。

张伯驹诗文之一,即《补注·七》:

> 霹雳一声祸有因,包车风帽到天津。
>
> 姻亲不避层层党,赠与存馀卅万银。
>
> 清末,项城(袁世凯)闻开缺命,即于晚车戴红风帽,独坐包车,暗去天津,住英租界利顺德饭店。直隶总督杨士骧未敢往见,命其子谒项城,并赠银六万。先父(张镇芳)往相晤,劝项城次晨即返京,速去彰德。先父兼任粮饷局总办,有结馀银三十万两未动,即以此项赠项城,为后日生计。先父在北洋至辛亥迄,任长芦盐运使,时管盐政大臣为泽公(载泽),见先父谓为袁党,先父对曰:"不惟为袁党,且有亲谊。"故先父纪事诗有"抗言直认层层党"一语。后项城五子克权曾对余云:其父开缺时,"五舅极为可感,但洪宪时却不甚卖力"。此事,项城诸子稍长者皆知之。

此篇文中,张伯驹回顾了袁世凯被清政府开缺时的一段往事,后面提到袁世凯的五儿子袁克权的一句话,说"五舅"(指张镇芳)在袁被开缺时,极尽关怀,情谊可感;但在洪宪称帝的时候,却不怎么卖力。

清朝末年,宣统继位时,摄政王载沣削夺袁世凯的权力,勒令他回河南彰德(安阳)"养病"。袁世凯听到要被开缺的消息,晚间偷偷去了天津。张镇芳到饭店看望他,劝他听从圣令,速去彰德,免得节外生枝。并为他考虑日后生计,赠予三十万银两。粮饷局本来是为北洋军队筹集粮饷的,似在袁世凯可支配范围,这笔银项又是旧日结馀,未入正库,镇芳拿出来交与袁世凯,大概还在情理之中。

曾有长芦盐务局历史回顾,说张镇芳"将长芦库银三十万两解送北京,交给他的表兄袁世凯作了政治资本",此说恐系误传。镇芳办事向来严谨,恪守规矩,而且当时清政府的盐政大臣是满族人载泽,镇芳断不会背着上司、妄自动用盐场库银。

载泽是清末的"镇国公",满洲皇亲贵胄的领袖人物,袁世凯的主要政敌,却又成了镇芳的直接上司。镇芳被夹在载泽和袁世凯之间,处境应该是很尴尬的,但他却做到了"忠""义"兼顾,即使与载泽走得很近,而对袁世凯并未忘恩。载泽说镇芳是袁党,镇芳并不回避,直言回答道:"我不仅是袁党,而且和袁世凯还有亲戚,双层关系哩!"这种坦荡态度,显得胸无宿物,没有不可对人言的暗事。袁世凯虽然知道镇芳有不同政见,并不怀疑他有何背贰之心。直到袁世凯临终时,仍召镇芳至榻前托付后事,可见信任如初。

张伯驹诗文之二,即《补注·五六》:

> 铸成两错欲全难,尚有留侯志报韩。
>
> 不起沉疴王气尽,枉谋借箸事偏安。
>
> 项城为帝制,先父初不赞助,彼此间至有隔膜。取消帝制时,先父谓项城:为帝制是大错,今取消帝制即彻底垮台,退为总统,亦未能久,仍是大错。宜回河南,以直、鲁、豫三省为根据地,作负隅之计,再图后谋。先父命张伯英去豫,与督理军务赵倜及河南各将领商谈:总统府迁洛阳,以赵倜为副总统。时赵知大势已去,恐项城或先父到豫,反与彼不利,乃将伯英羁留于督署,欲坐以煽动军队之罪杀之。赵倜与伯英两家,凤相往来,赵内眷乃泄露于伯英,托人于外间发电向先父求救。先父

由统率办事处电令赵倜,将伯英押解来京,交军政执法处。军
政执法处雷震春知道此事,大骂赵倜,而将伯英释放。时项城
病已渐重,月馀即逝世矣。

这一诗文,道出了张伯英河南之行的原委。可知袁克文所听到的情
况,未免诬罔。

留侯即汉代张良,张良本是韩国人,诗中故说"志报韩"。"借箸"也
是张良的典故,指为人谋划之意。伯驹在这首诗中,以张良比喻其父镇
芳,意思是说镇芳为家乡河南图谋,想在袁世凯称帝失败后,仍能偏安
一隅,却不过枉费心机而已。

张镇芳当时确有后顾之忧,窥测下步是否可在河南立足,以保持袁世
凯的残馀势力,取得一方偏安。其实这只是一种试探的态度,实现的
可能性极小,谈不上是什么深思熟虑的策划。赵倜拥兵统辖河南,原是
出于镇芳的推荐,而且赵倜与张伯英也是亲戚,镇芳万万想不到赵倜当
此风云谲诡之际,为保护自身,竟然六亲不认,会把张伯英扣留。赵倜要
杀张伯英,指责他"煽动军队",这一意外之举,使得镇芳十分尴尬,本来
是为自己、也是为袁家寻求后路的意思,反而造成忘恩之嫌,遭到袁克
文的怒斥。张伯驹此文为其父辩诬,对袁克文的说法作了委婉的反驳。

袁世凯之后的政权,既然被皖系段祺瑞所控制,张镇芳只有更加倚
重张勋。未料在随后的张勋复辟中,却遭到了更加沉重的挫折。如果在
社会政治稳定的情势下,镇芳主持盐业银行或许会大有作为;政局变化
对他愈益不利,以至他亲手创办的盐业银行,终于落到了外人手中。

四　复辟案之始末

张镇芳参与张勋复辟,受到法律制裁,不仅结束了他本人的政治生命,而且使年方弱冠的张伯驹大受挫伤。镇芳送子进入军校,当然是期望他出人头地、成就功名;伯驹正值热血少壮之时,又何尝没有建功立业的大丈夫雄飞之志?复辟一案,顿时神龙失势。伯驹走到诗词书画、氍毹歌场的艺术道路上,既是他的天赋性情使然,更重要的也许是境遇所致。要想说清楚他的身世,明白他的心路历程,复辟案这段历史是绕不过的。

自鸦片战争之后,中国社会进入了大动荡的年代,一些先觉知识分子从传统教育中走了出来,睁开眼睛看世界,接受了新理念、新思想,新的知识阶层成为社会变革的先行者。康有为、梁启超、谭嗣同等维新派人物,推动光绪皇帝实行变法,虽遭到慈禧太后的镇压而失败,然社会变革的潮流已经势不可挡。随之,西方民主法治思想迅速传播,以孙中山、黄兴为代表的革命党人应运而生,树起了民主革命的大纛。迫于内忧外患,朝野上下的改革呼声日高,清廷也终于推出了一些新政举措,宣布"预备仿行宪政"，颁布了《钦定宪法大纲》。同时进行法律修订，颁布《大清新刑律》，编成民法、诉讼法，改大理寺为大理院，制定大理院审判编制法，汲取西方三权分立的理念，明确了司法独立、行政长官不得干预法官审判的原则。

时任修订法律大臣，兼大理院正卿的沈家本，精于经学，又广泛涉猎中西法律和法治思想精粹，既深谙"德主刑辅"、"仁政为先"的中国传统的治国主张，又接受了西方的民主法治理念，参考古今，博稽中外，在新型法典编纂上作出了卓著成就，可谓中国现代法律之父。

经过沈家本与守旧派激烈辩论，终于使新型法律得以问世，古老的中国大地上开始升起现代法治的曙光。然而，清廷将良机错过，有限的新政已经不足以挽救王朝的颠覆。立宪派为召开国会发动了四次请愿运动，顽固派执迷不悟，未能顺应时势，竟然对请愿运动施以镇压。终于迫使革命潮流汹涌而起，清朝覆亡，封建君主失去了实施新的法律的机会，只能把修订的新型法律留给民国了。

这使一批力主君主立宪的人士深感遗憾，康有为即是其中的代表。他们心有不甘，在清帝逊位五年多之后，又发动了一场复辟活动。

张镇芳是一个赞成君主立宪的清朝旧臣，复辟事件中，他完全与张勋持同一立场。

张勋，江西奉新人，早年投军，清末调到北京成卫端门，八国联军犯京时，为慈禧太后护驾西逃，受到赏识，感戴不已。这一经历与张镇芳略同，他们忠于清室的思想大概也因此得以强固。张勋在前清时官至江南提督，辛亥革命后仍然坚持忠清立场，所部军中禁止剪发，被称为"辫帅"和"辫子军"。袁世凯任命张勋为长江巡阅使，地位高于督军。袁在世时，张勋有所瞻顾，袁去世后他骄骄然锋芒毕露，成了北洋各督军的盟主。一九一七年趁北洋政府内部矛盾之机，张勋以调解"府院之争"的名义,率领辫子兵入京。

何谓"府院之争"?"府"即总统府,指总统黎元洪一派,有孙中山的国民党和南方地方势力支持;"院"即国务院,指总理段祺瑞一派,主力是皖系军阀。总统府与国务院在权限上的相争,使黎、段个人关系恶化。一九一四年第一次世界大战爆发,段祺瑞受日本怂恿,为扩充军队、解决财源,决心参加协约国、对德宣战;黎元洪担心段借参战为名,强化其总理权力,不同意中国参战,这一态度受到美国政府支持。是否参战问题,致使府院矛盾激化。黎元洪下令罢免段祺瑞总理职务,段祺瑞随即依靠北洋督军,策动解散国会、驱逐黎元洪。黎、段双方,都想拉拢张勋支持,张勋便乘势推出了他的复辟策画。

是年七月一日,张勋、康有为等一批前清遗老、复辟派众人,入宫行跪拜大礼,恭请前清逊帝溥仪复位。当日十二岁的溥仪下诏宣布:"于宣统九年五月十三日临朝听政,收回大权,与民更始。"

张勋的秘书长万绳栻,与张勋为江西同籍,复辟后任内阁阁丞,一切政令都出他手上。此人知识浅陋,不懂政治,时人评曰:"以兴废大事介诸市井小人,焉得不败!"本来康有为是提倡君主立宪最得力的人士,万绳栻之辈反而忌嫌康有为的威望,排挤而不给他建言机会。有客会见康有为说:"只是把皇帝抬出来,朝政一无主张,似非长策。"康有为叹息道:"不过是这么一回事罢了。张勋身周的人,与清朝末年那些旗人大员差不多,只知道贪图私利,眼看是树倒猢狲散耳!"

复辟消息传出,激起国人反对,爆发了讨逆战事。段祺瑞发起讨逆军,誓师马厂,很快逼近京畿,辫子兵只有三千人,不堪一击。张勋住在东华门内南池子,炮弹落到他的接待室附近,室内尘土簌簌落下。恰好有荷兰客人与他谈话,仓促中随客人逃至东交民巷荷兰使馆避难。后来有人到使馆访问张勋,问他:"复辟是否适合形势且不必谈,倘若复辟时及早宣布立宪,即使失败也足以解嘲,为何不作主张?"张勋叹气说:"我不懂得这套玩艺儿,都是由万绳栻他们瞎闹。"

伯驹评述曰:忠而无谋,实负清室

张伯驹所写《补注》之"七一",曾记述张勋复辟事,一首七言绝句诗云:

> 敢因世易负初心,辫子盘头发不簪。
> 福禄长生牌位供,愚忠岂是感人深。

此诗后面的文章,原文是文言,为便于阅读,对其中某些字句,笔者略有改动:

> 张勋入民国后,仍蓄发拖辫子,其军队亦皆辫子盘头,表示始终忠于清室;但他又说,有袁世凯在时,不会进行复辟之举。袁世凯称帝之洪宪年,张勋与冯国璋曾经联名致电袁世凯,劝他不要实行帝制,然而也没有发动倒袁之事。
>
> 袁世凯逝世,清室遗老又到南京,见冯国璋说复辟之事。冯极赞成,说事勿犹疑,他可以派兵两师北上。某遗老又去徐州见张勋,张勋反而说事宜从缓,说完就睡了。据传闻,张勋之参谋长万绳栻曾受了倪嗣冲的四万元贿,因而劝张勋以时机未到,不要遽为复辟,张勋为其所惑而犹豫。
>
> 等到黎元洪、段祺瑞发生龃龉,督军团通电反黎,开徐州会议,始作复辟之议。各督军或亲至,或有代表,对复辟俱赞成

签字。段祺瑞之代表为丁士源,而签名者尚有谭延闿。复辟宣告文章,徐世昌曾亲笔改易数字。后张勋率兵入京,仓卒间宣告复辟,一包大揽,自为领班议政大臣兼直隶总督。

按北洋派势力,为直、皖两系,而皖系尤其专横。段祺瑞早于洪宪时即与日本勾结,已知日本不愿让中国有安定统一局面,而欲为皖系之扩张。张勋复辟之安排,没有段祺瑞之权位,段遂至马厂,率领李长泰部队,入京讨伐张勋。张勋所率军队只有二千人,寡不敌众,乃归失败。

张勋避居荷兰使馆,曾扬言要将各方签名之复辟宣告,公之报端。后向万绳栻索要此文告稿,万说已经烧毁,实际是徐树铮以四万元向万绳栻买去了。有人在徐树铮家清理文件时,曾见到此宣告稿,故知签字有谭延闿之名。

复辟若在某清室遗老去见冯国璋时发动之,事情可以成;到后来张勋复辟不过像儿戏一样,事情所以败。张勋忠而无谋,实是有负于清室。

我偶尔作过“分咏诗钟”,题为“张勋”、“番风”。所作诗联云:“更使至尊忧社稷,递催花信到清明。”意为对张勋的讥讽。

记得我住在西城弓弦胡同似园时,街西有一小庙,庙中有一道士。一日,我偶入庙游,道士供茶,随后引我去看一室。室内供神像,像后取出一牌位,牌位上写着“张忠武公勋长生福禄之位”,是祭祀张勋。这难道是张勋感人之深吗?道士固然愚昧,当时北京市民亦有愿意复辟者,当即悬挂出了清朝龙旗。这或许是因为愤恨于袁世凯叛清而自为帝制的缘故。

对于张勋复辟这段历史,我们大都能知晓其梗概,而张伯驹这段笔记所提供的某些背景内情,不妨作史料看。他的父亲张镇芳亲身参与其事,情况知之甚详。

上面说到所谓"分咏诗钟",是诗人们雅集时的一种作诗方式,先约好两个词汇作"题",每个诗人作两个对仗的句子,即对联,句意必须是由"题"的含义引申出来。伯驹以"张勋、番风"为题写了两句诗,讥笑复辟不成,空吹花信风而已。

张伯驹说张勋"忠而无谋,实负清室",大概能够代表相当一部分人的看法。上文记述:一日闲游到了庙中,道士从所供奉的神像后面取出一个牌位,上面写着张勋"长生福禄之位"。为此,伯驹感慨地写道:道士固然愚昧,但市民中也有愿意让复辟的。这是因为民众对袁世凯背叛清朝、自为帝制深感不满,所以反而愿意让清帝复位罢了。

世人往往容易产生一种怀旧观念,其实并不是真正想倒退回过去。只是人们对社会改革抱着较高的期望值,现实却往往令人失望,当人们的实际权益反而受到更多的损害时,当然就会激起一种怀恋昔日的情绪。

辛亥革命以后,中国实行共和政体已是大势所趋。张伯驹显然受其父亲的思想影响,对于君主立宪派的"忠清"持有同情感。他甚至认为,如果在袁世凯刚去世时,按照冯国璋的意见即办,复辟可能成功。京城有些市民,由于对袁世凯背叛清朝、自称皇帝不满,所以愿意让溥仪复位,当即悬挂出清朝的龙旗,这也是当年的实际情形。

其实,共和制和君主立宪,都是国家体制的形式;实质性问题在于是否真正实行宪政,宪政就是民主政治,就是人民民主,否则便是少数人的专政。即使是实现了共和制,而在实质内涵上没有真正实行民主与法治,民权不能保障,司法不能独立,舆论不能自由,宪法便成了一纸空文,共和也是徒有其名,可能演化为挂着共和招牌的帝制。所以,判断近代政治人物的进步与反动,不是看他从形式上如何主张,是否真正实行民主法治才是分水岭。而且,评价一个历史人物善恶功罪,也不能只用政治和成败的标准去衡量,还要看他的立身原则、从政道德和人心向背,这是笔者研究张镇芳这个人物时,所得到的一点启示。

镇芳受审,伯驹指为挟嫌报复

溥仪复位时,以"上谕"授张镇芳为内阁议政大臣、兼度支(财政)部大臣。复辟失败,张镇芳在返回天津途中,被段芝贵拘捕。与张镇芳同时被捕的复辟派人员,还有雷震春、冯德麟。

北洋政府的大理院,以"内乱罪"判处张镇芳无期徒刑,后以"发往军前效力"为名,予以开释。

下面这件存于档案中的文书,是当年直鲁豫巡阅使曹,拟请大理院抄送判决书的一封公函:

> 迳启者:卷查雷震春、张镇芳等,前经因案判处罪刑,于七年二月二十八日奉大总统令,着即暂行开释,发交曹军前随营效力,一俟军事完竣后,再行听候处置等因奉此,查张镇芳系经贡院审理判结,敝署无案可稽。相应函请
>
> 　照饬抄该判决书,检送过署,以凭核办,实纫。
>
> 　此致
> 大理院

此函所称"奉大总统令"的时间,应为民国七年(一九一八年)的十二月廿八日,原件将"十二月"误为"二月"字。徐世昌于是年十月十日就

任大总统，此前是冯国璋代总统。大总统令应为徐世昌所签署。所谓将雷、张二人"着即暂行开释"，发往军前效力，等到军事任务完结后，"再行听候处置"，这些话都是应对法律的措辞，实际意图是让放人。

北洋政府对拥有两省以上的军阀，给予巡阅使官衔。"曹"是指某机关部门。直鲁豫巡阅使衙门接到了大总统令，雷、张二人要来"随营效力"，但案件不在他们那里，"敝署无案可稽"，因而致函大理院，要求抄送一份判决书。

此函是由直鲁豫巡阅使曹的参谋长、军法处长两人签发的，签发时间是民国十年(一九二一年)四月二日。从总统下令，到巡阅使曹索要判决书的时间，前后竟相隔了两年多时间，雷、张二人实际早已经开释，都已回家养息去了。

张伯驹在一九六六年文化大革命初，曾经对其父张镇芳的历史作过一次交代，并经有关人员整理成文。其中关于镇芳参与张勋复辟，及其被捕和判处过程，叙述尚为详备。兹摘引如下：

> 一九一七年，安徽督军张勋在徐州召集会议，酝酿复辟，与张镇芳函电磋商甚密，督军团及各方代表签署决定复辟时，张镇芳亦应邀赴徐州。同年四月廿七日(阴历)，张勋到天津，随后偕同张镇芳、雷震春等赴京，我随先父在侧。在车站候车室，报贩子兜售那时出版的《红楼梦索引》，雷震春和一行人打趣说："不要看索引了，我们到北京去索引吧！"看当时情况，好像他们很有把握。
>
> 张勋复辟失败后，段芝贵以讨逆军东路总司令兼任京畿卫戍总司令。吴鼎昌这时任天津造币厂厂长，他同段芝贵、段永彬、王郅隆都是赌友，由王建议，段派吴鼎昌接收了盐业银

行。段采取这个手段,是有打击报复之意的,故这里有追述一下张镇芳与段芝贵的问题的必要。

当袁世凯任直隶总督时,张镇芳与段芝贵以北洋系同僚关系,结拜为把兄弟。段芝贵任天津南段巡警局总办,这时庆亲王奕劻当国用事,他的儿子载振常来天津冶游,袁派段担任招待。段借机竭力巴结小庆王,得其欢心。光绪三十二年,载振与其父奕劻保荐段芝贵,署理黑龙江省巡抚,以一个巡警分局总办,一跃而成为封疆大员。御史赵启霖探得实情,参劾内阁总理大臣庆亲王贪赃枉法,任用小人,庇护其子接纳妓女,秽乱朝政,一时舆论大哗。载振急把妓女杨翠喜转赠与天津盐商王益孙。时王以捐官候补刑部郎中,正丧父,有人就攻击他不应在服中纳妾,更渲染了这个案件。后以"事出有因,查无实据",不了了之。段芝贵则借他事割职,永不叙用。由于这件事,张镇芳对段芝贵极为鄙视,段归津后,张不甚假以颜色。

一九一五年段芝贵被总统袁世凯任命为镇安上将军,兼任奉天将军,管理东三省军政事宜。时张作霖任陆军第二师师长,常派他的高级参谋赵锡瑕联系张镇芳。张作霖的信中提到段芝贵,说段在东省行为恶劣,大失人心。张镇芳复信大意说:段的人品本来不好,可以把他撵走。张作霖又派赵来见,信中说段芝贵是袁世凯总统近人,不敢动他。张复信说:你尽管做,由我负责与总统说话。于是张作霖就把段芝贵赶走了。事后张镇芳向袁力保张作霖为奉天将军,从那时起,奠定了张作霖在东北称王称霸的局面。张作霖对此甚为感激,与张镇芳兰谱结拜,成为把兄弟。这事为段芝贵获悉,因而对张镇芳恨之入骨。

张勋复辟失败,主要原因是日本帝国主义从中拨弄。日本原为支持,后来变卦,也就是日本政府参谋本部以田中义一为首的一派支持之;外务省包括驻华公使林权助一派反对之。段祺瑞掌握了双方情况,勾结日本帝国主义,乘机以再造共和的美名,攫得政权。那些督军团成员,本是见风使舵,根本没有一定政治主张,因而张勋孤立无援,很快就失败了。张勋逃入荷兰使馆,张镇芳与雷震春乘车回天津,行至丰台,即被段芝贵下令将他们逮捕,解至铁狮子胡同陆军部羁押。

数月后,因为张镇芳是文人,交大理院审讯,雷震春和冯德麟则交军法会审。在押期间,我曾去探视,并看见雷、冯两人。他们住在三个不相通的房屋里。当时三个人表现出三种不相同的态度:张镇芳表现出"世受君恩,忠于故主",认为恢复清朝是他的职责;雷震春谈话时,则气愤填膺,谩骂那些签署赞成复辟的人,反而把他们逮捕;冯德麟则战栗惶恐,表现贪生怕死的样子。

张镇芳移交大理院审理后,盐业银行北京行经理岳乾斋未经张本人及其家属同意,竟自代请汪有龄为律师。大理院长是皖系姚震,检察长张孝簃。张孝簃和汪有龄、吴鼎昌、岳乾斋均系酒友,他们串通一气,判处张的死刑,又经汪辩护,改为无期徒刑。值得注意的是,开庭时旁听席上出现了当时司法总长林长民,和参议院议长王家襄及议员胡石青等。事后律师出庭费十万元,但不要现款,而要盐业银行股票。

这年秋间,大理院对张镇芳判决,送交监狱执行。但两天后他们又以有病为由,把张保外就医,移住首善医院。到年终又奉到指令发往"军前效力"。他同雷震春起程前往湖北报到,到了汉口,督军王占元在督军府设宴招待,住了三天,然后回北京，转来天津，寓居在英租界马场道自己家里。

　　在张镇芳被押期间，他的同年老友王祖同为他奔走。这年秋，直隶省发生大水灾，熊希龄任近畿赈灾督办。熊访王商营救事，希望张拿出一部分捐款。王商之我们家属，就以我的名义，替张镇芳捐了四十万元。这笔款成为熊希龄创办收容灾区孤儿的香山慈幼院的基金。随后直奉战争爆发，皖系垮台，在黎元洪第二次任总统时，才由熊希龄呈请将捐款案结束，同时发表我（用张家骐名）以简任职存记任用，授予二级大嘉禾章，并在香山慈幼院建筑了一个"镇芳楼"作为纪念。

　　张伯驹认为，张镇芳的被捕，与段芝贵的打击报复有关；而大理院判以重刑，是吴鼎昌觊觎张镇芳的盐业银行股票，而从中作弊。

　　段芝贵是安徽合肥人，武备学堂毕业，投效袁世凯新建陆军，受到袁的宠信，同时又攀附到庆王门下。清朝贝勒入军机当国的亲王中，庆亲王奕劻最为贪婪庸恶，卖官鬻爵，门庭若市，上海报纸都把他作为滑稽的新闻题目，戏称为"老庆记公司"，多献礼物者都收为干儿子。直隶总督陈夔龙的夫人名叫什么"花"，当了奕劻的干女儿，常居庆王府中，成了"寄生花"。段芝贵却把奕劻的儿子载振拜为义父，实际段芝贵的年龄比载振还大，于是哄传为笑话，因为"芝"是草，段芝贵就被戏称为"寄生草"。有诗云："儿子弄璋爷弄瓦，寄生草对寄生花"。这既是讽刺庆王父子，也嘲笑了段芝贵的卑鄙。

　　一次载振到天津大观园看戏时，看见女伶杨翠喜色艺并佳，为之颠倒，段芝贵投其所好，用一万两千元巨金，买下翠喜，赠予载振。段芝贵因此得到报答，擢升为黑龙江巡抚，以一个巡警分局总办，一跃而为封疆大吏。

　　光绪末叶,朝中几个御史专好弹劾权贵,亦成为一时风气。后人评论曾说,清朝将亡的时候,仍然能发出一些正气,那是一种回光返照的现象。御史赵启霖探得段芝贵升官的实情,提起对庆亲王的弹劾,指责他贪赃枉法,任用小人,庇护其子接纳妓女,秽乱朝政。慈禧看了参本大怒,派大学士孙家鼐前去查办。庆王府和段芝贵得信,急忙把翠喜偷偷送回天津,嫁给富商王益孙,以掩盖真相。王益孙以捐官候补刑部郎中,丧父不久,服丧期纳妾,舆论纷然,但对于庆王府来说,总算把妓女推出了府邸。孙家鼐回禀慈禧说"事出有因,查无实据",以罢免段芝贵的职务了事。

　　民国建立,段芝贵又被袁世凯起用,皖系军中便有了"两段":段祺瑞称为"老段",段芝贵称为"小段"。伯驹受其父张镇芳的正直品格的影响,一向对这个小段极为厌恶。

　　吴鼎昌,毕业于日本高等商业学校,长期在民国金融界任职。张镇芳入狱后,吴鼎昌依靠段芝贵军阀势力,夺得了盐业银行总理之位。借审判张镇芳的机会,通过律师收取高额辩护费,而且以股票抵款,目的是削减张镇芳在盐行的股权。其为人"奸刻儇薄",乘人之危、投石下井,可谓小人行径。

　　然而,我们现在客观地来研究那一段历史,张镇芳受到刑事惩处,有着当时的历史背景和法律依据,不尽是段芝贵、吴鼎昌这些人可以左右的,张伯驹的说法亦可能有他的偏颇之处。检察长虽可以对判决发生影响,而判决权却在大理院,推事的独立审判权是受到法律保障的。

　　张勋复辟破败之后,孙中山发起护法运动,海军南下支持护法,宣布讨逆三大目标:一曰拥护约法,二曰拥护国会,三曰惩办祸首。北洋政府对张镇芳等复辟要员的追究,当然是迫于舆论,为一时的政治需要,以此向国人表示他们"惩办祸首"的姿态。冯国璋代总统下达命令称:

"雷震春、张镇芳、冯德麟皆背叛共和,逆迹昭著,均着褫夺官职及勋位勋章,分交法庭依法严惩,以申国纪而儆奸邪。"

清朝末年,修律大臣沈家本编成《大清新刑律》,这是中国近代的一部编定最早、最重要的新型法律,是在"折衷各国大同之良规,兼采近世最新之学说",而又"不戾乎我国历世相沿之礼教民情"的基础上完成的。这样一部沟通中外、融贯新旧的法律,可谓是我国立法的楷模,其起草于光绪三十一年(一九零五年),两年后完成草案,到宣统二年(一九一零年)十二月颁布,尚未及施行,即发生了辛亥革命。民国成立,临时政府明令宣示:《大清新刑律》除与民国国体抵触各条应失效力外,其馀均暂行援用。后经过删修,改名称为《暂行新刑律》。张镇芳案件的审判,仍是依据此法。

刑律规定:凡属"意图颠覆政府,僭窃土地及其他紊乱国宪而起暴动者",为内乱罪,犯者首魁处死刑或无期徒刑,随从处二至四等有期徒刑。又据解释:"颠覆政府者,谓变更中央之国权;僭窃土地者,谓占领境内之全部或一部;紊乱国宪者,谓变更国家之成宪。三者皆关系国家之存立,故为内乱罪。"

按照如上规定,犯"内乱罪"首魁可判死刑或无期徒刑。在本案中,首犯张勋逃到外国使馆,没有归案。张镇芳参与了复辟策划,并被授予议政大臣的要职,以首魁之一论处,亦无不可,大理院判他无期徒刑也是有法律依据的。

民国早期,在法治方面应该说是有了一些新的气象的。一是参照西法,施行了新的法条。二是法律工作者大多是从海外学习法律归国的人士。三是法治理念得到传播。民国初期颁布的《中华民国临时约法》,即已作出规定:"法官独立审判,不受上级官厅之干涉。""法官在任中不得减俸或转职,非依法律受刑罚宣告,或应免职之惩戒处分,不得解职。"

一九一二年北洋政府曾发布通告称："立法、行政、司法分权鼎立，为共和国之精神。凡司法范围以内之事，无论何机关，均不得侵越干预。"诉讼程序法作了推事审判权个人独立的规定。大理院的推事，都有或日本、或欧美、或本国公立学校的法科学历，可以说是汇集了当时法律界的精英。

民国时期杜保祺著《健庐随笔》中有一段记载：

> 光复之初，民气发扬，法界中人，亦多守正不阿，以气节相尚。宋教仁在沪被刺，上海地方检案厅，侦知为袁世凯及其亲信赵秉钧所嗾使，遂均发票传之。袁以区区法吏，竟敢动虎须，大愤，乃于癸丑革命失败后，下令取消各地法院。如江苏省原有地院五十八处，除沪、宁有关国际观瞻，幸获保存外，馀俱撤废，而以县知事兼理司法。因是司法独立之精神，摧残殆尽。

可知袁世凯和一切独裁者一样，最不喜欢法院，最嫉恨秉公执法者，惟以取消法院为快。辛亥革命开启的民主政治，在袁世凯当政期间步步倒退，幸而经过护国、护法的反复斗争，民国前期的法治状况总体上还是一种前进趋向。

在审理张镇芳刑事案件期间，尽管各路军阀出面，函电纷呈，大理院仍然依法作出判决。以至大总统的开释令，也没有否定法院的判决，而是以"发往军前效力"，取代了收监执行刑罚，并且大总统令中还有一句"军事完竣后，再行听候处置"的话，其措辞圆滑，并不敢拒绝判决的执行。

开释乃形势使然，亦得于伯驹操劳

张勋宣布复辟之际，段祺瑞于马厂誓师，以"拥护共和"的旗帜发起"讨逆"，之后掌控了北京政权。孙中山曾经指出北洋军阀是"以叛讨叛，以贼灭贼"。"讨逆"者和被讨的复辟者，实际上有着千丝万缕的联系。因而在处理复辟"祸首"的问题上，北洋军阀的态度的确是两面手法，对外公开态度说要"依法严惩"，以迎合舆论，私下却多方周旋，伺机开脱。曹锟、张作霖、倪嗣冲等北洋不同派系的要人，都曾经为赦免张镇芳而致函致电。但他们并不是直接干预法官的审判。在专制主义的社会中，军政要人可以直接干预和左右司法；而在民主共和的旗帜下，尤其民主舆论较为强健的时候，即使军阀政要，也是不敢与司法直接对抗的。

有一份陆军部答复张作霖的密电，是这样写的：

> 万急。奉天张督军鉴：真密。阁臣兄与雷、张同交法庭，因南方舆论激昂，故以令布，以免彼党藉口，将来必另为设法。请密告汲旅长及冯所部，切勿有所举动，转于阁臣不利。兄了然政局，必深悉政府维护之隐衷，特此奉达。并祈惠复。鲍贵卿，铣。

发电人鲍贵卿，时任陆军总长，之前曾任吉林督军，为张作霖属下。阁臣，即是冯德麟，同是东北的资深军阀。冯德麟参与复辟被捕、移交法庭审判后，其部下不满而企图闹事。这份鲍贵卿给张作霖的复电，直言不讳地说将冯德麟和张镇芳、雷震春三人交法庭审判，只是因为南方的革命党"舆论激昂"，害怕给革命党留下攻击的口实，所以采取缓兵之计,将来则会设法开释,让冯的部下理解政府的意图,不要做出过激举动,以免把事情弄糟。

张作霖与冯德麟的关系并不融洽,二人同镇东北时,不免有钩心斗角之事。张作霖致电为冯德麟说情,大概是为了表示一种宽宏的姿态,毕竟是东北同僚,面子上的话自应当说,也便于说。而张作霖的真实动机,则在于营救张镇芳。张作霖与张镇芳曾经结为金兰兄弟。

又有段祺瑞部下的陆军中将徐占凤,写给徐树铮一封书信,为张镇芳求赦。徐树铮亦名又铮,属皖系军阀,当时被认为是段祺瑞的灵魂。段祺瑞执掌北洋政府时,军政大事都由徐树铮筹谋。徐占凤与徐树铮同族,又是长辈,故以叔侄相称,这封信的开头,即称呼曰"又铮贤侄英览"。信的正文首先提到段祺瑞讨伐张勋事,赞颂曰"东山再起,力挽狂澜,共和再造,危而复安",显然是故作阿谀奉承。接着说到张镇芳的刑案,才是信文的重点。其中有"如能罚金爰赎,免其一死"一语,可知大理院一审确是判了张镇芳死刑的。又说"镇芳尚无儿女,例感荷再造"云云,因为伯驹不是镇芳亲生,而是镇芳的弟弟锦芳的亲子,过继于镇芳门下,故云镇芳"尚无儿女",信中这样措辞,当然也是为了引起对方的同情心。信文如下:

　　又铮贤侄英览:

　　　月前过郑,匆匆送别,特深系念。前次政争,国是阽危,执事奔走号呼,得以解决,曷胜佩慰!不意政变又生,海内震动,幸蒙芝老(指段祺瑞)东山再起,力挽狂澜,共和再造,危而复安,同深庆幸。所有罪魁祸首,自必须次第惩办。

　　　昨阅报纸,张镇芳已奉明令,送交法庭。查镇芳素本读书,夙解主见,此次被牵,陷入漩涡,虽罪无可逭,惟张君前督豫省,所有军政两界,感情尚好。以予与吾侄族谊攸关,且为芝老素所器重。现在函电交驰,纷纷来郑,代求设法。因思吾侄拯济为怀,言重九鼎,用特一言,介绍前广西省长王公肖庭趋诣,务望推情接见,代为设法斡旋。且镇芳家私百万,如能罚金爰赎,免其一死,化无用为有用。且镇芳尚无儿女,例感荷再造,不啻镇芳一人已也。

专此奉托,即颂近祉,顺候德音。族叔占凤手启。

徐树铮接到其族叔的信后,作了如何处置,尚未查到其复函或批示件。另有安徽督军倪嗣冲的致电,陆军部总长段芝贵批示称"现正设法办理",并且给倪嗣冲发了复电。

倪嗣冲由蚌埠致北京电如下:

急。北京,王总理、段总长、田总长钧鉴:正密。馨庵请赦一案,业经仲珊督军主稿联衔电呈,迟之又久,未奉恩命,引领北望,无任神驰。窃念国体之变,罪有攸归,馨庵文人,本在胁从罔治之列,况此次毁家助赈至四十万元之多,全活灾黎数以万计,揆诸古人赎刑之例,谅可法外施仁。近闻医院养疴,期将届满,万一重入囹圄,实无异置之死地。诸公笃念故交,热肠古道,务恳于主座前,代为缓颊,速颁恩命,不独馨庵有生之日皆戴德之年,而高义薄云,即同人亦无不爱佩也。临电依驰,鹄候示复。嗣冲,宥印。

这份电文发给王总理(王士珍)、段总长(段芝贵)、田总长(陆军部次长田中玉)。馨庵是张镇芳的字,仲珊是曹锟的字。"馨庵请赦一案,业经仲珊督军主稿联衔电呈",说明为请求宽释张镇芳,前面已经由曹锟牵头、联名致电北洋政府。因为那份联名请愿发出时间已久,还没有得到结果,所以倪嗣冲又发这份电报催办了。电文说了一番客气话之后,嘱托王总理和两位总长向"主座"恳求,以"速颁恩命"。这个"主座"应该是指大总统。

段芝贵复电云:

> 蚌埠,倪督军鉴:辅密宥电诵悉。仲珊兄电,前已到达。馨本多年旧交。现正设法办理,特先闻。芝,沁印。

查张镇芳被捕时间是一九一七年七月九日,大理院于十一月五日作出无期徒刑的判处,判决后没有送往监狱,而以养病为名,住进了医院。这段时间正值护法运动、南北开战,北洋军阀内部亦争斗不休,段祺瑞先后三次组阁。张镇芳三人的案件,几乎被人遗忘了。倪嗣冲发电的时间是民国七年(一九一八年)十二月二十七日,电文说"近闻医院养疴,期将届满",如果从终审判决日推算,张镇芳住医院竟长达一年多时间。

看来倪嗣冲这个"宥电",恰当时机,确实达到了促使主座"速颁恩命"的目的。段芝贵才说了"现正设法办理",第二日大总统就签发了"暂行开释"令。

张伯驹始终认为其父被捕,是段芝贵作祟,这个小段在给倪嗣冲的复电中特意加了一句假惺惺的话"馨本多年旧交",意在拉近他与张镇芳的交情,这也是民国政客们常用的两面手腕。

大约在释放张镇芳的同时,徐世昌总统还发布了对张勋的特赦令。复辟一幕,到此烟消云散。

其实,国人所关注的重心并不在于"惩办祸首",而在于是否真正实行宪政。如果挂着民主共和的招牌,而实际却背叛民主共和的精神,这才是最为可恨的。君主立宪的复辟派显然已成弱势,已若槁木死灰,与强势的当政者相比,他们反而显得有些滑稽而愚钝可怜了。孙中山也说过:"张勋强求复逆,亦属愚忠,叛国之罪当诛,恋主之情可悯。孙文对于真复辟者,虽以为敌,未尝不敬也。"

徐世昌是北洋元老,开始也曾参与张勋复辟的筹谋,后探知日本人不支持复辟,他才幡然变计,实际与张勋是同寅协恭的同党。到一九一八年他出任总统时,国内形势以至对复辟这件事的舆论都有了变化,对张勋和张镇芳等人的赦免和开释,在他手上也就是水到渠成的事了。

上述有关营救镇芳的过程,其实都有伯驹的幕后操劳。幕前的营救举措,即是捐出了四十万元赈灾款,这对于镇芳获释当然是一个有利的因素。

熊希龄是清光绪年间进士,湖南凤凰人,曾在湖南与陈宝箴、黄遵宪推行新政,进入民国后任过北洋政府的财政总长,一九一三年出任国务总理,组名流内阁,次年下野,隐居天津。一九一七年京津、直隶发大水,灾民多达五百万人,熊希龄倡议赈灾,国会讨论认为如果熊本人出来主持,赈灾一事方可行。熊希龄从此开始了他后半生的慈善事业。熊有意让张镇芳赈灾减罪,以张伯驹的名义捐了巨款。凭借熊希龄的社会威望,和张家捐了赈灾巨款这个正当理由,请求对张镇芳赦免,无疑会产生相当的影响。

现在有些书刊文章中,写到张镇芳这段历史,通常的说法是认为他神通广大,所以未判死刑、获得释放,是他的关系网上下活动的结果,似乎有行贿的嫌疑。这种说法,大概又是把现在的风气套在过去的事情上了。从民国前期的司法状态来看,已经向现代法治推进,大理院完全是革新了的体制,并不存在司法贪墨的问题。与张同时被捕的雷震春,连赈灾款也没有捐过,结果还是一样被释放了。

张伯驹《补注·七五》即是记述雷震春的事。诗与文曰:

> 森严执法少连株,皖系中间是独夫。
>
> 有命一条钱没有,小儿还要喝糊涂。
>
> 雷震春,洪宪前后任军政执法处处长,人直率,任职时少所株连。籍贯安徽宿州,但与皖系不接近。张勋复辟之役,任陆军部尚书,复辟失败,与先父同去天津,至丰台被扣,押解陆军部,移交军事法庭。裁判长为陆锦。询问时,雷震春甚倔强,曰:"你是陆军部侍郎,凡事都知道,问我何为?"后与先父同发往前敌效力了事。一日我去看他,曾问:"在押时,段芝贵一方是否意图向你要钱?"雷曰:"要命一条,要钱没有,还留着小儿喝糊涂哩!"河南、皖北一带,以面作粥,名曰糊涂。

以上关于张镇芳参与复辟被捕事,费了不少文字,因为这件事在张镇芳以及张伯驹的人生轨迹中,是一个转换的要端。镇芳从此退出政界,伯驹则因营救其父而开始了独立的社会活动,然而始入社交便成为他政治生涯的终结,父子二人于此事之后均不问政,其家业也由此而日渐衰萎。若从另一面来看,这件事却又是最能说明其人之品行德素的。从政治上看,张氏父子倾向于君主立宪,与当时激进的革命派相比,似乎属于思想守旧者,而他们精神上固守的东西,其实是一种传统文化。

张镇芳有着是根深蒂固的"为官心存君国"的儒士思想,他不是那种翻手为云、覆手为雨的投机政客,在人品上无可指摘。在他失时落势、揽祸招危的时候,还能获得诸多的同情和救助,这也显示了他的为人和名望。康有为曾对镇芳有评述云:"以忠获罪,缧绁之中,虽败犹荣。"伯驹对于其父的政治姿态始终同情,并无疑义,他的探监、捐资、营救的奔走,以及他对加害其父的佞巧小人的鄙视和恨嫌,都表现了他的孝节,也可以看出父辈对他的影响与熏陶。

五　张伯驹身世自述

　　张伯驹的祖上,在明朝大移民的时候,由山西洪洞迁徙到河南。历经几代人垦耕,渐而发迹变泰,到了清朝中后期已成为河南项城一户有名的地主。张伯驹出生于项城,在故里度过幼年时光。而今时代变迁,原址早已面目全非。张家旧居现仅发现三间两层小楼尚存,位于项城市秣陵镇小学院内,张伯驹回乡时曾经在此闲住。

　　张镇芳在北京置办一处房产,位于西四牌楼东面的弓弦胡同,据说曾经是太监李莲英的一处宅院,占地约十三亩。张伯驹早年经常居住于此,并名之为"丛碧山房",直到一九四六年卖出。

　　天津"五大道"原在英租界内,清末到民国时期,那里是高官和名流居住区。张镇芳及其家属,在天津居住时间最长,宅院即是英租界内的保定道二十一号。据说一九四九年以后,"五大道"的房产大都收交政府,安排了公用和高级干部居住。张家的此处宅院曾经卖与他人,后屡次改造,已不是原先模样了。

　　对于张伯驹的生平事迹,许多读者已有所了解。而他自己亲笔写下的一份材料,来踪去迹却更为实诚可信。其中还有一些情曲陈露,过去鲜为人知。姑且将这份手写材料名之为《身世自述》,照录如下:

> 我祖上是由贫农而富农,到我祖父已成了地主,中了举人。我父亲中了进士,由京官到直隶服官,直到民国四年后退休,又创办银行,寓居于天津租界内。所以我这个家庭,完全是封建时代由地主而官僚长成的,充分表现骄奢堕落的形象,有很多污浊罪恶。我是在这个家庭里生长,习染,也不能不有了罪恶。

> 在我七岁的时候,我父亲已与我订了婚,就是我的原配李氏。她父这时是候补道,我父亲也是候补道,这就是门当户对的婚姻。到我十九岁结婚,结婚之后,家庭里才知道我的原配李氏夙有疾病(是没有月经),不能生育,并染上鸦片烟瘾。封建旧家庭的传统思想是:不孝有三,无后为大。到我二十四岁,我父亲就催促我纳妾,是年我与邓韵绮(在解放北京前与我脱离关系,并一次给予赡养,后邓韵绮向最高法院诉请再给赡养费,被批驳)同居,次年生一女,不久夭殇。邓韵绮久不生育,又染上鸦片烟瘾。到我二十七岁,我兄弟(我叔父之子)病故,两门只我一子,我父亲催我再纳妾,并指示以生育为目的,不论才貌,要身体肥壮。由盐业银行副经理朱虞生介绍了王韵缃。本来介绍的有两人,王韵缃是其中之一,因为朱虞生的同居与王韵湘之母是朋友,那一个就没叫她与我见面,力促王韵缃与我的成功。是年就与王韵缃实行同居,于我三十一岁时生了一子。这时我叔父的同居杨氏也生一子。一个大家庭共居一处,大家都是享受懒惰,有鸦片烟瘾的就有十人之多。

　　我从三十岁研究文艺,对于这样的家庭感觉痛苦,尤其厌恶租界,所以我常在北京。到民国二十二年,我父亲去世,我父亲的同居孙善卿庶母,交给我很多的遗产,但是,还是有不够这大家庭开支之虞。我看了这时国民党的政局现象,我又做银行的事,知道经济前途不可乐观,对我的家庭还是这样排场阔绰下去是没有办法。我就将大部分盐业银行股票交给王韵缃,使她试验管理家政,因为儿子是她生的。并且,我对她说,经济前途是很危险,股票的利息是靠不住的,必须紧缩开支,家庭要平民化,譬如在楼上由梯子一级一级的下到平地,总比从楼上坠到平地好。但是她不能了解我的话,而且她早已染上鸦片烟瘾,每天到下午四点钟才起床,没有管理家政的能力。我把股票交给她,是为供给家庭开支,股票的印鉴还在我这里,不是给她个人的,而她会误认到儿子是他生的,交给她的股票我不能再拿走。至于这个家庭开支不够,她没能力把它节俭下来,还要我想办法。我到三十九岁,在上海与我的爱人潘素相遇,我们两方情愿结为配偶。我是连香烟都不吸的,他们都吸大烟,我起床的时候是他们睡觉的时候,我睡觉时候是他们打牌吸烟的时候。我感觉到苦闷而有这种举动。

　　到民国二十八年,天津发生水灾,我家也淹在水中。这时,孙善卿庶母同王韵缃都来北京暂住。我想趁这时候,把天津家庭合并在北京一起,计划在北京宅的空地建一所房,专供孙善卿庶母居住。如果她不来住,我就不担负天津家庭的开支。我首先征求王韵缃的意见,她回答她不到北京住,她还要同孙善卿庶母住。在她的心里,因为多数的遗产在孙善卿庶母手里,将来孙善卿庶母死后都归她所有。但是,她了解不到将来的局势与经济情形。

在这一年，我的原配李氏去世，所有遗物，首饰、衣服、家具，都由王韵缃接收。这一年年底，我父亲的第五同居李氏去世，所遗衣物首饰也由王韵缃、邓韵绮、刘张家芬（我叔父之女）均分。到民国二十九年，我叔父（即生父）去世。在一年多之内，我家有三回丧事，已经负很多的债，北京的房子又已押出。这时感觉不易维持，在王韵缃那里拿回股票数万，交族叔张慕岐经营买卖（一九五一年春，张慕岐曾来京云：所经营的有盈馀股票的款，都交还王韵缃）。

民国三十年，我去上海，在王韵缃那里拿去股票十万，交同乡牛敬亭代经营。我在这年夏，被汪精卫的伪军绑架，此时都由潘素一人奔走借债营救，拘囚八个月始行释放。因为还债，把十万股票卖与牛敬亭。

我同潘素于民国三十一年回到北京。此时，已毫无办法再担任天津家庭的开支，而王韵缃手里还有十几万股票也不再拿出来。从此，天津家庭开支才由孙善卿庶母担负，王韵缃只管她自己的零花钱。我本年由朋友帮助，及潘素卖出首饰，离京去到西安。

民国三十三年，潘素曾去天津，向王韵缃取出股票七万，由王韵缃令其妹随潘素去上海，卖出三万的款由其妹取回交王韵缃自用，四万的款汇西安入秦陇实业公司股。民国三十五年，我又将王韵缃手里约五万以上股票的印鉴，交给王韵缃，换成她自己的户名。以后她陆续卖出。截至现在止，盐业银行股本账内她还剩有一百股股票。

我本来是研究考古的。在日本投降时，伪满溥仪在清宫携走的古代书画，均在东北散失，我为保存国家文物，收买此项书画，负债七千数百美金。此时又有中国最古之画发现，我恐被商人买去流到美国，我所以将房子卖出（前已押出，负债约五十万伪联币，日本投降后法币一兑五赎回）。除还负债及置购现住承泽园住房外，以馀款购收此画不足，由潘素卖出首饰补贴，始完成此任务。因此，我虽卖出房子，手中还是拮据。

到三十八年和平解放北京，我为工作又负了十八两黄金的债。直到解放以后，我没有收入，这一时期没有办法再照顾到王韵缃。

一九四九年春，王韵缃来京向我要钱，声言要字画，她也说不上名称，只说要顶值钱的。我收藏这一部分书画里面，有潘素贴补的钱，是我与潘素共有的。我们的宗旨是为保存研究国家的文物，不认为是我们换享受的财产或遗产。我们研究工作终了，将来是贡献于国家的。我写的有遗嘱，并且有朋友证明。王韵缃的思想是与我们背道而驰的。

一九五零年，王韵缃又向我要钱，我答应她有西安福豫面粉公司股票给予她，还有我担任董事每月有面粉三袋夫马费也给她。我写信给福豫面粉公司，改换股票户名，并汇来面粉折价的款，俟接到回信云"在重估财产之前不能过户"，面粉款亦未汇来。我这时忽然明白，我本人在北京，一直没去西安，而每月还拿夫马费是不合理的，我于是就辞去董事。还有我投资面粉公司时，有一些馀款未结清，若按币制改变则公家损失，所以我又将股票捐于公家。这并不是我对王韵缃食言，因为我的立场，不能不先公而后私。

到一九五零年年底，孙善卿庶母把天津房子卖了，我到天津请孙善卿庶母替我给她(王韵缃)一部分钱。孙善卿庶母给她四十疋布,即是孙善卿庶母替我给的,我有过这样的请求。在一九五一年,王韵缃又收到她的放款本息三百六十万。她在天津,并无食与住的担负,在一年之内就用去一千三百多万。一九五一年八月,我去天津作抗美援朝义演,王韵缃又向我要钱,这时由潘素答应每月设法给她一二十万元。但是,我的欠债由租房的款还掉,而我的婶母在一九五一年春故去,办理丧事又行负债,每月入不敷出,家中生活全由潘素筹措。给了王韵缃一次钱,就不能按月照给。后来王韵缃来信质问潘素,责备"不兑现"。现在她来京说我不负她的责任,我说你可以到北京来住,她说我与她感情不好,平时不同她说话。这是我的习惯,平常说话就少,而我与她思想不同,文化程度不同,往往说好话也会误会,不如少说话。她又提出分产问题,我答复她只有向法院去讲。

总述我旧封建家庭的罪恶,就是我的罪恶,即使我在反蒋革命上有小成绩,或是思想有些进步,也是不能遮掩的。在今天一定、而且必须暴露出来,予以洗刷结束,才能在这新时代重新做人。

这份《身世自述》材料,写于一九五二年一月二十二日。文中所述的"截至现在止,盐业银行股本账内她还剩有一百股股票","截止"时间亦即是一九五二年初。

这份自述材料,到此为一段落,其他内容将在本书后面篇章引述。原文并没有分段,标点符号也很少。为便于阅读起见,笔者加了标点,并分作几个自然段。

《自述》全部是毛笔书写,繁体字,竖行,行书,用的是"荣宝斋"十行竖格的信笺。这种书写本身,就是一种传统文化,随意写来,行笔自然,文字优美。当代除了专门的书法作品,已经很难见到这种保持传统韵味的文书了,不能不让人格外珍视。

近代以来,因我们国家贫弱,外患频仍,致使一个时期的知识分子中产生了浓重的民族自卑感。他们抨击封建主义的同时,甚至极力呼叫废除汉字,这无异于要毁坏中华文化之根源。傅斯年说:"中国文字的起源是极野蛮,形状是极奇异,认识是极不便,应用是极不经济,真是又笨又粗、牛鬼蛇神文字,真是天下第一不方便的器具。"鲁迅、胡适、陈独秀都主张废除汉字。现在知识界愈来愈认识到"废除汉字"论完全错了,汉字拉丁化论完全错了,汉字简化亦颇轻率。想到当年某些激进人士甚至数典忘祖的教训,才使我们更加感到张伯驹先生这样的"保守"的文化人是可贵的。张伯驹是一个纯粹的中国文化人,他没有受到"废孔学、先废汉文"的西化潮流的蛊惑,在他身上没有什么"洋味"。即使是读他的《身世自述》,也能够感觉到那一行行文字盎然有书卷气。

关于张伯驹的早年行状,除以上已述及之外,另据有关资料补充如次。

一、传统教育

张家祖上本是一个中国传统的那种的农耕家庭。

由贫农而富农、而地主、而官宦,由官败、由家衰而贫民,在中国两三千年的农业经济社会中,"三十的河东、三十年河西"的变化,更替不断地演进着。因而孔夫子教导人们曰:"贫而无谄,富而不骄。"

在项城,大概要算袁世凯家为第一望族。袁家在清道光年间开始兴发,从袁世凯的叔祖父袁三甲进入仕途,到袁世凯当了八十三天皇帝,其盛隆达到顶点,顿时衰败下来。所谓"盈必毁,天之道也"。

张家的发迹,比袁家稍晚,但也是世代书香。张伯驹的祖父张恩周是乡试举人,张镇芳考中进士,张锦芳虽为廪生,亦擅长诗词文学,至今在项城还保留着他的诗集。按照家族排行,张镇芳为老五,张锦芳为老六,所以镇芳有"五大人"之称。

张伯驹原名张家骐,伯驹是他的字,后来以字为名。自六岁过继给镇芳,到了天津,镇芳便按照传统的教育方式,为他延师课读。清代盛行私塾,私塾的启蒙课本,无非《三字经》、《千字文》、《增广贤文》之类,一律都要背诵,同时极重视作诗、联对。曾有乡贤看过伯驹少年时的诗作,称赞他"英年挺出,直欲过前人","魄力沉雄,有倚天拔地之概"。

那时的私塾有一大好处,便是重视道德修养的教育,先生正襟危坐,口口声声圣贤如何、君子如何,对学生的言行礼仪都有规范,从小的良好熏陶足以影响一生。

据传镇芳小时入塾攻读,其父张恩周常于书斋伴读,每当其读史涉及忠孝仁爱信义之事,其父必大声呼道:"汝辈能如此,方不愧为吾子,无愧为人矣!"镇芳所接受的教育,正是这种醇儒家学,当然也会传给伯驹。这就是《朱子治家格言》所说的"教子要有义方"、"读书志在圣贤"。

曾见左宗棠写给其子的家书中说:"人生读书之日,最是难得。尔等有成与否,就在此数年上见分晓。若仍如以前悠忽过日,再数年依然故我,还能冒读书名色、充读书人否?思之,思之!"又说:"务期于古时圣贤豪杰小时志气一般,方可慰父母之心。"可见中国的读书人,传统教育大致相近。入私塾须先拜孔子,儒学的仁义道德,立身的圣贤风范,就是这样世代相传下来。

张镇芳一生,处在极其复杂的历史变迁中,又处于与袁世凯有着特殊关系的背景下,他能够保持自己的品德名节,洵为难得,这应归之于自小接受良好教育,奠定了思想根基。张伯驹绍继于后,其传统一脉相承。

二、新学影响

鸦片战争之后,一些先觉之士呼吁学习西方,改变旧的教育。洋务运动中,为培育洋务人才,创办新式学堂,近代教育始在我国出现。戊戌变法时期,以"广育人才,讲求时务"为宗旨,开办京师大学堂,各地的书院也改为中西学兼习。到清朝末年推行新政时,废科举、兴学校,管学大臣张百熙和湖广总督张之洞提出《奏定学堂章程》,将教育学制分为初等、中等、高等三级,由此形成近代教育制度的雏形。

近代的知识分子中,不论其政治主张如何,对于兼学中西的新式教育,大都持赞成态度。"中学为体,西学为用"为当时知识界所认可。张镇芳曾经捐资在保定创办优级师范学堂,并鼓励家乡青年往保定上学,为他们负担食宿和学费。项城及陈州一带的学子多有受其恩泽者。一九零七年张镇芳为家乡捐银六万两,建立了百冢铺师范学堂,学校设施曾经是国内一流。

张伯驹先后进入天津新书学院和法政学堂。在他的少年时期,始终没有放弃古籍经典的学习,对于史书、古文、古典诗歌尤其钻研,积淀了深厚的国学根基。同时他也接受了新学教育,培育了新的时代理念,例如他对于迂腐道学的讥评,就显示了他的学殖和思想的趋近。

明代凌濛初《二刻拍案惊奇》中写了一个"甘受刑侠女著芳名"的故事:南宋时,浙江台州有妓女严蕊,是个绝色女子,琴棋书画、歌舞管弦之类,无所不通,又善作诗词,四方闻名。台州太守姓唐,与严蕊常有交往,但按照宋朝的法度,官府有酒宴时,可召歌妓承应,只能站着唱歌敬酒,不许私入官员内室就寝,唐太守受官箴约束,并不敢胡为。朱熹当时是台州的上司,与太守有了龃龉,恼怒之下,收了太守的大印,并把严蕊收监,要问她与太守通奸情状。朱熹认为太守风流,必然有染,况且女子柔脆,吃不得刑拷,自然会招认。谁知严蕊苗条般的身躯,却是铁石般的性子,随你朝打暮骂,千捶百拷,只是说没有一毫胡来之事,受尽苦楚,监禁月馀,朱熹无奈,命转押到绍兴去另加勘问。绍兴也在朱熹管辖下,审案的官也是个道学先生,见严蕊模样标致,便说:"从来有色者必然无德。"遂用严刑拷打,讨拶来拶指,将夹棍夹她,严蕊照前不招。到了监中,看守吏同情她,劝她招认,免受苦刑,她说:"身为贱妓,纵然有奸,不是重罪,招认了并不可怕,但天下事真则是真,假则是假,岂可信口妄言?宁可置我死地,要我诬人,断然不成的。"直到朱熹调去别的地方,管不着绍兴了,绍兴才把严蕊释放。出监后气息奄奄,几番欲死,四方人士敬重她的义气,都来看她,没有一个人不骂朱熹。

张伯驹把上面这个故事写到了他的文章中,表示他对朱熹的憎恨,对严蕊的赞赏,爱憎截然分明。在伯驹的身边,也曾经遇上了假模假样的道学先生,他厌恶这种人,并认为南宋理学有悖于人性,应予批判。他在《道学先生》一文写道:

　　朱文公晦庵熹,为孔孟继统者,理学大儒,后世皆称朱子,而不敢叫他的名字。宋理宗皇帝表彰理学,遂成一代风气。而当时国势屡弱,不图强奋振发,举国之士高谈理性,实为迂执谨拘,这也是促成亡国之一原因。但其学派殊足影响后世,直贯九百馀年。尤其是科举考试时期,熟背四书五经,必须是背朱熹作注的经书。"诚意、正心、修身、齐家、治国、平天下"成为千古不移之金科玉律。然而,看了朱熹对台州太守和妓女严蕊的事,又是何等矫揉造作、阴险狠毒耶!盖为增高其威望,扩张其地位,出发于自私,便作出如此不近人情之手段,所谓"诚意正心"者何在?

张伯驹很少写这种评论文章,专门写了此篇批判朱熹,可知他虽然酷爱传统文化,却也并不是一味尊崇经学道统。他博览群籍,熏育了成熟的人格和道德标准,既有传统的学养,又有新的思想、新的见解。

三、军政牢笼

张伯驹所写《补注·十九》,记述他某次给袁世凯拜年一事,诗文如下:

> 拜贺春元纪岁华,皇恩始感浩无涯。
> 褒嘉数语消英气,赐物先人已到家。
> 洪宪前岁元旦,先父命余去给项城拜年。项城在居仁堂,立案前,余行跪拜礼。项城以手扶掖之,问余年岁。余对:"十八岁。"项城曰:"你到府里当差好吧?"余对:"正在模范团上学。"项城曰:"好好上学,毕了业就到府里来。回去代我问你父亲过年好。"余辞退回家,甫入门,所赐之礼物已先到,为金丝猴皮褥两副,狐皮、紫羔皮衣各一袭,书籍四部,食物等四包。时余正少年,向不服人,经此一事,英气全消,不觉受牢笼矣。

张伯驹那时还是一个十八岁的少年,进到皇宫内,受到袁世凯的抚爱,回到家时,袁赐的厚礼已先送到,真是受宠若惊,于是乎,年轻放荡的豪勇之气一下子给吹跑了,似乎今后只有甘心为帝王效劳,如同进入人家的牢笼一样。这是他当时的真实感受。他也确有过步其父辈的后尘,在军界政界头角峥嵘的理想。

张镇芳望子成龙的心情更为迫切。他任河南总督时,将伯驹带去开封,进河南陆军小学学习。他回京后,又安排伯驹考入陆军混成模范团的骑科,伯驹由此进入军界。

张伯驹从模范团毕业后,曾在陕西军中短期任职。后转到蚌埠,先后在安徽督军倪嗣冲部下任营务处提调,在张勋的长江巡阅使署任咨议。因为复辟一事,酿成败局,张镇芳被捕,长江巡阅使裁撤,伯驹从此以后实际脱离了军界。这段时间他只是为营救其父、赈灾捐款等事奔波。熊希龄主持的为京津水灾捐款事结束,伯驹受到褒奖,获二等嘉禾勋章,并任命为陕西督军署参议兼驻京代表,不过只是虚名而已。

政治形势的反复不测,也让伯驹完全看破了“牢笼”。

在北洋军阀相争的年代,北京政权先由皖系独控,经过直皖战争,进入直系控制时期。直系掌政后,恢复国会,民国法统重新光大。不料发生“二七”京汉铁路工人大罢工,镇压工人运动的血腥,以及曹锟当选总统被揭露为贿选,损害了民主政体的声誉,也败坏了直系军阀形象,于是第二次直奉战争爆发。吴佩孚因杀害罢工领袖,本已遭到舆论谴责,却借五十岁生日大摆寿宴,其部下冯玉祥极感不满,送上的寿礼只是一缸白水,自此二人不和。直奉开战,吴佩孚命冯玉祥为中路军,进古北口作战,冯故意拖延不前,暗中与张作霖沟通,于一九二四年十月二十四日,突然发动北京政变,关押曹锟于北京的延庆楼,驱逐溥仪出京,使直系被动,败于奉军。

当时国人已经普遍厌战,偃武修文成为显著的舆论倾向。军阀每发起战争,都要事先作很长时间的反复通电,以电文互辩,陈述政治主张,以文争的姿态,争取舆论同情。第二次直奉战争之后,奉系在军事上占了上风,但张作霖顾及舆论,一再表示军人不干涉政治,赞成文治,似乎口承至诚。释放曹锟时,张作霖派其子学良去延庆楼,给曹锟下跪赔罪说:"爸爸让我来赔不是了,大总统还要您来当。"曹锟还真想重登总统大位,发了个通电,结果无人理睬,只好跑回天津闲居了。

冯玉祥政变后,即电请孙中山北上"讨论国是"。国民党已经在这年一月改组,实现国共合作,孙中山在北上途中提出召开国民议会。北方各军政代表在天津开会,推举段祺瑞就任北京政府临时执政。此时出现了南北和平、民主统一的机遇。不幸孙中山肝病发作,一九二五年三月十二日于北京逝世。不久发生震惊世界的"五卅"惨案,推动了举国政治形势的迅疾变化。翌年,北京又发生"三一八"惨案,成为段祺瑞执政府倒台的导火索。

一九二六年三月十八日因大沽口事件,北京爱国学生集会声讨日帝,会后结队往执政府请愿。国务院门前军警竟向徒手学生开枪射击,致四十七人身亡、一百五十五人受伤,酿成惨案。此为中国历史上第一次开枪镇压学生请愿的事件。鲁迅把这一天称为"民国以来最黑暗的一天",其名作《纪念刘和珍君》写的就是这次惨案。整个中国知识界和新闻媒体,为此事表现了极大愤慨,举国一片谴责声。尽管执政府颁布抚恤令、惩办凶手,段祺瑞本人在死者尸前长跪不起、表示忏悔,都已经无法挽回执政府垮台的结局。

所谓北洋"三杰",有王龙、段虎、冯狗之称,指王士珍、段祺瑞、冯国璋。传有赞扬段虎的两句话说:"三造共和之功,一匡天下之志。"不料其"三造共和",却因一次镇压学生而功堕垂成。强大的民意能够迫使国务院总辞职、段祺瑞下野,可以看出当时中国的民主空气还是比较浓厚的。

大约就在这个时候,张作霖为段祺瑞之后的组阁进行谋划,曾经想把张镇芳拉扯出来。伯驹在他的回忆中说道:

> 一九二四年第二次奉直战争后,段祺瑞出任临时执政,维持了两年。一九二七年张作霖到北京,自任大元帅,派财政部次长董士恩到天津邀张镇芳晤面,商谈请他组织内阁事。张镇芳到京住西城弓弦胡同一号。这时张作霖拟用老一辈的人出来组阁,为他的大元帅支撑门面。我对张镇芳说:"你的政治生命,在复辟一役中已经决定了一生毁誉,而且现在南方革命军是一种新生力量,揆诸大势,胜败难言,以不出来为是。"张镇芳颇以为然,故到中南海周旋了两天,打了两次麻将,婉辞回津。其后张找梁士诒,梁也不干。后才由张宗昌推荐,一向以智囊自命的潘复钻营组成内阁。

潘复是山东济宁人,于书法有造诣,曾任北洋政府财政次长、山东督府总参议、黄河工程督办等职。张作霖入主北京,自任安国军政府大元帅,让潘复组阁。但"三一八"惨案后,北京政府失去民心,促成广州的国民革命军北伐的机遇。北伐军节节胜利,北京政府风雨飘摇,延宕了不到一年时间。一九二八年六月初,张作霖下令将元帅印旗、国务院印信及重要档案,全部运往奉天,通电宣告退出北京。张作霖乘专车返沈阳途中,在皇姑屯被日军预埋的炸弹炸死。潘复隐居于天津。北洋最后一届政府寿终正寝,即使只是"花瓶"的国会亦终于粉碎了。

自辛亥革命,引入西方民主政治,许多有志之士为此付出了巨大的努力,历经种种曲折,十几年的实验终于惨淡收场。其时的法律创制、舆论民主,不啻引人回眸沉思,而那些经验与教训,至今仍然是值得研究和总结的。这个时期活动在政坛上的人士,大多有深厚的传统国学的教育基础,同时又在西学东渐中接受了新理念的熏陶,应当是大有作为的一代人,竟然也都凋零沦落,不亦天意乎?

张作霖想请张镇芳出来组阁,镇芳听了伯驹的意见,决意不再出山。伯驹的社会活动,与其父紧密相系,自然也随之脱离政界。这年是伯驹的而立之年,从十八岁时由袁世凯加于他的"牢笼",到此便完全地摆脱了。

四、家风传承

封建社会的科举制度,尽管弊病甚多,但它毕竟为读书人进身提供了一个平等的机会,使成批的出身寒门的下层人士,进入了官宦队伍,甚至成为相国重臣。许多贫士历尽艰苦,因而在获得爵位后,尚能体察民间疾苦,清正为官,而且能以保持克勤克俭的作风。正如《朱子治家格言》所说:"一粥一饭,当思来之不易;半丝半缕,恒念物力维艰。"过去绝不可能像当今的市场经济那么容易投机,一夜之间就成了亿万豪富,可以挥金如土,纵欲奢华。

曾国藩说:"家勤则兴,人勤即健;既勤且健,永不贫贱。"临终前,他给家人留下遗嘱,其中最要紧的一条,讲的还是勤俭。原文大意说:

> 人一日所着之衣、所进之食,与日所行之事、所用之力相称,则旁人认为应当,鬼神也会允许,因为是自食其力也。若农夫织妇终年勤劳,以成数石之粟、数尺之布;而富贵之家终年逸乐,不营一业,而食必珍馐,衣必锦绣,酣养高眠,一呼百应,

这是天下最不平之事，鬼神所不能允许也，其能长久乎？古时之圣君贤相，无时无刻不以勤劳自励。为一身计，则必操习技艺，磨炼筋骨，困知勉行，操心危虑，而后可以增智慧而长才识。为天下计，则必己饥己溺，以天下人之疾苦，为自己有不可推卸之责；以一农夫不得收获，则引为自己有亏负。大禹、墨子，皆极俭朴以奉身，极勤劳以救民。勤则寿，逸则夭。勤则有才而见用，逸则无劳而见弃。勤则广济民众，而神仙钦仰；逸则无补于人，而神鬼不喜。

曾国藩留下的箴言，正是传统的读书人的立身处世操守。张镇芳从读书，到从政、到办银行，毕生精勤于事业，并不贪图安逸。这种家风家教，也传给了伯驹。伯驹的友人孙曜东回忆说："张伯驹生活上朴素得令人难以置信，不抽烟、不喝酒、不赌博、不穿丝绸，也从不穿得西装革履，长年一袭长衫，而且饮食非常随便，有个大葱炒鸡蛋就认为是上好的菜肴了。他对汽车的要求是，只要有四个车轮而且能转达就行了，丝毫不讲派头。"

然而，尽管张镇芳是一个严肃的旧式官僚，保持着清朝遗老的仪表风度，无奈的是，在这种贵族家庭中，女眷多而无所事事，只能靠打牌和吸毒来打发时光。尤其张镇芳晚年衰病而至去世，也带走了纲常名教治家的威严，家风日渐萎颓。封建时代的贵族之家，如《红楼梦》中的荣国府，虽腐败仍不失儒雅；而近现代中国的官宦家庭则掺杂了种种西化的东西，失去了书香雅趣。张家住在天津的租界中，避不开西方文化的耳濡目染。封建贵族的骄奢堕落的风气，加上租界生活方式的传染，张家的女眷们在百无聊赖和精神萎靡中，打牌和吸毒便成了无可救药的事情。天津遭遇水灾的时候，张伯驹想说服家人留京常住，以节省开销，却被家人拒绝,可知她们已经习惯租界生活而养成了惰性。

由张伯驹的自述可知,他十分厌恶租界生活,他的家庭氛围使他苦闷。他长期住在传统文化遗风浓厚的古都北京,北京有他的文友和票友,有琉璃厂可看骨董字画。他脱离军政界后,除在盐业银行挂过职名之外,主要活动在京戏、诗词、书画鉴赏等文化方面,艺术的爱好和追求伴随了他的一生。他的教养和他的个性,深深浸润着中国的传统文化,既有天性的一面,也有家学的传承,尤其是镇芳对他的教诲和影响。

研究张伯驹的《身世自述》,其字里行间似乎透出了一种无奈的心绪。他批判自己出身的那个地主官僚的家庭,以至说自己有了"罪恶"。这显然是一个时期中"改造思想"的政治语言。一九四九年以后的强劲的政治形势,使许多从旧社会走过来的人都有了某种"罪恶感"。

他写道:"我是在这个家庭里生长,习染也不能不有了罪恶。"其实,张伯驹的"罪恶",完全不同于他家庭中的那些沾染了赌博、吸毒的恶习的女眷之辈。旧式家庭传袭在他身上的东西,除了儒家的忠孝信悌,就是勤俭的风训。

六　青楼夺姝之传奇

张伯驹在《丛碧词话》中,赞赏宋代秦观(少游)的《鹊桥仙·纤云弄巧》一词。并由这首词,引出《古今词话》记述的秦观一件逸事。文如下:

少游《鹊桥仙》词,前结"金风玉露一相逢,便胜却人间无数。"后结"两情若是长久时,又岂在朝朝暮暮。"为七夕词者,皆当低首。

《古今词话》云:秦少游在扬州刘太尉家,出姬侑觞(歌妓来劝酒),中一姝(美女),善弹箜篌。此乐器既古,近时罕有人传习,以为绝艺。姝又倾慕少游之才名,偏属意(有归依之意)。少游借箜篌观之,既而主人入宅更衣,适值狂风灭烛,姝来相亲,有仓卒之欢,且云:"今日为学士瘦了一半。"少游因作《御街行》词,以记述一时之情景。

秦观《鹊桥仙》一词,是借天上牛郎织女七夕相会的神话故事,来表达人间的男女相爱之情。伯驹认为凡是写七夕的诗词,惟有这一首写得最好,其他都要比秦观低一头。

接着,又说到秦观与弹箜篌的歌妓的一次艳遇,美女倾慕他的才名,偏在要拿那箜篌乐器看一看的时刻,风把灯烛吹灭了,两人便暗中亲热起来。那美女还说为了对这个才子倾爱,竟致玉损香销、瘦了一半。这种缠绵的描写,很像张伯驹自己与潘妃相恋时的情状。张伯驹对秦观写牛郎织女的词喜爱有加,是不是在心中摇荡着他自己的爱情感受呢?秦观有爱姝是弹箜篌的,张伯驹所爱的潘妃是弹琵琶的,古今风月场中的事,大抵相仿佛。

潘妃小名白琴,后来改名为潘素,原籍苏州。苏州的潘家,本是世代官宦的大家族,传衍到清末民国时代,早已经宗支分散,穷富有别。潘妃的父亲迁居上海后,时运不济,又不务正业,很快衰败下来。幼年时潘妃受母亲溺爱,曾经从师学艺。十三岁时母亲不幸病逝,来了一个冷酷的继母,捱抵了两三年,被这个继母把她卖到了烟花场上。

上海的烟花场,清末已颇隆兴。陈无我著《老上海三十年见闻录》中,曾有当年歌场盛况的回忆,并说到上海妓女中尤以苏州“吴娃”最为著名,兹摘片段如下:

　　清光绪间,四马路一带书馆林立,然座场宽敞、歌妓最多者,群推天乐窝为第一,每晚至九点钟时,座落无不密满。该馆所聘名妓,如王秀林、洪文兰、金小卿、小如意、王者香、赛金玉等,铜琶一曲,四座皆惊……又如江南第一楼、海上一品楼、荣华富贵楼、品玉楼、品升楼等,各树一帜,然声名皆不及天乐窝之响。惟品玉楼之王秀兰,其曲调之高,行云可遏,洋洋盈耳,久擅盛名。今皆如《广陵散》不可复闻。回首当年,感慨系之矣。

沪滨妓女,苏产虽多,各省均有,江北扬州、丹阳则所在皆
是,京津两湖间亦有之,然询问其籍贯,则必言产自苏州。怡红
馆主一日遇苏妓于席,询问之,答为苏州人。又同座有丹阳妓,
询之,答曰也是苏州。怡红馆主为此作《采桑子》词云:

阿侬惯在阊门住,不是苏州,也是苏州,说到丹阳掩面
羞。　　烟花三月今谁数,不是苏州,也是苏州,明月箫声总
是愁。

怡红馆主即是著名作家包天笑。民国文坛名家何海鸣所著《求幸福
斋随笔》也曾经写道:

自来南都粉黛,争称扬州之女,今日则苏州吴娃乃于妓界
上占有莫大之势力。确以苏妓容貌秀美,性质玲珑,装束淡雅,
谈吐圆转,周旋敏捷,有天然美人之丰韵也。清末,向日本人争
回间岛(间岛在吉林)时,任命某都护为延吉边防大臣,大臣乃
召致苏妓数十人前往,作为延吉之官妓。不数月,苏妓之名喧
传于黑山白水之间,歌喉扇影,倾动一时,日、俄、高丽之妓见
之色沮,渐偷偷离去,缠头脂粉之收费遂为苏妓所独得。此虽
属一大奇举,然而也足可见苏妓之势力矣。珠泉居士著《续板
桥杂记·郭心儿传》中有句曰:"向来秦淮诸姬,以苏帮为文、扬
帮为武。"《板桥杂记》中所载名花,亦大半为姑苏产,苏妓之盛
已不是自今日始,而将来之发达尚不可限量也。

潘素正是当年的姑苏名花,秉有苏州女子的天生丽质,幼年又受过
良好的教育,聪慧娴雅。张伯驹青年时期长期生活在北方,前面已有三

房妻妾，都不如意。到了上海，遇到这个才貌不凡的女子，遂使他神魂飞荡。他的儒雅才情，也深得潘素倾爱，两人可谓是一见钟情，坠入爱河。

任职盐业银行，乃有缘结识潘素

姻缘二字，必讲缘分。如果伯驹还在北京而不到上海，或是即使到了上海，随带家眷而不逛青楼，那就不可能与潘妃相遇，就不会有风月之事。伯驹为何离开京津的家，独自来到上海？这是他在盐业银行任职的缘故。

现在我们把盐业银行这个话题再拿起来，看看盐业银行如何发展，又是如何为伯驹提供了机缘。

张镇芳因参与复辟获罪被捕后，与镇芳有嫌隙的军阀段芝贵一时得势，派吴鼎昌接收盐业银行任为总理，自那时起，盐业银行的大权掌在了吴鼎昌手中。

张伯驹在回忆录中，曾经谈过吴鼎昌的情况：

> 吴鼎昌，字达铨，原籍浙江绍兴，寄籍四川华阳。一八九七年（光绪二十三年）日本东京高等商业学校毕业，归国后，恩赐为洋翰林。清末锡良任东三省总督，经其伯父山西藩台吴匡涛介绍，在锡良总督署的度支和交涉两司供职，后任中日合办本溪湖矿务局总办。锡良调陆军部尚书，他转任度支部银行（后改名大清银行）总监督叶景葵的会计主任，旋任江西大清银行分行监督。辛亥革命，他以同盟会会员资格，任南京临时政府军用票发行局总办。后南北议和，随着机构转移北京，大清银行改为中国银行，他任第一任中国银行总裁。由梁士诒推荐，

袁世凯召见了他。袁说他有声无音,两颐外张,仪容阴险,不可
重用,故未得久任而去职。第二次湖口革命中,他住天津,经梁
士诒保举为天津造币厂厂长,他以铸造袁头银币和袁僭称洪
宪皇帝金币,得到袁世凯对他的好感。袁死前几个月,曾一度
发表他为农商部次长,但他观察局势将不利于袁,未敢到任,
仍当他的造币厂长。他常对人说:袁世凯为一世枭雄,但袁也
怕他三分,用来吹嘘自己的高明。

　　张勋复辟失败后的这年七月间,盐业银行在京、津、沪三
地报纸刊登紧要广告,假借股东临时大会名义,推荐吴鼎昌为
总理。

　　吴鼎昌后来进入了政界,当上国民党南京政府的实业部长,抗战期
间调任贵州省政府主席。一九四九年后去了香港,一九五二年死于癌
症,死年七十五岁。

　　张伯驹认为吴鼎昌属于"巧宦","一生用巧,失于忠厚"。但吴鼎昌
的确善于经营,他担任盐业银行总理后,迅速吸纳储蓄,扩大资本,三年
内把原设计的股款五百万收齐,从一九二一年决议再加五百万股款,使
总资本达一千万元。吴并接办《大公报》,每年从盐业银行提三万元作经
济研究费用,实际用于办报资金。一九二三年吴鼎昌与金城、大陆、中南
银行联合,组织四行准备库,形成"北四行"与南方的江浙财阀银行相对
抗的态势。其后又成立四行储备会,吴为总负责人。于是,吴鼎昌既有四
行准备的钞票发行权,又有四行储备会现款收入,加上手中有言论机器
《大公报》,这不仅在金融界,而且在政治上赢得了声望,"俨然执了北方
经济实业的牛耳"。

　　张镇芳下狱而失去了盐业银行的总理地位,出狱不久,便返回河

南,在老家休养两年有馀。一九二零年秋,张伯驹陪同其父赴沈阳拜访张作霖。张作霖当年赶走段芝贵,成为东北王,曾得益于镇芳的支持,因而对镇芳的来访极其热情,给伯驹任了一个奉军司令部总稽查的职务,虽非实职,却也便于伯驹往来出入于大帅的官邸。

翌年,张伯驹再赴沈阳见张帅,专门谈到了盐业银行的事情:

一九二一年四月间,我又去奉天见张作霖,因上次未谈盐业银行事,这回我单独和他谈到盐业银行怎样被吴鼎昌攘夺,又怎样接收改组情况。张听后大为震怒说:"我可以出来说话。"我回答说:"你不是股东怎么说话呢?"张说:"我可以入股。"于是我把我父亲的股权让渡给张五万元,他就成了股东。然后他打电话给吴鼎昌,质问他盐业银行是张某人创办的,你非原来的发起股东,如何能当总经理,这是不合法的,我以股东资格,请你说明道理。

吴接到张作霖的电话,托岳乾斋(北京分行经理)出来了事。岳找到张勋,请他出来打圆场,在天津张勋家里谈话,参加者有岳乾斋和北京行副经理朱虞生、张勋和我。谈判结果,推举张镇芳为盐业银行董事长。董事长的好处,每年除股金红利外,另有一笔红利,可分到三万多元;监事人每年可分红利四五千元;董事每月车马费五十元,每年红利要分四五千元;但是总经理吴鼎昌,和北京行经理岳乾斋每年除股东红利外,还可分盈馀红利,都在四五万元左右,分红多少当然要看年终结算盈馀为定。这次谈判胜利,不但争回了被吴攘夺盐业的面子,出了这口气,而且又多得了红利,吴鼎昌从此对我们也比较客气了。这事张镇芳并不知道,我回到河南告之,他说我办得很好。直到一九三三年张镇芳去世,都是他担任董事长。

晚年的张镇芳,经过一场狱讼,对于功名利禄都已淡漠。盐业银行方面,都由伯驹出面。伯驹倚侍张作霖,争回了在盐业银行的面子,镇芳任了董事长,伯驹本人先是任盐业银行的监事,后又任常务董事和总稽核。镇芳除了召开必要的董事会之外,并不太多过问银行事务,一切不与吴鼎昌相争,而只是让吴鼎昌发挥其长处,放手由吴去做,相处甚安。镇芳任董事长时间约有十年,到他逝世之前,曾于病中提出过辞职。

留存的盐业银行档案中,还能看到张镇芳任董事长、张伯驹任常务董事,及张镇芳治丧等有关文件。

一、吴鼎昌关于张镇芳任董事长一事致董事会任凤苞(振采)的函:

振采仁兄大人阁下:本行董事会议决公推张馨老为董事长,并议定自十年起致送公费数目、分配花红分数各在案,兹代拟致

张董事长函稿一纸及缮正函一件,送呈

誊阅,即请

阁下于正函及函稿一并签名盖章

掷下,以便送他董事签名盖章后封发为盼。敬颂

公绥　愚弟吴鼎昌启　十年二月一日

二、四董事签名至张镇芳函:

迳启者:九年度本行全年结账,营业发展获利增多,信用愈彰,行基益固,溯源探本

创垂,早著勋劳,挈领提纲

擘画端资宏著。现在本会议决,公推

执事为盐业银行董事会董事长,自十年起,每年致送公费伍千

元,每届全年结账由总管理处花红内,提壹成五,作为

董事长花红,相应函达,即请

查照。此致

张董事长　盐业银行董事会启　十年一月二十九日

任凤苞　刘炳炎　黄承恩　那桐(董事签名,二月三日发)

三、吴鼎昌致张镇芳报告业务之函:

馨老台鉴　秋间

大旆北来,快聆

尘教,叙两年契阔,得数日过从,岂闻骊唱匆匆,益抚蚁忱恋

恋! 日前伯驹世兄到京,欣悉

珂乡驻节,凡百咸宜,惟以时近岁除,旧历年内,未必来京,翘

企

光仪,实深殷盼! 弟碌碌如恒,乏善可述,我行全年结账,本叨

福芘,获利当丰,俟开董事会,议决九年分盈馀办法后,当由总

管理处另函报告也。(下略)

专此布达。致颂

公安　惟希

荃照　愚弟吴鼎昌谨启　十年一月廿七日

四、张伯驹任常务董事的通知稿:

沪行鉴:本年八月卅一日开第六十五次董事会,议决推举常务

董事二人,即推定张伯驹、刘紫铭二位为常务董事。特此通知。

即颂

公绥　总管理处启

（致京津行者,于"特此通知"下,加两句:"兹附上致张、刘
董事函一件,请收到即为妥转,至托即望。"）

五、张镇芳写给吴鼎昌(达诠)的辞职函:

达诠仁兄台鉴:敬启者,并联昔年创办我行,颇费苦心,嗣赖
硕画荩筹,日见发展,感慰良深。弟名下本行之股票,数年以
来,迭经让出,所存无几,且近日多病,不能任劳,倘遗误行务,
诚恐无以对股东,兹特辞去董事长暨董事等各职,务祈
台端先行代理,俟再正式提出董事会公决,敬恳
俯允所请,实为衔结。专此顺颂
大安百益　愚弟张镇芳谨启　九月十四号

六、张镇芳治丧费用清单:

兹将张馨老治丧用费,详录于左,恭请鉴核,计开:
收经价折洋四十元;收祭席折洋七十元;收祭席券折洋一百零
一元;收奠仪一百十七元;收盐业银行洋三万六千七百九十四
元六角四分。
以上共收洋三万七千一百二十二元六角四分。
付印刷洋二千三百八十七元五角;付扎彩冥纸洋一千三百伍
十元零八角;付礼力洋一千一百七十五元零三分;付来宾车饭
洋二百六十六元六角;付彩灯汽灯洋五百三十六元六角九分;
付鼓乐乐队洋五百七十四元八角;付寿木成工洋一百元;付诵
经洋二千七百八十四元二角一分;付白货洋四千二百零三元
七角;付酒席洋二千零四十八元一角六分;付棚铺洋一千一百

四十二元四角;付寿衣布疋洋二千四百三十五元;付登报费洋
七百八十元零四角二分;付路赏洋一千一百七十六元五角;付
油漆作洋八百八十六元二角八分;付鼎章照像馆洋一百三十
八元四角;付赁桌椅等洋七百六十六元五角;付瓦木作洋一千
一百元;付画影洋一百四十元;付书、点主洋七百二十四元;付
送殡马车洋一百四十六元四角……(列支项有省略——笔者)
以上共付洋三万七千一百二十二元六角四分。

张伯驹任了董事和总稽核,他可以到各分行视察业务和考核账目。
在考核中,他曾发现各行有大批透支问题,建议吴鼎昌加以厘清,吴并
没有引起重视。因为吴的心思用在政治上,扩展银行的业务,是为他在
政治上抬高身价。伯驹虽感到稽核并不起很大作用,然职责在身,仍按
期往上海、汉口等地查账。例行公事、接受招待之馀,自然要把时间消遣
在他的艺术嗜好上。在上海盐业银行进行视察考核期间,不免要与朋友
到青楼吃花酒,当年在上海这也是常事。伯驹不喜饮酒,他叫的局只是
听音乐,这就遇上了善弹琵琶的潘妃。潘妃的娴雅风度和悠悠动听的琵
琶曲,立时使伯驹痴情耽迷。所谓"有缘千里来相会",这就是机缘。

好事多磨,仰赖孙氏父子成全

正当张伯驹耽恋潘妃的时候, 有冯玉祥的参谋长刘菊村爱上名伶
"小牡丹花",为此来找伯驹商量说:彼与一姝相爱,请教应如何办才可
以? 伯驹答曰:"我也正爱着一女,还不知如何是好呢,你向我请教,我又
向谁请教? "

张伯驹实际是有办法的,有朋友为他做"红娘",这个朋友便是孙履

安。

孙履安何许人氏？在伯驹的笔记中,曾数次提到此君,如:

> 寿州孙家鼐,清状元宰相,先君(张镇芳)乃其门生。其孙
> 孙履安,先君官长芦盐运使时,彼(孙履安)任使署监印官,入民
> 国任淞江运副。彼曾从罗寿山学丑角戏,能《老黄请医》《定计
> 化缘》《打樱桃》等剧。善于台上临时抓哏。记其与坤伶于慧莲
> 演《打樱桃》,彼已六十馀岁,题诗云:"平儿生来可人怜,她的
> 名字于慧莲。我想与她成婚配,还要倒退四十年。"

> 寿州孙履安,其祖父清状元宰相孙家鼐,为先君座师,余
> 与其为三世交。卢沟桥事变次年,余以事去上海,值其六十岁
> 寿日,约余为演戏。时有友曾劝余,北京上海皆已沦陷,在此国
> 难期间,勿事演戏,而一方又以交情难辞,原定烦余次日晚演
> 出《奇冤报》,但演后各小报必予登载。经考虑结果,乃于次日
> 午前演《战樊城》,专为主人祝寿,但后仍有一小报登载说提前
> 演出,不使来宾观看为怪事。余致函该报,道我苦衷了事。

> 某岁,余去上海,中国实业银行总经理刘君,及孙履安、孙
> 仰农父子款余,共演戏为欢。刘君有外室陈女士,原为舞女,与
> 余演《游龙戏凤》。演毕,刘君约去饭店晚餐,陈女士与我同坐
> 一车。次日,陈又在其家盛馔宴余,席间对余极表爱慕之意。两
> 日后,余回北京,旋接陈来信云:彼即拟来京学戏,托余介绍教
> 师。我已知其意,来即归余。乃函仰农,告知此事,托其为釜底
> 抽薪之计。数日接仰农信,谓已办妥。陈与刘君离异,回芜湖原

籍。陈后又回沪,仍从业为舞女,颇著艳名。

后面这一段引文,意思是说一次在上海,张伯驹与舞女陈女士演戏,该女士对他表示爱慕,并以学戏为名,要追随他去北京。伯驹无意与这个舞女深交,通过孙履安之子孙仰农,予以回绝。可知伯驹与女性交往并不那么轻率放浪,也许是此时在他心目中已经有了潘妃,所以不再沾惹别的花草。

近代名人孙家鼐,咸丰状元,先后曾任工部、刑部、户部尚书,与翁同龢同为光绪帝师。其子孙辈多人,其中最著名的是孙多森,曾在上海办有阜丰面粉厂,并创办中孚银行。孙履安也是孙家鼐的孙子一辈,曾在上海管理淞江航运。因张镇芳曾拜孙家鼐为师,孙履安又曾在张镇芳属下事职,孙张两家遂成世交。孙履安又是京剧名票,与张伯驹有同样嗜好,过从甚密,不仅了解伯驹的家庭状态,而且了解伯驹的性情喜好和内心所思,当然最适合充当伯驹婚事的牵线人。

潘妃初入青楼,不过豆蔻年华,与伯驹相遇时虽然心生爱慕,但开始对伯驹的了解并不很多。伯驹当时已经三十四五年岁,家有妻妾。经孙履安穿针引线,终使二人相悦渐深,以至潘妃一心相许,认定非伯驹莫属。

孙履安的后人,除上文提到的孙仰农外,还有一子名曜东,也是京剧爱好者。孙曜东曾经留洋美国学习经营,敌伪时期在上海任复兴银行行长,并且是周佛海的机要秘书。抗战胜利后参与中共上海地下党秘密工作,一九五五年因潘汉年、杨帆案牵连而被捕,一九七五年出狱后返回上海,任徐汇区侨联顾问。近年间由其口述往事,经宋路霞整理出版的《浮世万象》一书,其中说到张伯驹和潘妃结缡,颇似传奇故事,照录如下:

潘素女士，大家又称她为潘妃，苏州人，弹得一手好琵琶，曾在上海西藏路汕头路路口张帜迎客。初来上海时大字认不了几个，但人出落得秀气，谈吐不俗，受"苏州片子"的影响，也能挥笔成画，于是在五方杂处、无奇不有的上海滩，曾大红大紫过。张伯驹和潘素结为伉俪，也是天作一对，因为潘妃身上也存在着一大堆不可理解的矛盾性，也是位大怪之人。那时候的"花界"，似乎也有分工，像含香老五、吴嫣等人，接的客多为官场上的人，而潘妃的客人多为上海白相的二等流氓。红火的时候，天天有人到她家"摆谱儿""吃花酒"。客人们正在打牌或者吃酒，她照样可以出堂差，且应接不暇。那时有些男人喜欢纹身，即在身上刺花纹，多为黑社会的人，而潘妃的手臂上也刺有一朵花。最终她的内秀却被张伯驹开发出来。

张伯驹在盐业银行任总稽核，实际上并不管多少事，整天埋头于他的书画收藏和京剧、诗词，每年到上海分行查两次，来上海就先找我。其实查账也是做做样子的，一切事情基本都是吴鼎昌说了算，他来上海只是玩玩而已。既然来玩，也时而走走花界，结果就撞上了潘妃，两人英雄识英雄，怪人爱怪人，一发而不可收拾，双双坠入爱河。张伯驹第一次见到潘妃，就惊为天女下凡，才情大发，提笔就是一副对联："潘步掌中轻，十步香尘生罗袜；妃弹塞上曲，千秋胡笳入琵琶。"不仅把潘妃两个字嵌进去了，而且把潘妃比作汉朝王昭君出塞，把她擅弹琵琶的特点也概括进去了，闻者无不击掌欢呼。

可是问题并非那么简单，潘妃已经名花有主，成为国民党一个叫臧卓的囊中之物，而且两人原先已经到了谈婚论嫁的程度，谁知半路杀出个张伯驹，潘妃此时改口，决心跟定张伯驹,而臧卓岂肯罢休？于是臧把潘妃软禁了起来,在西藏路汉口路的一品香酒店租了间房,把她关在里面,不许露面。潘妃无奈,每天只有以泪洗面。而张伯驹似一个书生,此时心慌意乱,因为他在上海人生地不熟,对手又是个国民党中将,硬来怕惹出大乱子,不像在北京、天津到处都有他们张家的一亩八分地,他只好又来找我。

那天晚上已经十点了,他一脸无奈对我说:"老弟,请你帮个忙。"把事情一说,我大吃一惊,问他:"人现在在哪？"他说:"还在一品香。"我说:"你准备怎么办？"他说:"把她接出来。"

我那时年轻气盛,为朋友敢于两肋插刀。趁天黑我开出一辆车带着伯驹,先到静安寺路上的静安别墅租了一套房子,说是先租一个月,因为那儿基本都是上海滩大老爷们的"小公馆",来往人很杂,不容易暴露。然后驱车来一品香,买通臧卓的卫兵,知道臧不在房内,急急冲进去,潘妃已哭得两眼桃子似的。两人顾不上说话,赶快走人,我驱车把他俩送到静安别墅。

上面这一说法,与其他版本有所不同,张伯驹自述中也从未提起过一品香酒店抢人的事。而孙曜东其人健在,虽是事隔多年的口述回忆,事情的来龙去脉讲得较为清楚,且鉴于孙张两家的密切关系,孙曜东称与张伯驹是把兄弟之交,所述应该大体属实。

孙曜东还说,事后担心臧卓会采取报复行为,却因孙曜东与汪精卫、周佛海拉上关系,为他们做事,而臧卓也投向敌伪,当了伪军某部的参谋长,两人见面后心照不宣,此事也就过去了。

瞒着父亲的第四婚姻,又纳妾乎

张伯驹在《身世自述》中,对他的四次婚姻作了简要的叙述。

首次,七岁订婚,十九岁(一九一六年)结婚,为正妻,名李月娥,不能生育。

第二次婚姻,二十四岁(一九二一年)纳邓韵绮为妾,生一女夭折,后再不生育。

第三次婚姻,二十七岁(一九二四年)与王韵缃同居,一九二八年生一子。

第四次婚姻,即是与潘素结合,一九三二年在苏州结婚。

首次婚姻,是父母之命,童年订婚。订婚当时,伯驹父亲张镇芳调往天津不久,官衔还是候补道,李氏的父亲也是候补道,门当户对。但李氏生理有病,且有鸦片烟瘾,始终未能与伯驹建立感情,郁郁寡欢,至一九三九年病逝。

尔后的两次婚姻,动机都是为了生育。中国的传统婚姻,注重礼教,注重传宗接代,并不纯粹是男女两人的私事。张伯驹的传统文化观念,体现在诸多方面,"不孝有三,无后为大",这种儒教的伦理道德,他是不可能不遵从的。

因李氏不能生育,在父亲催促之下,先纳邓韵绮为妾。张伯驹与邓韵绮的相处,应该是较为融洽的,这从他的词中可以看得出来。《丛碧词》中有《鹧鸪天》等作品,是携韵绮同游时所写。

由于邓韵绮生一女孩夭折后不再生育,张伯驹遵照其父的意思,再次纳妾只为生育之目的,因而不论才貌,只要身体健壮即可。给予介绍王韵缃的中人,有私意而"力促成功",伯驹虽然也见了面,但考虑并不成熟,仓促中同居,终久感情不深。伯驹一直认为与王韵缃只是同居关系。因为王韵缃缺少文化素质,他们在一起没有多少共同语言,王韵缃却责怪伯驹平时不同她说话。伯驹说:"这是我的习惯,平时说话就少,而与她思想不同,文化程度不同,往往说好话也会误会,不如少说话。"但王韵缃毕竟为他生了儿子,伯驹还是把家政管理权交给了她。

张伯驹早期词作中有一首《念奴娇·中秋寄内》,是写给住在天津的家人的。

> 无人庭院,坠夜霜、湿透闲阶堆叶。
> 月是团圞今夜好,可奈个人离别。
> 倚遍云阑,立残花迳,触绪添凄咽。
> 满身清露,更谁低问凉热。
>
> 记得去年今日,盈盈双袖,满地明如雪。
> 只影那堪重对此,美景良辰虚设。
> 玉漏无声,银灯息焰,总是愁时节。
> 谁家歌管,任他紫玉吹彻。

这是词人身在异乡,逢中秋佳节思念家人的一首抒情作品。词的开头,描写了一个夜霜、堆叶的"无人庭院",在这样一个寂寞的环境中,独自望着一轮圆月,离愁别绪,油然而生。"满身清露,更谁低问凉热"句,极伤感,亦极尽怀人之情,很自然地引出了下片"记得去年今日"的词意。去年的中秋夜,是携着家人一起观月的,是"盈盈双袖"的情景,"满地明如雪"不只是说月光,而是想象出了月地上的双人映影。而现在,只身异地,美景如同虚设,越是听到人家吹奏紫玉歌管,越感内心悲凉。全词凄婉情深。

　　从这首词在词集中位列于前，从时间上判定不会是写给潘素的。他后来写给潘素的词不题"寄内"，都是直写"寄慧素"。内人，泛指妻妾。而从这首词中的"盈盈双袖"一语，显有所指，或是李氏夫人，或是邓韵绮。由此可知，张伯驹是一个重感情的人。但他也有喜欢女性、感情不能满足而见异思迁的另一面。他的家庭，包括邓韵绮、王韵缃等的生活方式，缺少高雅的文化情调，陷落在鸦片烟瘾和麻将赌玩的污泥中而昏昏度日，这使他深为厌恶。伯驹本人连香烟都不抽，而家中的女眷全都吸大烟，"每天到下午四点才起床"。支撑一家消费的担子，却落到了伯驹身上，他不能不愈来愈感到这个包袱的沉重，感到无奈和苦闷。

　　"我起床的时候，是她们睡觉的时候；我睡觉的时候，是她们打牌吸烟的时候。我感觉到苦闷。"这是张伯驹的一个真实思想。一个接受过传统教育的文学艺术的爱好者，处在在这样一个家庭环境中，实在是让人苦闷至极。

　　这种苦闷，是他另求所爱的心理基础。但与潘素的婚恋，也还不是西方式的爱情，不是罗密欧与朱丽叶；算是中国传统的才子佳人相配吧，而在形式上似乎仍然属于"纳妾"。中华民国一九三零年颁布的民法"亲属编"已规定禁止重婚，而司法院的解释，则认为"娶妾并非婚姻，自无所谓重婚"。张伯驹与潘素如果为正式结婚，是否有犯重婚之嫌呢？据说他们在苏州举行了"结婚"，这当然也是朋友孙履安的安排。孙履安当年正好居住在苏州，收徒教戏。当时的"结婚"，如果按照法律规定，规避重婚，是否也仅是"娶妾"呢？

　　纳妾的制度，在中国自古就有。从政治上说，纳妾是男权主义和宗法制度的产物，它的作用无非是子嗣和纵欲两条。从历朝的法律规定来看，纳妾确有为传宗接代、应合封建宗法制度需要的目的。如《大明律》

除对贵族纳妾授予特权之外,对庶民纳妾也写入了法律,规定:"凡男子年满四十,而无后嗣者,得纳妾。"从经济上说,纳妾是体现着财富极不均平的一种现象。妾可以买卖,可以赠与,与其他家产可以等同视之。富贵者追求豪奢淫逸,多妾便成为财富的象征;而对于贫穷者,出卖女儿又成为生活救济、傍富倚贵的途径。

从文化方面观之,由于纳妾制度历久通行,在中国长期的封建社会中,已经形成一种社会风俗和文化现象。社会上青楼妓女众多,许身作妾也是烟花女子的一个归宿。过去异地做官,不带家眷,还有那些名流名士,都在风月场中游冶,携妓拥妾便成为一种风雅事了。翻读前人的传奇、小说、笔记之类,便可看到许多的才子佳人故事,许多的狎妓娶妾的佚闻佳话。

如明末清初的"四大美人",都是妓女出身,而都留下了一段奇情侠骨的故事。陈圆圆为吴三桂妾,李自成破京师,圆圆为自成所得,三桂怒而引清兵入关,圆圆复归三桂。后三桂叛清,圆圆做了道士。清吴伟业的著名诗篇《圆圆曲》中有句曰:"一代红妆照汗青"。柳如是为钱谦益妾,工词翰,色艺冠一时。明朝灭亡时,柳如是劝钱谦益殉节,钱不听劝。陈寅恪专著《柳如是别传》一书。董小宛为冒襄妾,冒襄著《影梅庵忆语》记其生平行事,清艳动人。李香君许身侯方域,为拒权势,不惜坠楼,血溅扇面,孔尚任作《桃花扇传奇》,香艳千古。

近代名妓中,尤其不应该忘记赛金花义保琉璃厂一事。赛金花为状元洪钧妾,光绪中叶,曾随洪钧出使俄、德等国,洪钧死后又入妓院。八国联军侵入京城,联军统帅瓦德西是赛金花在德国时的旧相识。琉璃厂商家持金钱五千作寿礼送赛金花,请她说情保护琉璃厂,赛金花拒收金钱,说能有所挽救而不被外人蹂躏,是应尽之责。经她婉切言劝,瓦德西下令不许骚扰琉璃厂,使这块文物荟萃的宝地得以安全无恙。后来写赛金花的小说，多有捕风捉影的贬笔，她的义举却鲜为人知，但见况周颐笔记中有所记载。

西方人的婚姻，纯属个人感情私事，自由结合，自由离异；中国人的传统婚姻，附属于宗法制度，受礼教约束，讲究一订终身、百年好合，而娶妾便成为正式婚姻之外的某种意义上的补充。西方有所谓"红灯区"，纯属商品交易场所；中国的烟花妓院中，琴棋书画，歌舞吟咏，才子佳人，怜香惜玉，是外国人断断没有的风流雅事。可知中西文化之差异表现于诸多方面。

本文前面已经引用过《求幸福斋随笔》中一段话，该书作者对当年的社会状态观察入微，议论风生。下面再摘数语，是关于过去的才子佳人的评究：

醇酒妇人，人道是英雄末路所作之事，其实亦不尽然。此四字可作消磨潦倒观，然亦可作风流跌宕观，且徒然不近酒色亦算不得即是英雄，而英雄之为物又非泥雕木塑来者，徒于不近酒色上作工夫，天下亦无此种酸臭之英雄也。宋柳永未第时有词曰："青春都一晌，忍把浮名换了浅斟低唱。"此真是腔子里面语，英雄亦不过浮名而已，何忍将赏心乐事换来此无用不值钱之物乎？

名士之中亦真有真名士，才子之中亦真有真才子，世苟无才子名士风雅绝响，美人名妓亦终无扬眉之日也。然世有才子名士，而无美人名妓点缀其间，才子名士无以炫耀于世，必亦惭为世所厌薄矣。可胜叹哉，可胜叹哉！

才子以佳人贵，佳人以才子贵，二者颇有互相标榜之性质,故均能见重于世。

按照上述议论,张伯驹可算是一个风流跌宕的人物,他与潘素也可以说是才子佳人互相标榜,因而驰名于世。

然又从他两人收藏文物这一节而论, 倒是会让人联想到赵明诚和李清照的事迹。金石家赵明诚收藏大量文物,在战乱流亡中病逝,其珍贵书籍鼎彝交给李清照携带南渡,临别托付说:"必不得已时,先丢掉衣被用物,然后才是书画古器,而重要的宗器一定要随身抱着,与身俱存亡,不要忘记啊!"张伯驹则是及早安排,提前写下了遗嘱,将其所有古代名家书画交到潘素手中藏护。他的灵魂中的传统文化情结,他与潘素的共同爱好和艺术情趣,是他们结合的纽带和情感的基石。

问题在于伯驹的前三次婚姻,都有父亲之命;而与潘素的结合,是背着家人私纳外室。伯驹在第三次婚姻,即与王韵缃同居之后,生育一子,张镇芳此时就对他有过嘱咐:以后不再纳妾。因此,他与潘妃的事是不能让父亲知道的。

娶妾的事,大都会遭到正式太太的反对,这是历来产生家庭矛盾的原因之一。遇上王熙凤那样的泼辣妒妇,做妾绝不会有好下场。伯驹《补注》中写到曾任北洋大臣的杨士骧,此人最怕太太,虽身居高位,从不敢纳妾,自己撰了一副对联说:"平生爱读货殖传,到死不知绮罗香。"《货殖传》是《史记》中的篇章,此对联借书名与"绮罗香"对仗,颇幽默。

如何让潘素面见天津的家人,虽然是一个问题,但张伯驹娶妾不会有妒妇反对。正妻李氏自己有病,无理由反对,至于邓韵绮、王韵缃二人亦只是妾,更无权反对。她们后来都知道伯驹娶了潘素,只是瞒着老爷子镇芳。伯驹携潘素离开上海后,一直住在北京的弓弦胡同。直到张镇芳去世,潘素才在天津露面,经家人同意参加了葬礼。

七　所谓民国四公子

《张伯驹词集·秦游词》序中写道:"余少年从戎入秦,宝马金鞭,雕冠剑佩,意气何其豪横!"

这是他对早年从军经历的回忆,看来颇有一片眷恋而自豪的情怀。

青春二十岁那年,他从模范团骑科毕业,到了陕西督军陆建章部下任职。"少年从戎入秦"说的正是这个意气风发的时期。

陆建章是安徽蒙城人,毕业于北洋武备学堂,曾任袁世凯总统警卫军统领,后升到陕西总督。袁世凯死后,陆被部下逐出陕西,又曾一度投靠张勋。军阀混斗中,在天津被徐树铮所杀。

陆建章被逐出陕西后,张伯驹的"宝马金鞭"骑兵生涯也随之结束。此后虽然曾挂过军中职名,实际不曾到职,二十八岁时完全退出军职。三十岁那年,他写了一首《八声甘州》:

几兴亡无恙。旧河山,残棋一枰收。
负陌头柳色,秦关百二,悔觅封侯。

前事都随逝水,明月怯登楼。
甚五陵年少,骏马貂裘。

玉管珠弦欢罢。春来人自瘦,未减风流。
问当年张绪,绿鬓可长留?
更江南、落花肠断,望连天、烽火遍中州。
休惆怅,有华筵在,仗酒销愁。

"陌头柳色"句,出自王昌龄"忽见陌头杨柳色,悔教夫婿觅封侯"。"五陵"指长安附近的五个皇帝陵墓,"五陵年少"多用于诗词中,喻京都的豪富子弟,如杜甫诗云"同学少年多不贱,五陵裘马自轻肥",白居易有"五陵年少争缠头"句,马致远有"春风骄马五陵儿"句。"问当年张绪"句,典出南朝时张绪的故事。张绪其人清简寡欲,风姿清雅,梁武帝在殿前种了一棵柳树,看着柳树说:"此柳风流可爱,似张绪当年。"

这首词情致宛笃,流露着词人对世事的感叹,对政治的厌倦。以"五陵年少"喻自己当年从军西安,道尽逝日流水、不堪回首的感慨。再以张绪自许,表示有意追求风流恬淡的人生。最深情之笔,是面对兴亡山河、连天烽火,只有"仗酒销愁"而已,结尾一句道出心曲。

大致填于同一时期的另一首《八声甘州》,又写道:

忆长安春夜。骋豪游,走马拥貂裘。
指银瓶索酒,当筵看剑,往事悠悠。
三月莺花已倦,一梦觉扬州。
襟上啼痕在,犹滞清愁。

又是登临怀感,听数声渔笛,落雁汀洲。

看残烟堆叶,零乱不胜秋。

碧天长、白云无际,盼归期、帆影送轻鸥。

倚阑处,才斜阳去,月又当楼。

此阕上片,从西安的那一段骑兵生涯的回忆写起,"三月莺花已倦"句的一个"倦"字,吐露了对军政职事的厌倦之感。下片写残秋景色,象征时局,状写惆怅情怀。"一梦觉扬州"用杜牧诗意,小杜《遣怀》有句云:"十年一觉扬州梦,赢得青楼薄幸名。""月又当楼"作结,意味沉绵,让人想到曹植的《怨歌行》:"明月照高楼,流光正徘徊。"

词是抒情的文学。虽然只是短小的篇章,而词人的情操性气,当时的感兴忧怀,都会凝含其中。上面的两首诗,确是词人的词,惟有性情中人,情感丰富、思想深沉、文学修养深厚的人,才能写出这样的作品来。联系当时的背景来看,经过洪宪帝制和张勋复辟两场风波,其父张镇芳遭遇挫折,永远退出政坛,这种变化,无疑会对年轻的张伯驹带来冲击,会引起他对政治、对社会、对人生的重新思考,会促使他对军阀混战、烽烟遍地、尔虞我诈、互相格杀的政治局面产生清醒的认识。词中所发泄的感叹、伤痛、忧怅,是他的词人性情使然,更是特定的背景下所产生的感触,这也是他退出军职的原因。

张伯驹退出军职,远离政界,改变了他的人生道路。从此,他越来越痴迷于文学艺术。他把精力几乎全部投向了诗词、戏剧、书法绘画、艺术品鉴赏与收藏,这些成为他的主要的社会活动,也成为他的人生追求。

他走上了风流名士的路子,成为名闻遐迩的"四大公子"之一。这是他本来的文雅性情所致,却也是客观的历史背景所玉成。

饮醇近妇,妓馆夜饮

驰名最早的民国公子,要数袁世凯的二公子袁克文。

袁克文为袁世凯三姨太金氏(朝鲜族)所生,过继于大姨太沈氏,幼时聪明过人,自云"六岁识字,七岁读经史,十岁习文章,十有五学诗词",深得袁世凯偏爱,尤为沈氏娇纵,早年即放浪不羁。

张伯驹和袁克文交处密切,不仅因为袁、张两家有亲谊关系,又是政坛朋党,关要之处是两人气味相投,早年曾在一起读书,常常形影不离。伯驹所写《袁寒云踏莎行词》一文,有如下回忆:

> 袁寒云工诗词、书画,善戏曲。昆曲《八阳》一折脍炙人口,以其演来恰合身份,观者为之动容。人比之陈思或为过誉,然文采风流,固一世翩翩。而家国沦尘,晚多感触。中岁放歌,饮醇近妇,其遇也可哀也。庚午岁冬夜,以某义务事共演戏于开明戏院。寒云与王凤卿、王幼卿演《审头刺汤》,寒云饰汤勤……大轴为《战宛城》,余饰张绣,溥侗饰曹操……终场夜已将三时。卸装后,余送寒云至霭兰室饮酒作书。时密密洒洒,尽雪漫天。室内炉暖灯明,一案置酒肴,一案置纸墨,寒云右手挥毫,左手持笺,即席赋《踏莎行》词。词云:
>
> 随分衾裯,无端醉醒,银床曾是留人睡。
> 枕函一晌滞馀温,烟丝梦缕都成忆。
>
> 依旧房栊,乍寒情味,更谁肯替花憔悴。
> 珠帘不卷画屏空,眼前疑有天花坠。

余和作云：

银烛垂消,金钗欲醉,荒鸡数动还无睡。
梦回珠幔漏初沉,夜寒定有人相忆。

酒后情肠,眼前风味,将离别更嫌憔悴。
玉街归去暗无人,飘摇密雪如花坠。

时已交寅,余遂归去。

上述文中,记述了他们的一则风流韵事。那是庚午年(一九三零年)的一个冬夜,克文和伯驹在天津开明戏院同台义演。开场一出戏《审头刺汤》,剧情是明朝嘉靖年间,烈妇雪艳为夫报仇,刺杀了奸相严嵩的门下走狗汤勤,全剧极富正义感。主戏《战宛城》,演三国时曹操攻打南阳的故事。演到将近凌晨三时,戏才散场,两人情犹未尽,又到妓馆小饮,妓女研墨抻纸,克文乘兴挥毫作词,填了一首《踏莎行》,伯驹当即和了一首。伯驹另有诗纪此事云:"门外雪花飞似掌,胭脂醉对快挥毫。"

昆曲《千忠戮》(一作《千钟禄》)中著名的折子《惨睹》,俗称《八阳》。剧情是:明初建文帝欲削弱藩王力量,燕王朱棣不满而起兵,直攻入南京,号称"靖难",把建文帝赶下台,自己即位永乐皇帝。朱棣排除异己,杀人无数,惨不忍睹。相传建文帝在南京失守时,乔装遁走,削发为僧,流落于滇黔巴蜀间。剧中建文帝唱词曰:"收拾起大地山河一担装,四大皆空相。历尽了渺渺程途,漠漠平林,垒垒高山,滚滚长江。但见那寒云和愁织,受不尽苦雨凄风带怨长……"袁克文饰演建文帝,带着他们袁家政治波折的感伤,"慷慨淋漓唱八阳,悲歌权当哭先皇",真切动情,常能感动观众。

　　袁世凯洪宪称帝时，克文坚决反对，其兄克定则竭力支持帝制，谋以皇太子位，并谗诿打击克文。克文先被其父软禁，后遁走上海，加入了青帮。当时舆论界将克文与受到"相煎何急"之迫害的陈思王曹植相比，对他寄以同情。从那时起，克文完全摆脱一切桎梏，彻头彻尾成为了风流名士。

　　袁克文除唱戏、作诗、书法之外，另一嗜好是收藏古籍珍玩。伯驹说："寒云藏书，只收宋版精本，不以多为胜。余曾见寒云藏宋版书影印本，后钤一印，刻寒云观书小像，极雅肖。"据说袁克文收藏过宋巾箱本《周易》、《尚书》、《论语》、《孟子》等八种，喜爱有加，专辟"八经室"藏之。但后来生计窘迫，所藏古籍多已变卖。有宋刻本《鱼玄机集》，钤有名家藏印，并有多家题跋，极其珍贵，某年在上海典押，后来傅增湘愿出高价，遂转让于傅。收藏古钱币也是他又一癖好，写过多篇研究泉币的文章。

　　袁克文之书法，有真草隶篆各体作品，明标润资，自称"卖字疗饥"。有次他自定笔单，并写小引云："三月南游，羁迟海上。一楼寂处，囊橐萧然。已笑典裘，更愁易米。拙书可鬻，阿堵倘来。用自遣怀，聊将苟活。嗜痂逐臭，或有其人。廿日为期，过兹行矣。彼来求者，立等可焉。"这个告示，颇有趣味，也只有他这样的名士才写得出来。

　　袁克文虽然潇洒，却亦如伯驹所说："饮醇近妇，其遇也可哀。"经常出入于酒楼妓馆，吸大烟成瘾，曾经一度在上海戒烟，并在报上登了戒烟前后的两张照片，为戒烟院做广告云："予在戒烟前摄一影，戒后四月又摄一影，丰瘦悬殊，恍若两人，今特题赠，以证戒烟之效。"但回到天津以后，烟瘾又犯，一直到死都不肯叫烟枪离手。一九三一年三月，患猩红热病，还未痊愈，又去了一回风月场，旧病复发，不治身亡。死年方四十二岁。

尽管其生前早已名闻京沪，而让舆论热炒的事情，却是在他死后。袁克文病逝安葬时，据说有四千多人参加其葬礼，除了一些各界名人，主要是帮会中人按帮规为其披麻戴孝。有千馀名烟花女子组成方队，发系白头绳，胸佩克文头像的徽章，加入送葬队伍，尤足观瞻。真是公子死亦风流，成为街谈巷议的新闻。

公子称谓的嘲讽意味

就在舆论纷传袁克文风流葬仪的这一年，发生了日本军队侵略东北的"九一八"事变。新闻焦点又转到了东北少帅张学良身上。上海《时事新报》登出了两首讽讪小诗：

> 赵四风流朱五狂，翩翩胡蝶正当行。
> 温柔乡是英雄冢，哪管东师入沈阳！

> 告急军书夜半来，开场弦管又相催。
> 沈阳已陷休回顾，更抱佳人舞一回。

此诗见报，举国一片哗然。诗作者马君武，是民国时期著名革命党人，留学于日本，参加同盟会，继参加南社，曾任南京临时政府实业部次长，著有《马君武诗文集》。此诗当时迅为传播，表达了国人对东北国土沦丧的愤怒谴责。

赵四小姐，人皆知是与张学良相伴数十年的赵一荻，他们到台湾后才正式结婚。胡蝶是三十年代的著名影星。张伯驹的《故都竹枝词》中也曾经写道：

> 白山黑水路迷迷，年少将军醉似泥。
> 为问翩翩蝴蝶舞，可曾有梦到辽西？
> 时东北已失，张学良在京，方昵恋电影明星胡蝶，每跳舞
> 至深夜。

马君武诗中写到"赵四风流"和"胡蝶翩翩"，为世人昭知。而"朱五狂"一事，却是子虚乌有，因而使张学良耿耿于怀。据说直到张学良晚年接受采访时提起此事，仍然说到他"最恨马君武那首诗"。

朱五是朱启钤的第五个女儿。朱启钤是民国政坛的名宦，当过内阁代总理。"赵四风流"后面缀上"朱五狂"，正好是一个格律句子，这是诗人修饰造句的需要，并非实写。然朱家较为开放，子女们风流名声在外也是实情。伯驹《补注·三一》曾写道：

> 新朝营建启宏谋，犹胜三都作帝州。
> 四十年来歌舞梦，朱家子弟尚风流。
> 洪宪时，朱启钤任内务总长，筹备开国大典，修整城阙宫
> 殿，皆出其手。其女三小姐风流一时。有作《京都竹枝诗》者，诗
> 有"一辆汽车灯市口，朱三小姐出风头"之句。其六女公子嫁张
> 学良之弟学铭，子朱光沐为学良之机要秘书，时见于歌台舞榭
> 中，四十年来风流未灭。

民国公子的传言，或许早些年就有了，只是说法不同，初传时孙科亦列其中。到了一九三一年"四公子"盛传于上海，却是因为几件风月艳

闻凑到了一起：其一，袁克文死后风流、群妓送葬；其二，张学良迷恋舞女，置军情于不顾；其三是张伯驹在上海与潘妃热恋、虎穴夺姝的事，偏偏也发生在这一年；其四是上海有个卢小嘉，浙江督军卢永祥的公子，吃喝嫖赌，洋场驰名，那年他正恋上一个叫袁慧爰的"青岛美人"，同居于上海愚园路的西园公寓。

卢小嘉本名卢筱嘉，其父卢永祥曾任浙江总督。卢小嘉在上海狐假虎威，叱咤风云，也曾经横行一时。先是青洪帮头子黄金荣迷恋京剧女演员露兰香，因卢小嘉看露兰香演戏时喝倒彩，被黄金荣的人当场痛打一顿，卢小嘉含忿报复，通过其父的关系，将黄金荣抓去囚禁起来，随后由杜月笙出面，大行其贿，才把黄金荣赎回。这是使卢小嘉大出风头的一件事，但在坊间流传，说成了卢、黄二人为美女争风吃醋的一个笑话。卢小嘉另一件闻名上海滩的事，是他策划枪杀了警察厅长徐国梁。徐国梁是江苏总督齐燮元安插的亲信，与浙江总督相与牴牾，卢小嘉雇用杀手，为其父除了一大政敌，后来却因此事，酿成了江浙两省的一场战争。

发生在一九二四年那场苏浙之战争，只是浙督卢永祥与苏督齐燮元两人之间，因为个人恩怨发生的战争。有亲历者回忆说，鏖战达四十二日之久，为攻夺浏河小土山一次战役，齐燮元悬赏两万元，本师步兵营长选用健卒三十名，督率进攻两次，已得到目的地，却为争夺敌方的武器，小土山旋即失去，一天内出动三队健卒分攻三次，九十人无一生还。如此为了私利内战，纯属无谓之争，兵士平时每月只有七八元钱的军饷，战衅一开，逼令他们赴前线冲锋，实等于驱赶猪羊去屠宰场。忆及此情者不禁感叹道："吁，惨矣哉！"

齐卢大战以浙督失败而告终，卢永祥被迫宣告下野。卢永祥下野之后，卢小嘉失去威势，也就剩下一个花花公子的浮名了。

其实从清朝末叶到民国这个时期，所谓"公子"、"名士"，早已经声名狼藉，为世人所讥讽。由于政治腐败和国家衰弱，文化界的风气日渐颓废，社会上出现了一种学问浅薄，却专好卖弄风雅的假名士、假才子。有的人偶尔能作一首绝句，或填一阕小令，或写一个斗方，或画一个扇面，就沾沾自喜，夸夸其谈，炫耀于人前，被称为"斗方名士"。尤其是在国家内忧外患的时候，空谈诗文之类的"斗方名士"最让人讨厌。吴沃尧所著《二十年目睹之怪现状》中有这样一些叙述：

> 你看那报上可有认真的好诗吗？那一班斗方名士，结识了两个报馆主笔，天天弄些诗去登报，要借此博个诗翁的名色，自己便狂得个杜甫不死、李白复生的气概。也有些人，常常在报上看见了他的诗，便狂焰逼人，自以为名震天下了。最可笑的，还有一班市侩，不过略识之无，因为艳羡那些斗方名士，要跟着他学，出了钱叫人代作了来，也送去登报。

> 此刻外国人都是讲究实学的，我们中国却单讲究读书。读书原是好事，却被那一班人读了，便都读成了名士！不幸一旦被他得法做了官，他在衙门里公案上面还是饮酒赋诗，你想地方那里会弄得好？国家那里会强？

民国时期上海流行才子佳人的小说，有"鸳鸯蝴蝶派"之称，受到新文学界的批判，认为那是一种帮闲、消遣、金钱主义的文学。鲁迅《上海文艺之一瞥》写道：

> 有了上海租界——那时叫做"洋场"，也叫"夷场"，后来有怕犯讳的，便往往写作"彝场"——有些才子们便跑到上海来，

因为才子是旷达的,那里都去……

　　才子原是多愁多病,要闻鸡生气,见月伤心的。一到上海又遇见了婊子。去嫖的时候,可以叫十个二十个的年青姑娘聚集在一处,样子很有些像《红楼梦》,于是他就觉得自己好像贾宝玉;自己是才子,那么婊子当然是佳人,于是才子佳人的书便产生了。内容多半是,惟才子能怜这些风尘零落的佳人,惟佳人能识坎坷不遇的才子,受尽千辛万苦之后,终于成了佳偶,或者是都成了神仙。

这也可见才子佳人的名声,到了民国时期是很不好的。邓云乡先生写到袁克文时,曾有评骘曰:"不但出身特殊,而且学问也好,但其生平行事又颇海派,非遗老,亦非革命派,亦非纯学者,多少沾点帮派边,只是洋场名士耳。"

　　在当时人们的心目中,民国公子不过就是"洋场名士",近乎于鲁迅所说的那种跑到上海洋场来的"才子"。

　　饮醇近妇的洋场名士袁克文、迷恋胡蝶、坐失东北河山的张学良,沉湎于古董戏曲、青楼夺姝的张伯驹,有此三人,再把花花公子卢小嘉加进来,如此这般的"民国四公子",能有好名声吗? 开始盛传于上海的时候,不过是讥笑和怨讽他们的风情放荡而已。

由贬而褒,文辉垂耀

　　四公子的说法传到北京之后,有所改变。北京毕竟是一个文化古都,而不是上海的"十里洋场"。大概卢小嘉在北京渺无影响,后来北京的说法,四公子就成了袁克文、张伯驹、张学良和溥侗。张伯驹《补注·九四》诗云：

> 公子齐名海上闻，辽东红豆两将军。
> 中州更有双词客，粉墨登场号二云。

"两将军"：一个"辽东"，指张学良；一个"红豆"，即溥侗，乾隆十一子成亲王永瑆的曾孙，别号"红豆馆主"，世袭镇国将军。"双词客"：一是袁克文，一是张伯驹，二人都喜好填词，又都是戏曲票友，克文号"寒云"，伯驹别号"冻云楼主"，故曰"双词客"、"号二云"。

虽说有两个将军，实际只有张学良是真正的将军，溥侗的"镇国将军"只是一个封建世袭的爵位，虚有其名，并不拥兵当阵。溥侗也丝毫没有洋场名士的气味，而是一个地地道道的封建士大夫式的名士。他最为精深的修养是在文学艺术上，对于诗词文学、琴棋书画无所不通，爱好金石、碑帖的收藏和鉴赏，并且酷爱戏曲，对于昆曲、皮黄，生、丑、净、旦无一不工，戏曲器乐都能演奏，曾经主持乐律研究所，组织曲会名之"言乐会"。

当初同治皇帝病死时，没有子嗣，按照常理，应该立同宗的一个子辈来承嗣，近支亲贵最具备资格的人，就是溥伦、溥侗兄弟。如果按常规为同治立嗣，慈禧太后就变成了"太皇太后"，与皇帝的辈分远了一层，不便于她直接揽权。因此，慈禧不让溥伦、溥侗兄弟承继，而让光绪帝登场了。溥侗为此心中怀怨。光绪死后，溥仪继立，溥侗无缘参与政治，遂以演戏自娱，渐成癖好，这也成就了他的另一种声誉。据说入民国后，溥侗"贫不自存，恃卖古董、灌唱片为活"。由于他的皇族身份和名声，南京国民党政府曾经任其为中央候补监察委员，促他南下，然此职实为闲职。抗日战争爆发后，溥侗没有随政府内迁，避居上海租界，此时却又被汪精卫罗致,给他冠了一个蒙疆委员长的头衔。他并不擅长政治,"除锣鼓工尺外无所知也",然而,既在汪匪政权中挂了职衔,不能不被列入汉奸名单。战后被捕下狱,因中风保外就医,于一九五二年病逝。著名画家唐云为纪念溥侗作过一幅画,画面一油灯、一茗壶、一炭炉,题曰:"灯如红豆相思曲,茗逐青烟作古人。"

与张伯驹性气最为接近的,大概就要算"红豆馆主"溥侗了。他们都是果行育德的君子,不近酒色。而在诗词艺术品收藏鉴赏方面,伯驹、溥侗和袁克文都有同样的雅趣,且同为票友,可谓是同气相求的天生伴侣。伯驹回忆道:

> 清宗室镇国将军溥侗,号红豆馆主,能戏,文武昆乱不挡,皆学自名老艺人。余曾观其《弹词》、《刀会》、《风筝误》之丑小姐,《群英会》之周瑜。与余同演《战宛城》,彼饰曹操。惟《惨睹》一剧,则须让袁寒云,因寒云有家国身世之感,演来凄凉悲壮,合其身份。《搜山打车》,学自苏州沈金戈,但红豆演来更生动沉郁。

至于张学良的身份,其实与上述三人并不相同,虽然也在风月场上驰名,但他毕竟属于军政界的人物,更多为世人所关注的是他的政治行迹。随着他的政治声誉的变化,竟也使"民国四公子"的含义在人们心目中发生着演变。

张学良遵照他父亲张作霖的意愿,早年入军校学习,二十五岁就获取陆军中将衔,成为东北军的少帅。一九二八年张作霖遇难后,子继父位,张学良职任东三省保安总司令,是年底宣布东三省易帜,归顺蒋介石,遂使南京民国政府成为名义上统一的中央政府,开始了国民党一党专政的时代。

国民党一党专政的政治体制，一开始就受到自由主义知识分子的抨击。胡适等人相继在《新月》杂志发表文章，宣扬"国家的主权在全体国民"，"人民在法律上一律平等"，"国民应有思想、信仰、言论、出版、集会的自由"等等民主法治思想，因而遭到国民党政府的压制，《新月》被迫停刊。蒋介石为强化集权，以裁军缩编为名，推出"削藩"的编遣计划，企图削弱冯玉祥、阎锡山、李宗仁等集团的军事实力，因而引发了蒋桂战争，继而爆发中原大战。中原大战的反蒋同盟，以阎锡山为主帅，战前阎与蒋有过长时间的通电，进行政治辩论。阎锡山在通电中指出："党治国家也有挟党专制的可能。""假借民主之名行专制之实，国必不能治。"阎锡山某些主张，与胡适的"人权派"不谋而合。

中原大战展开的同时，反蒋各派在北平召开"扩大会议"，通过《联合宣言》，指责蒋介石"托名训政，以行专制"，"人民公私权利剥夺无馀，甚至生命财产自由一无保障"。"扩大会议"成立了包括罗文干等六名法学家在内的约法起草委员会，所拟《约法草案》颇能体现民主法治意识，如针对南京政府随意抓人、限制舆论的专横行为，其条款规定："凡逮捕拘留人民之命令，除现行犯外，限于法院。""人民有言论著作及刊行之自由，非经法院审判确定，不得禁止发刊。"这一《约法草案》最后在太原完成，后人称之为"太原约法"。"太原约法"的法治内蕴自有它的历史意义，可惜只是一个流产的文件，似乎也是在北洋政府结束两年之后，辛亥革命的民主精神的一次回光返照。

阎锡山晚年曾著述《大同之路》，他的思想根柢是赞赏中国古老的贤能政治。他认为要根除现代社会的弊病，"政治制度上必须实行人民求贤能的直接选举"。这是把中国的原始民主思想，和现代民主法治思想相结合的一种理念。现在许多人误以为民主法治是纯粹西方的东西，这或许是没有真正读懂中国传统文化之故。阎锡山在日本留学时接受过西方民主思想的熏染，一直追随孙中山，"二次革命"时孙中山曾密告让阎锡山沉默静待，"以保持北方一个革命据点"。发起中原大战，阎锡山虽有扩张自己势力的着想，但他倡行民主，反对"挟党专制"，也反映出他接受孙中山影响的思想倾向。

阎锡山反蒋失败，问题出在张学良身上。东北军当时是国中重要的军事力量，在政治天平上俨然有举足轻重之势。如果开始他就持调停的态度，可能会制止中原大战的发生，但他却向阎锡山表示亲近"提携"，并担任了反蒋联盟军的副司令一职。战争发生后，如果他明确站到反蒋的一边，必将会迫使蒋介石下野，有望在北京组成一个具有某些民主色彩的文人政府。然而，张学良在蒋介石给了巨大利益的诱饵下，在关键时刻出兵挺蒋，致使战势急转直下，阎锡山、冯玉祥不得不通电下野，蒋介石得以总揽兵权，从此造就了其所控制的一党政治。

据说蒋介石为了拉住张学良，派出张群等人做说客。张群利用张学良打麻将的嗜好，在麻将桌上泡了三四个星期，终使其受所诱饵。张学良在这次事态中的表现，不过是一个新军阀加投机政客而已。蒋介石写给张的感谢信说："得友如兄，死无憾也！"张学良被请去南京参加中央会议，受到高规格礼遇和盛大欢迎，蒋介石让他享足了荣耀和风光。

蒋介石对张学良说："北方冯、阎等人脑筋都太旧，你是青年有朝气，我们二人合作，一定能把国家治好。"冯、阎脑筋如何太旧呢？无非是他们熟知中国传统文化，而且又感受过清末维新和辛亥革命的民主思潮。张学良的思想文化根柢不如他们深厚，因而更多地崇尚强权，难怪他出国到了意大利，对墨索里尼表示，他是"法西斯主义之景慕者"。

张学良为支持蒋介石，亲率主力入关，造成的严重后果是给了日本侵略者一个可乘之机。日本关东军怀着狼子野心，图谋已久，张学良竟然麻痹不觉,于京津繁华地,沉湎于酒色歌舞中,"九一八"事变发生当晚,他还在剧院看戏。日本强盗行径,激起全国各界的愤慨,东北军一些将士奋起自发抵抗,张学良竟然一再下达绝对不抵抗的指令。直到日本进攻锦州之时,连国民党南京政府都电令张学良"尽力之所积极抵抗",张学良竟然拒绝执行,完全放弃抵抗,致使东北全境落入敌手。据"九一八"亲历者沉痛反思,如果当夜坚决抵抗,极有可能遏止关东军的侵略野心。张学良为何要妥协退让,令人不解,有人说是因为他抽大烟损坏了心志,当然不止是抽大烟,还要加上玩女人。除此之外,还能有其他理由吗?

中原大战已经使张学良受到怨责,又竟至于丢失东北,焉能不让国人骂他!马君武所写"沈阳已失休回顾,更抱佳人舞一回"的诗一发表,立刻传遍全国。于是世人皆知这个"不抵抗将军",张作霖的这位公子,原来不过与卢永祥的公子卢小嘉伯仲之间,都是同一类的纨绔子弟。"民国四公子"的传言,便在世人的嘲弄和贬责声中形成了。

东北沦亡后,接着山海关、热河相继失守,日本军国主义愈益猖狂。张学良在国内舆论的谴责下,经蒋介石暗示,于一九三三年引咎辞职。出国考察前,他才决心戒毒,自写条幅曰:"随习好改志为鉴,顽症难治心作医。"

张学良在国外还大谈什么"领袖论",归国后执行蒋介石"剿共"指令,结果屡战失利,损兵折将。尔后在抗日救亡运动日益高涨的情势下,他终于醒悟,遂于一九三六年十二月十二日与杨虎城发动临潼兵谏,促成了停止内战、一致抗日的局面。张学良从此被幽禁,而他的形象却因此变得高大起来,得到了国人的同情和崇敬。

由于张学良后来的形象改变,以及在流传中以溥侗置换了卢小嘉,"民国四公子"的称谓便发生了由贬义而到褒义的变化。

尤其到了今天,我们再说起民国公子,已经不在意当年的洋场烟花的背景,而是视之为一种历史文化,让人回眸之际,不禁会油然生起景仰的心情。因为当下的世道人心,比之当年的"十里洋场"又已经衰败下滑了许多许多,文化气质已经普遍地贫乏,传统文人的儒雅风流扫地以尽。如果当代再出现公子之类,无非是流氓团伙、黑社会之流。当我们滑到沟壑下面的时候,即使是再去看当年的小丘,也已若高山仰止了。

中国历史上有过品流各异的所谓"四公子"。战国时齐孟尝君、赵平原君、楚春申君、魏信陵君,史称"翩翩浊世佳公子",高义云天,自不必说。明末有四公子,即方以智、冒辟疆、陈贞慧、侯方域,他们都是"复社"的成员。"复社"是江南儒士一个具有鲜明政治倾向的文学团体,骨干是遭到魏忠贤阉党镇压的东林党的后代,他们的基本宗旨是宗经复古,所著诗文能以直面社会现实,揭露权奸宦官,同情民间疾苦。因而,方、冒、陈、侯四公子,不仅风流倜傥一时,而且都有著作传世。

晚清亦有四公子,即:谭嗣同(巡抚谭继洵之子)、陈三立(巡抚陈宝箴之子)、吴保初(淮军将领吴长庆之子)、丁惠康(巡抚丁日昌之子),他们在政治上都是维新派,于戊戌变法失败后风流云散。谭嗣同慷慨就义,为"戊戌六君子"之一。陈三立同其父一起被罢黜回乡。吴保初上万言书被善心人压下,保护了他,随即告病辞归,回乡后贫至无钱买药,"叫号而绝"。丁惠康逃亡日本,后以呕血而死。此四人文笔非常厉害,堪称一代大家,身世文章无不悲壮感人。如陈三立是国学大师,同光体诗人祭酒,他的诗歌满含人道主义的悲悯情怀,晚年居住北平时,日伪政权曾经想利用他,他不惧胁迫,怒骂撑拒,而中心抑郁,遂成嗝疾,数十日不能进食,槁饿而卒。

民国四公子的著述德业,虽然不可与明清的前烈攀比,而从某种文化意义上来看,似是一脉文辉相映,以至垂耀于今。

对于民国四公子的遗墨遗著,目前尚缺乏整理。最为当代文坛看重的,是张伯驹的词。倚声填词,为伯驹毕生所嗜爱,自号丛碧词人。词这种文学形式从诞生时起,就以音节和谐、情调柔美为其秉性,唯具有这种品地才是词的正宗。我们现当代词人,多学苏轼、辛弃疾豪放一派,于词中抒写豪情悲慨也确有好词好句,但这类词作中下品甚多,每有落于空洞议论、强作呻吟,词味全失。丛碧词虽然不无苏轼的影子,但其可贵之处,正是更多地浸淫了正宗词的谐律与柔美,品致之高,绝无俗气,真正称得上是"词人之词"。

周汝昌说,词如其人:张伯驹其人"无俗容,无俗礼,讷讷如不能言,一切皆出以自然真率。""伉爽而无粗豪气,儒雅而无头巾气。""因此之故,他作词,绝不小巧尖新,浮艳藻绘;绝不逞才使气,叫嚣喧呼;绝不馈钉堆砌,造作矫揉。性情重而气质厚。"

邓云乡《文化古城旧事》中有《丛碧词》一文云:

　　我有一本原刻本张伯驹先生的《丛碧词》。这本书是白绵纸印的,仿宋大字刻本,按照版本目录学家的说法,这是"黑口"、"双尾鱼"、页十行、行十八字、瓷青纸书衣、双股粗丝线装订。扉页是"双鉴楼主"傅增湘题"丛碧词"三字,是苏字而稍参颜鲁公,写得极为工整典雅。后面是"枝巢子"夏仁虎老先生的序,再后是郭则沄老先生的序,都写于"戊寅年",即一九三八年,已是沦陷后的北平所刻。书很漂亮,古色古香的一本书,当年是印了送人的,原印的就很少,现在流传更为稀少,我能无意中在旧书店遇到,可谓幸事。

邓云乡认为,伯驹词的风格,是"花间"的正宗,十分婉约。那本《丛碧词》之后的三四十年中,伯驹又写了"春游词"、"雾中词"、"无名词"、"续断词"等几个集子。新版的《张伯驹词集》收词作一千馀首,前面有周汝昌写的序,但不知为何没有把夏仁虎、郭则沄两篇序收进去。夏仁虎是著名学者、诗词家,一九四九年后聘为中央文史馆馆员,曾与张伯驹组织庚寅词社。郭则沄为光绪廿九年进士,民国时曾任国务院秘书长,有著述多种。

袁克文、溥侗的诗文述作,亦见诸报刊。张学良虽是军人,素有文学修养,在台湾多与张大千等文化人交处,曾有诗作流传。对于中国传统文化,民国四公子不啻有着共同的禀赋和情识。

从清朝晚期,中国开始派出留学生。先是应洋务运动的需要,其后推行新政时,更为大力倡导青少年出国留学。自一九零五年清廷宣告废除科举制,留学成为学子们一条新的功名出路。民国以后,留学尤为一种时髦,由官派,到自费,成群结队而去。其中不乏有许多热血青年,到国外寻求真理,以图救民救国。然而,也有一些知识分子一味崇拜外国如何先进,形成过激的偏见,把中国的落后归咎于传统文化,似欲将中国文化彻底摧毁乃觉后快。

早期派出留学生时,曾经遭到守旧派的反对,他们认为赴美留学的人"适夷忘本"。清政府曾经一度裁撤留美,下令将留美学生全部撤回。"四大公子"的父辈们也许就是这种守旧的官僚。现在看来,守旧派也不是全无道理。例如瞿秋白,不过是去了一次苏联,他就说"汉字真正是世界上最龌龊、最恶劣、最混蛋的中世纪的茅坑"。如果汉文字真的被那一批极端崇洋的人士废除掉,恐怕我们现在连祖宗在哪里都不知道了。论"四大公子"的条件,不会没有出国的机会,他们都没有留洋,看来也有其不留洋的长处和作用。

张学良二十一岁那年,曾赴日本参观秋操,回国后建议其父改革军制、严以训练,得到采纳。他出去时间很短,参观学习仅限于军事技术层面,即在"西学为用"的"用"上,并不涉及"体"的内容。他没有像有些人那样,学了外国就不要中国的"体"了。

　　至于克文、伯驹、溥侗三人,完全没有出过国门。他们接受的教育基本上是中国的传统教育,他们接受的文化熏陶是"纯种"的汉文化。即使经过了新文化运动的异常激烈的一次反传统的颠覆,他们仍然不为所动,仍旧做文言文,仍旧做旧体诗词,仍旧演旧戏,而且,还要煞费心机去搜寻和保护那些几千年的骨董。从这一点看来,民国四公子还算是传统文化的坚贞守护者。

八 横祸飞灾上海滩

　　一九三七年"七七"事变后不久，爆发淞沪会战。自一九二八年蒋介石在南京经营其政权，至此方十年。是年底，上海、南京先后沦陷。日本侵略者占领上海后，对于英、美、法等国的租界，仍维持现状。租界遂成为"孤岛"。汪精卫投敌，成立伪国民政府，并在上海建立了特务组织。

　　汪伪特务组织头目李士群，大革命时期曾经加入中共，留学苏联，后在上海从事中共地下工作时，被国民党特务逮捕，遂投降成为国民党中统特务。日占上海后，李士群投靠日寇，并拉拢国民党军统局丁默村投敌，建立日伪特工总部，以流氓地痞吴四宝为警察大队队长。该特工总部将沪西极司非尔路(现为静安区万航渡路)中段的七十六号一座花园洋房，作为其活动基地，疯狂捕杀爱国人士，制造了种种令人发指的流血惨案。"七十六号"成为阴森恐怖的日伪特务的一个代名词。

　　一九四一年六月，张伯驹遭遇绑匪，一时成为轰动上海滩的头号新闻。最后水落石出，正是"七十六号"掳人勒赎的一起可恶行为。

　　读民国笔记，杜保祺著《健庐随笔》说到国民党政府朝令夕改，损害了司法独立的精神,又说到上海"八一三"事件后,司法机关与日伪周旋,历尽艰险的情形,这对于了解张伯驹被绑架的背景也许有所辅助,兹摘取其中若干小段,略述大意如下:

官制对于国家,犹如规矩之于匠人,官制不善,则治国的效果难见。故官制者,治国之武器也。吾国自从鼎革以来,变乱频仍,官无定制,民难望治。北伐完成后,虽遵照建国大纲,创立五院制度,然而组织庞杂,事权不一,遂致使政令施行,常有抵触。其中尤其严重者,是以个人好恶为兴废,朝增一会,夕裁一部,国家大事,竟因为人事变迁而搁置了。我作为学习法律者,就以司法制度而言之:如,最高法院应当独立,而不受任何牵制,此是民主国家之通例。然而我国于最高法院之上,又设立司法院,于是最高变成次高了。藉口说司法院之设立,为达到五权分立之完备,但在欧美各国,凡是标榜三权鼎立之国家,未闻另有司法院之制度,足见治权之分立,不在名义上……即退一步言之,如果一定要保留司法院之名义,则将最高法院之职权,赋予司法院即可,何必叠床架屋、多此一举,令人感到目迷五色,使得本来清高之司法,沦为半独立,影响法官精神实在非浅。

上海地方法院位于南市,敌机时来侦炸,于是,商同周伯澄院长,在中汇银行楼上赁屋两间,为存放文件之用。讯问案件仍在原址,在炸火中,一直未曾停止。

一日,我乘车回家,行经大世界,折入霞飞路,未至嵩山路口,即闻巨声忽发,不知何因。到家,某检察官喘气来告说:"大世界落弹,死伤多人。"距我车过之时间,仅在瞬息,也真是险!

之后,我军西撤,法院所在地被敌寇占领,于是,冒险雇车将留存南市之案卷一并取出,送交第二特区法院保管。查核结果,片纸无遗,似为沦陷区各院处所罕见,可使人欣慰。

中央机关到了重庆,与上海道远,邮递又受敌伪检查,案卷时有遗失,如沪江大学刘湛恩校长被刺一案,其案卷送第三审亦被失落。为此,决定在上海特区设立最高法院分庭,以办理终审案件。庭长是翁剑洲,由我负责分庭之检察,政简刑清,驾轻就熟。但自汪逆精卫来沪后,在沪西极司非尔路七十六号设立伪特工总部,实施暗杀计划,沪人闻而色变。而留在上海的中央机关,显著者仅有法院一家,遂遭到敌视。起初汪伪想通过租界强占法院,租界当局不为其所动,后则发信给各法官及书记官,肆行恐吓。无胆识骨气者,遂前往登记;不听从者,则被拘捕囚禁,或行刺暗杀。最后又结伙来侵扰各法官住宅,于是各法官皆人人自危。

一日,首席法官郑伯英涕泪汍然说:"我女儿恐已遭不幸了。"其次女名真如,容貌雅丽,性尤聪慧,为郑夫妇所钟爱。某日丁逆默村在百乐门饭店,真如持枪击丁,未击中,遂被捕,狱中传出一纸条后,即渺无消息。其实其女已就义,人们恐怕郑首席伤心,不敢告他。故郑对其女之死讯,疑信参半,还心存万一之希望。郑每说到此事,老泪纵横,令人鼻酸。其时,法院同人虽然是孤军奋斗,不为势屈。伪特工竟明目张胆,攻劫数家法官住宅。各法官不得已,相随避居到北浙江路一院内,严加禁卫,以求旦夕之安。

或者因为笔者多年修习法律的缘故,每读到司法人士的笔记,总令人深味其言，以至不禁感泣。上海沦陷的危难之际，法官们仍然那样忠于职责，守节不辱，正气可钦。法官们基于民主法治的理念，不赞成法院之上加设任何机构，如果法院之上还有机构管着，不仅是叠床架屋，其依法与公正的性质便要大打折扣。因为法院的特殊性质在于它的独立与公开，只服从法律乃是公正司法必要之前提。其实这不啻是西方传入的现代法治理念，在中国传统文化中，先贤对于司法的性质早有卓见。古代的审判所以击鼓升堂，即是公开性的显示，大堂的门是敞着的，可以让众人旁听的。私设公堂、秘密审判，便是一种黑暗的专制状态，更多是特务机关的勾当。法治是光明的象征，特务是黑暗的象征。真正的法官，是光明的使者，然而，在法治不昌的社会中他们的处境是悲哀的。像日伪时期的上海那种状况，法官自身安全都无法保障，社会正义更何从谈起？

笔记作者杜保祺，号健庐主人，福建龙岩人，出身于书香门第，民国期间著名法学家。早年任职厦门、南京、福州等处法院。上海沦陷后，任上海高检院首席、沪特区最高法院分庭检政等职。后被汪伪特工所逼，司法机关迁移往福建，杜保祺因丧子之痛，避居上海，穷困潦倒而终。

说到这里，更令人想到著名法官郁华，即郁曼陀，作家郁达夫的大哥，当年担任上海江苏高等法院第二分院刑庭庭长，主管英租界刑事讼案的审判，竟被丁默村、李士群手下的特务所杀害。

与郁曼陀同一年中先后被汪伪特务暗杀的知名人士，还有爱国新闻工作者、《大美晚报》副刊主编朱惺公，从事义卖、资助抗日的职业妇女俱乐部主席茅丽英女士。柳亚子有《茅丽英烈士挽诗》写道：

> 取义成仁自昔谙，云鬟不信愧奇男。
> 曼陀文采惺公笔，鼎足流芳此第三。

上文引《健庐随笔》中提到的沪江大学校长刘湛恩被刺案,就是郁曼陀审理,他痛斥刺客,处以极刑。而对被捕的爱国人士,他则依法据理,力图保护,经他手下得以保全生命者甚多。廖承志在上海租界被捕,案经郁曼陀审理,为其获释竭尽努力。郁曼陀正义执法,爱国恤民,因此被日伪所怀恨,一九三九年十一月二十三日上午,将要去法院上班时,在寓所门口遭到暗杀。

张伯驹与潘素在上海时,住着陕西北路培福里一个同乡的房宅。出事那天上午,伯驹将去银行上班,刚走到弄堂口,迎面上来一伙匪徒,他毫无防备,突然被抓,匪徒将他押上车,扬长而去。

绑匪可恶,解救还靠爱人奔走

盐业银行从一九二七年至一九三七年这十年内,业务蒸蒸日上,其公积金及盈馀滚存连年增长,为诸多银行中信誉度最好者。盐业银行的隆兴,及四行联合的影响,也成为吴鼎昌跻身政界的资本。一九三五年底,蒋介石改组其中央政府机构,延揽党外人士参加政府组织,吴鼎昌出任实业部长。张镇芳时已去世,经吴鼎昌提议,由任凤苞代理董事长。

抗日战争全面爆发后,吴鼎昌随国民党政府转移往重庆,此时吴又将总经理职务也交给任凤苞兼代。任凤苞的侄儿任援道,是一个与日本军部勾结颇深的汉奸,担任了汪伪政权的海军部长、集团军总司令。吴鼎昌将盐业银行委于任凤苞代管,目的显然是想利用汉奸的关系,使银行在沦陷区能够得到某种保护。但盐业银行的总管理处已移到上海,任凤苞却长住天津,上海行经理王绍贤便成为盐行业务的实际操纵者。王绍贤是吴鼎昌的心腹,此人胆大妄为,一九三九年第二次世界大战初起时,他想趁机大赚一笔,大量购进美国债券股票、法郎,及美国的橡胶、小麦,但不久欧洲战局变化,行市骤跌,一蹶不振,无法收拾,盐业银行多年积累的三百几十万元美金全部赔光,几乎动摇了该行的根本生存。

张伯驹从来不把心思放到置产理财上,他的家业实际上已经走向衰落。张镇芳去世后,遗留有盐业股票五十万元,伯驹将三十万元归天津家用,留二十万元作他和潘素使用,实际他用这些钱购买了字画。

他的兴趣癖好全在文化艺术之间。退出军职不久,他就开始了艺术收藏,专注于收藏中国古代书画。同时又拜京剧大师余叔岩为师,学习京剧演唱,研究戏曲艺术。雅好琴棋书画,出入梨园歌馆,朋友交识亦多风流儒雅之辈。

为购买字画,张伯驹并且向盐业银行透支了巨款。从银行档案显示,他是内部借款最多的一人。直到战乱逼近,他看到物价上涨,生活日紧之时,为支持家用,才去担任了南京盐业银行经理一职,月有薪水二百五十元、津贴一百元。

上海、南京相继沦陷以后,南京盐业银行迁往重庆,张伯驹没有随行迁徙,而与潘素仍住在上海。上海盐行行长王绍贤因为购买美国橡皮和小麦,投机失败而致病倒,任凤苞便安排伯驹在上海照料盐业银行总管理处的业务。

时值日本入侵,国人纷纷往大后方避难,社会动荡不安,整个银行业处于萧条之况。而且,盐业银行在王绍贤手上已经损失惨重,在这种时候,让张伯驹来署理银行总管一事,显然是个极其不利的时机,伯驹本人又并不热心于经济事务,为何要接受这种委任呢?这大概因为潘素本是苏州人,已久住上海,他们既然流连不去,接受银行的安排也就成了顺水推舟的事情。但他万万想不到,在上海竟然遭遇了一场被绑架的大祸。出事之后,任凤苞在函电中就直截了当地说:因为伯驹要住在上海,才托他就近照料总管处事务;如果他不住上海,就不会把银行的事委托于他。

在一个污泥浊水的社会中,随波逐流,同流合污,是容易做到的;而要抱着雅人风致,自守清流,孤标傲世,这就难了。因为你既然个性傲睨,鄙夷世俗,不多与达官权贵结交,那么你就没有政界军界的靠山,自己身周就缺少了保护层,这就难免会身遭不测。张伯驹既出身名门,号称"四大公子"之一,又在银行任职,当然要被人们视为豪富。他不惜巨金购买收藏名人字画,特别是一九三七年从溥儒手中购得《平复帖》,早有名声在外。这样的名气和身价,必然会成为恶人敲诈的目标。即使在我们当代,那些家财万贯的老板们,身前身后都有保镖随护,生怕一不小心遭人谋算。何况当年的上海,正是日本人和汪伪汉奸特务横行的码头。

有《蛰存斋笔记》一书,作者蔡云万,当年在《重到上海感言》一文中写道:

> 沪上穷奢极欲,在我国内早已是首屈一指了。享用率多逾分,消耗每骇听闻,面积将及百里,大于省会,居户五方杂聚,不容易分出好歹来的,游惰的那一类人,恶劣的又一类人,以及江湖亡命,总以上海为密集地处所、逋逃地渊薮,所以上海的危险,较胜于他处。有形之危险,如电车、汽车、卡车、踏车,终日驰骤以为常,撞伤跌毙,时有所闻。无形之危险,掠夺套骗,随在窃发,而绑架暗杀,几于无日无之。斯上海的表面很觉得繁荣发达,其实危机四伏,一触即发……从顾虑方面谈上海,可算万险万恶。居民稠叠,火患时虞,马路往还,顿遭撞击,富户尤有劫夺绑架之危,居则复壁重关,出则严加戒备,匪党仍复多方窥伺,欲得而甘心。其他如惨杀牲畜日以万计,拐卖

幼孩日必数起,骄奢淫佚的丑态多倡于上海,穷奢极恶的奸徒
咸集于上海,赶尽杀绝的惨剧皆演于上海。万有万能是上海,
万险万恶亦是上海。呜呼上海,呜呼此后的上海!

张伯驹被绑架,正是发生在这样的一个怪现状的上海,中外各种人
等麇集,三教九流杂处,灯红酒绿,浮荡险诈,杀机四伏。汪伪政府所属
的警察大队,可以随意暗杀、绑架,社会上的匪徒自然也会嚣张起来。

鲁迅有一篇题为《偶成》的短文,摘录了《申报》登载的一则上海郊
区的新闻,即是述及绑匪之事:

> 本县大窑乡沈和声与子林生,被著匪石塘小弟绑架而去,
> 勒索三万元。沈姓家以中人之产,迁延未决。岂料该帮股匪,乃
> 将沈和声父子,及苏境方面绑来的肉票,在丁棚北,北荡滩地
> 方,大施酷刑。法以布条遍贴背上,另用生漆涂敷,俟其稍干,
> 将布之一端,连皮揭起,则痛彻心肺,哀号呼救,惨不忍闻。时
> 为该处居民目睹,恻然心伤,尽将惨状报告沈姓,速即往赎,否
> 则恐无生还。帮匪手段之酷,洵属骇闻。

可见绑匪是如何地心毒手狠、可恶至极。社会没落之日,首先是独
裁政治,蔑视法律,极少数人操纵政权,独断专行,扼杀人权;接着是政
权内部贪污腐化,贿赂公行,政府职能日渐削弱;然后导致社会失控,黑
势力横行霸道,警匪一家,混乱无序,人民生命财产绝无保障。这种三部
曲是必然的规律。日伪统治的上海,是最为典型的一种没有法治的黑暗
社会。张伯驹一身书生气,出行毫无防范,在光天化日下遭到绑架勒索,
虽出偶然,亦为必然。如果不是朋友帮助将他赎出,不仅可能遭受酷刑,

甚至生命难保。

张伯驹被绑架后，如何被勒索，如何赎出，有多种说法。据一九八七年郑理所著《张伯驹传》说："这事是汪精卫手下的师长丁锡山派人干的。这是他们常干的事，绑票可以发大财。"绑票的匪徒勒令家属到郊外谈判，"哭哭啼啼的潘素和张伯驹的叔老太爷一起，准时来到了郊外。对方来了一个三十多岁的广东人，要张家出四百块大洋（原文如此，疑误——作者注）赎票。"八个月中，经过四次谈判，绑匪降价到四十万元。"在走投无路的情况下，潘素忽然想起自己当年的证婚人孙履安，谁知此时孙履安已破产，潦倒不堪。但他不忘旧交，带领潘素四处奔走。"借到四十万元后，兑换成美金，一手交钱，一手交人，将伯驹赎回。

上面这一说法，似不够准确。后来上海档案馆资料开放，其中有盐业银行关于张伯驹绑架事的内部函电，提供了一些真实信息。又有孙曜东口述的《浮世万象》一书，讲述了孙曜东周旋此事的细节。

据孙曜东回忆，祸端肇起于盐业银行内部居心歹毒之人，外与汪伪特务勾结，设此陷阱。

盐业银行有一经理助理，名叫李祖莱，和"七十六号"的人打得火热，充当了他们的财务主谋，帮他们办公司、做生意。上海盐业银行的经理缺位后，李祖莱就想趁此机会谋求提升。但他与特务机关鬼混在一起，在银行大失人心，连副经理的职位都不可能让他来做。张伯驹代行上海盐行的总管职务后，李祖莱心怀嫉恨，认为是伯驹挡了他的升官之路，便串通"七十六号"的人策划了绑票事件。

张伯驹在上海没有私人住宅，一段时间曾住在江湾的盐业新村，那是盐业银行的房产。后来他觉得那儿进出太不方便，就住进陕西北路一个叫牛敬亭的河南老乡的宅院中。牛敬亭在上海做牛皮生意，很有钱，房子宽敞，伯驹遭绑架即在此处。当时邻居看见伯驹被人抓走，立即告知潘素。潘素不知所措,跑去找孙曜东。孙曜东通过人打探,知道是"七十六号"特务所为,而幕后指使者正是李祖莱。歹徒们用了一个特制的车子,把车中间部位掏空,腾出一个能躺人的位置,把伯驹塞在里面,躲过了租界警察的检查。

翌日,潘素接到绑匪的电话,说是要二百根大条(十两一根的金条),否则就撕票。潘素无奈,不停地哭泣,孙曜东的夫人吴嫣就安排潘素住在孙家,以防不测。

孙曜东当年三十来岁,职务是复兴银行行长,因其家族的声望,在上海颇有影响。尤其是他的伯父孙多森,曾任中国银行总裁,又创办中孚银行、阜丰面粉厂,曾经显赫一时。孙曜东有这样的背景,不难与汪伪方面的人挂上关系。周佛海是汪伪政府的财政部长,当过上海市长,在沪宁沦陷时期,这是一个呼风唤雨的人物。孙曜东深得周佛海的信任,当了他的机要秘书,这当然就是解救张伯驹的一个最佳渠道了。

以下摘自孙曜东的口述(宋路霞整理):

> 周佛海那时在南京,每周六回上海。张伯驹出事后的第一个周六我见到周,讲完银行的事,就把伯驹的事讲了。
>
> 周听了我的分析后,皱着眉头说:"简直胡闹!叫李士群赶紧把此事了掉!"他后来给李士群挂了电话,追问李是怎么回事。李士群可能当时真的不知道详情,就说一定查一下,如有此事一定抓紧解决。
>
> 既然周佛海发了话,我等于有了尚方宝剑,一方面叫潘妃与那些敲竹杠的绑匪保持电系,不妨可以讨价还价,拖延时间,以利我们有时间与李士群、吴四宝、李祖莱周旋。
>
> 他们要敲诈二百根大条,我只答应十分之一,李祖莱自然

是一肚子气,但李士群已向周佛海保证查清并了结此事,他也没办法。

我之所以认为要给他二十根大条作交换,主要是怕他手下的那帮亡命之徒撕票。他们忙活了一阵子一点好处也没有捞到的话,也容易出事,所以还得预防他们一手,给他们点好处,免得弄得太紧张了,反而坏事。

李祖莱真是个狡猾的家伙,他眼看不能不放人了,就又耍了一招,把"票"转移送人了。继续关下去也不可能,上司不允;放了吧,太失面子,又不甘心,于是把伯驹送到浦东,当人情送给了林之江和丁锡山。这个林之江当时是伪军四师师长,部队在浦东,市区有办事处也在万航渡路,与"七十六号"斜对门。此人后来投奔共产党,被国民党特务杀害了。

张伯驹被带到浦东后,关在一个农民的家里。林之江派人来接头时,我拿出二十根大条给吴嫣,吴交给潘素,并由吴嫣陪同潘素,把条子送到接头地点。送去二三天后,伯驹就回来了。

伯驹为了感谢我,拿出他的一件宝贝藏品《蔡襄自书诗册》送我,我怎么能收呢?那时他人刚回不久,惊魂未定,最要紧的是回北京去,离开上海这个是非之地。

他们夫妇在我家住了几天之后,回到北京,从此再没来过上海。

张伯驹自己对这起绑架事件的叙述,从现在留下的材料看,都很简略,与孙曜东所说的情况不尽相同。如他在一九六六年所写的材料中,作如是说:

　　一九四一年我家住上海法租界亚尔培路,被匪徒绑架。组织这次绑架的是驻扎上海的伪军第十三师师长丁锡山。被绑后,土匪把我估价过高,迁延了八个月。在此期间,任凤苞曾主张把我所存字画卖与大汉奸任援道、梁鸿志,可以得到现款;因过去我曾告诉我妻潘素,我所存的字画是不能动的,所以她不肯这样做。后来这件事闹得伪主席汪精卫都知道了,他们也调查出我没有钱,急欲结束这事,要潘素拿出四十万元中储券。我家拿不出来,潘素只好求救于盐业银行。上海行打电报求援于平津两行,北平行表示没有钱,天津行有钱不肯拿,借口说日本人限制申汇,无法可想。在这种情况下,土匪就要撕票,幸有友人孙曜东借给中储券二十万元,盐业银行萧彦和拿出十万元,再由河南同乡商人牛敬亭资助十万元,才把我赎出来。天津方面不肯援手,甚至撕票也在所不顾,旧社会人与人的关系就是这样。

　　此材料中张伯驹对营救他的内幕情节,似没有交代清楚。或者是因为材料写于文化大革命初期,在极左政治的形势下,有些情况不便和盘托出。其时,孙曜东以反革命罪判刑,还在监狱服刑中,张伯驹提到与孙的关系必然会有所避忌。

　　由盐业银行的档案资料,颇足以印证当年的真实情况。绑匪开始的要价,确是索要两百万大洋赎人。要价很高,张伯驹的经济实力难以应付。但他仍然是贵公子那种"千金散尽还复来"的脾气,更缺乏与坏人斗争的经验,面对这种祸厄,竟然要答应绑匪的勒索,提出让盐业银行垫付赎款,并提出用他的家产来担保,开列了他的可以作抵押的财产项目。盐业银行的董事长任凤苞时在天津。上海行数次向任凤苞致电请示,任明确表示银行不能垫付,一再指示此事由张伯驹家属自行处理,不得牵涉盐业银行。

此时在张伯驹名下的盐业银行的股份已经不多,与绑票要价差距很大,而天津的家人又表示在津房产不属伯驹一人所有。他提出让盐业银行垫付绑票款,可用家产担保,而他的家产实际已不足以担保。据说盐业银行的股东当时亦关注此事,担心受牵连使股东利益受损。所以,张伯驹虽然名义上是盐业银行总管处的主管,祸事却只能自家承受,银行是靠不上的。

解救张伯驹的重担,只能落在潘素头上。而潘素只是个文弱家眷,哪经过这样恐怖的事情。大祸突如其来,不能不叫潘素惊神破胆,惨伤不堪。当时潘素身边一个可靠的亲人,就是所谓"叔老太爷",是伯驹的堂叔,名张慕契。而有可能助一臂之力的还是孙曜东。至于孙曜东如何帮助周旋,其细节无须细考。既有周佛海作后盾,绑匪又是周的下属,竟然还迟迟得不到解决,被关八个月,再拿重金,才把人赎回来,似乎难以置信;其实,这正说明当年的社会状况,是如何的暗无天日,乱象丛生。

这件祸事,使伯驹、潘素夫妻两人吃尽了苦头。事后还债,把银行的十万股票顶了出去。但最终还是不肯把收藏的书画拿出来。

为这次绑架之难,潘素奔走救援,这无疑也是对他们的爱情的一次严峻考验。

张伯驹被囚禁期间,匪徒为达到勒索目的,曾经让潘素写信传与伯驹。伯驹接此信后,在囚中填了一首《虞美人》:

野梅做蕊残冬近,归去无音信。
北风摇梦客思家,又见雪花飘落、似杨花。

乡书昨日传鱼素，多少伤心语。

枕头斜倚到天明，一夜烛灰成泪、泪成冰。

词大意是：从春天被绑架，囚到了这年的初冬，眼看天寒降雪，仍然"归去无音信"。这时接到爱人的信，激起绵绵不尽思念和伤感之情。"一夜烛灰成泪、泪成冰"，可谓奇绝之句，非亲身感受不能有此痛语。

当年在日伪统治下的上海，黑道白道，绝无正道可言，那是一种令人时时惊怛不安的世道。张伯驹的女婿楼宇栋的回忆文章中，曾写道："经过岳母多方奔波借贷，总算赎出了岳父。怪的是当我岳父堂叔慕契先生去大中华旅馆交钱给土匪代表时，警察局和租界的特务正陪着他们在打牌。这是什么世界！"

经过被劫事件，张伯驹痛感社会的黑暗与残酷，同时也痛感了世态的炎凉。盐业银行的冷漠态度使他伤感，而潘素的一片真情，则使他感动。他当即做出决定，将所收藏的古代书画，赠为潘素所有，为此写下了遗嘱。自此二人情恩愈深。

这一祸端也使张伯驹在身体、精力、财力上，都付出了极大的代价，继续在上海生活已有多方困难。一九四二年初，他携潘素回到北平。在平卧病三个多月，病愈之后，便在这年秋天，夫妻一同流寓西安。

函件披露，人情竟然如此冷漠

这次蒙难中，让张伯驹至感不快的，是盐业银行董事长兼总经理任凤苞，以及伯驹的天津家人的态度，几乎冷若冰霜。这种冷漠，反映在当年的往来函件中。

下面是关于张伯驹受托主持盐业银行总管处，及其被绑架与营救经过的若干资料。

一、任凤苞董事长委托伯驹照料总管处，由天津发给伯驹的电函（一九四一，四，十五）：

　　伯驹仁兄大鉴：叠得前兄来函重申前约，委托弟主持行务，衰老之躯，精力恐有未周。而总处报告时有出入，真想亦难尽悉。用特奉烦执事，就近暂为照料。遇有重要之事，并希随时见示，以凭酌办。专此奉托。顺颂时绥。弟凤苞顿首

二、盐业银行上海总管理处致电任凤苞与天津行经理陈亦侯，报告张伯驹被绑事（一九四一，六，五）：

　　天津。阜密。

　　振老、亦兄鉴：今晨，伯驹兄人车被绑。祈转诸公，函详。卅年六月五日

三、任凤苞致总管理处函（一九四一，六，十六）：

　　鹤笙、寿芝仁兄惠鉴：四封手示，具悉一一。

　　伯事突如其来，远道无能为力，焦念而已。两兄与之交谊素敦，自应就近设法，惟应认明此为个人之事，与行无涉。两兄对外发言，尤须注意，不可牵涉到行，否则非徒无益。

　　现在已有消息否？弟意总可解决。其解决之法，不特兄等不必顾虑，弟亦不必过问。应由其津寓主持，已通知张府矣。

　　其居沪乃本人之意，兄等当知之。春间来津，曾问其住何处，答住行内，当托其照料总处之事。亦犹去岁董事会时之意，则无其他使命。假使其本无住沪之说，弟亦不能托之矣。

其在沪租屋乃绝大误点。倘仍居行，当不致有此事。既往不说，惟盼早日出险耳。

因小有不适，顷甫稍好。总总布复。顺颂，钧祺。弟苞顿首。六月十六日

四、上海总管理处致任凤苞函稿（摘）：

伯兄事尚无正确消息，职等遵谕对外注意发言，并未出面参与其事，刻由张府直接托孙府进行营救，惟至今未闻下落何处。（一九四一，六，廿三）

伯驹兄事仍无确实消息。刻由张府与孙曜东兄设法进行，而行员皆未便出面。（一九四一，六，廿六）

五、任凤苞致上海总管理处的函（摘）：

伯事在私交上十分悬念，两旬以来毫无眉目，令人急煞。若必牵涉到行，只有敬谢不敏。（一九四一，六，卅）

伯驹之事，尚无办法，甚为焦灼。数目太大，无论何人，不便为之主持。大家皆竭力设法，为之减低对方愿望。而驹函偏谓有此力量，然其所指财产并不确实。如所称股票廿四万元，谓在鹤兄及杨西铭处有十一万元，内有半数抵押在外，其余十三万元不知在何处。津宅房产，其家不承认，谓非其本人所有，绝对不能作抵。盖实在数目与其来函相差甚远。爱莫能助，深为愧疚。（一九四一，八，十一）

六、任凤苞一九四一年八月十五日函：

鹤笙、寿芝仁兄惠鉴：昨奉还云知前函已达，各事均经照

办,至慰。

兹密启者:驹事发生后,无日不在营救之中,往来函件已成钜册。特以关系重大,不欲张扬。两兄或误为置之不理,其沪寓当也同此感想。就经过情形而论,本可速了。乃因驹困处闷葫芦之中,急欲脱险,昧于事理,不择手段。始则承认,以行为对手,方索款二百万,继则将自身财产随意开列,认缴一百万,责成行筹垫。以致对方愿望甚奢,居间人深感棘手,迁延至今,尚难解决。

查驹所列财产,首为津宅房地,谓值卅五万,但据张四太太声明,为其个人私产,与驹无涉,不得指为抵品。其次为我行股票廿四万,据云沪存十一万(已抵押出三万元,尚能取赎),津存十三万(谓鹤兄知之),是否属实,尚待调查。其次为古玩字画(谓由杨西明代为保存),据云值二十万,但至今未交出。综计上开产业,或为他人之物,或不知其所在,或尚在保管者手中,仅凭一纸空言,而欲动用行款至百万之巨,无论何人主持,恐均难望通过。

此间股东,对驹举动颇致不满。扬言如因此事动用行款一文,断难承认。弟又岂能负此重大责任。

张四太太最近且有函致弟,声明津寓无力代筹。嘱就驹所开沪存各件,设法处分。即使如数交出,所值至多亦不能过三十万元,所差尚巨。

目前先决问题,第一,在使对方知驹本身无此财力。(驹致函其沪寓,曾有付出百万,家中尚不致无饭吃等语,似此一味充阔,对方岂肯放手? 徒多拖延时日,自讨苦吃而已)。而行方亦不能帮忙,庶可减低欲望,或能早日解决。第二,在使其沪寓知道,我辈亦在设法营救,但行款不能动用,而驹所指产业多不确实,其津寓又无力相助,以致诸多棘手。

至驹令妹、慕契,毫无准备,屡与对方接洽,亦属欠妥,可否由两兄向西明表示此意,嘱其转告驹之如君,处以镇静,或者对方知欲望难遂后,此较易着手。所应注意者:一,不可向其说明出自鄙人之意;二,两兄不可以此函示第三人。至要至要。

弟以为现在不过迁延时日,不致发生危险,因留此活票,多少总可沾润。至于弟办理此事,公事上对得起行,私交上对得起驹。事了之后,案牍俱在,可以公开阅看。驹能见谅与否,在所不计。弟深信两兄办事谨慎,且与驹交好,乃敢密告,务希严守秘密,妥为办理,至所盼祷,并望速复。

顺颂,秋祺。弟苞顿首。八月十五日

七、任凤苞一九四一年八月廿二日致鹤笙、寿芝函(摘):

驹事迟延不决,不可谓非其自误。虽在威胁恫吓之中,其来函处处拉住本行,试问行款安能赎票?无论何人,皆不敢负此责任。若本人果有相当财产,尽可令其家人交出,不拘何处,皆可抵借,不必专仗本行筹款也。

其令叔毫无办法,频践对方之约。与之接洽,当然不能有结果,徒然令帮忙人发生困难。现不虑其有危险,虑其身子支不住,爱莫能助,此弟所疚心者。

十五日函请暗示西明,意在使驹之如君,知行方不能赎票,大家却仍设法营救,而驹之资财只有此数,与对方之所索取之数相去太远,所以无法办理。驹之如君果能明了,则孙某自然知之,辗转相传,对方或可减低欲望,办事者庶可易于着手。望再度进行。不可说出自弟意,并见复。此亦为营救之要。关键两兄与之交好,幸勿大意。切要切要。

八、上海总管理处致任凤苞电(一九四二,一,廿八):

天津。振老鉴:驹兄就医,稍迟数日赴津,铭艳日乘车起程。卅一年一月廿八日。盐业银行总管理处。

盐业银行上海总管理处与任凤苞通信的两个人,一个是鹤笙,即该处的会计科长陈敬;一个是寿芝,姓白,该处的文牍科长,这是张伯驹安排的具体负责业务人员,正如任信中说此二位"与驹交好"。尽管任凤苞一再嘱咐对他的信函的内容要保密,不要说是他的意思,但伯驹和潘素不可能不知情。

任凤苞坚持不能动用银行的款项,涉及全体股东的利益,这无疑是正确的决策。而不让银行的人出面干预,则不近情理。是时张伯驹正在代行经理的职务,又是在去往银行上班的途中遭劫,银行理所应当直接出面向汪伪当局和警察部门交涉,或是通过关系周旋,任凤苞却断然认为此事纯属个人的事,与银行没有关系,只能由张的家属自行处理。虽然信中也写到"十分悬念""甚为焦灼"云云,纯为虚语,实令人齿寒。

张伯驹开始竟至答应绑票的要挟条件,确是一种儒生的迂气,抑或带一点名士的侠气,说"付出一百万,家中尚不至无饭吃",这也是他一贯的大公子口气。但他既已落入罗网,急于解脱的心情也是可以理解的。任凤苞却在这种时候一味指责,一是说伯驹自己要住上海,才托他主事的,如果他不说住上海就不会让他管银行的事;二是说伯驹不应租房外住,住在银行就不会出事;三是说伯驹急于脱险,不择手段,把银行牵扯进去;四是说伯驹摆阔,吊高了绑匪的胃口;五是说伯驹的堂叔慕契和潘素,同绑票方接触的办法不对;六是说问题拖延持久是伯驹自己造成的,等等。这其中有些话不无道理,但有些是事后总结教训的事,在紧要关头还是救人为主,只是批评,而不设法营救,有何益处?再说伯驹开列财产的做法,虽然欠妥,也是应急之计,只要人救出来,其他均可从长计议。天津的家人断然不许拿房产作抵,而置生命于不顾,更是毫无亲情可言。

张伯驹在囚中苦度八个月,而天津的家人照常赌麻将、吸鸦片,仍然每天下午四点才起床,对伯驹的生死毫不挂心。张父的遗产大部都在孙善卿手上,盐业银行的股票也给了王韵缃,但在伯驹危难之际,她们绝无救援之意,而且坚辞拒绝以天津的家产作抵押。

上面所引最后的一件电文,是上海总管处向任凤苞董事长报告说,张伯驹赎出后,正在就医治疗,过几天就可以去天津了。

张伯驹实际并没有去天津。任凤苞和天津家人使他深感寒心,此时已经心力交瘁,不可能去天津面见他们。他和潘素直接去了北京。

张伯驹因为这次巨大损失,再也无力负担大家庭的奢侈消费。这在他的《身世自述》中都说得很清楚:“我同潘素于民国三十一年回到北京,已毫无办法再担任天津家庭的开支”,“从此天津家庭开支,才由孙善卿庶母担负”,“我本年由朋友帮助,及潘素卖出首饰,离京去到西安”。

九　平复帖与西安之行

张伯驹在他三十岁的时候,完全从军政界淡退,也是从那时开始留意文物收藏。也巧,那年正好在琉璃厂遇上康熙帝所书横幅"丛碧山房",购回这幅康熙书法,他自觉喜幸不尽,将自家宅院命为"丛碧山房",自号为丛碧,他的第一本词集也名之为"丛碧词"。此后数十年的书画鉴赏生涯中,庋藏渐至丰博,陆机的《平复帖》即是其中一件国宝级的珍品。

陆机是西晋的大将军、文学家、书法家,字士衡,其祖父陆逊是三国时吴国的名将重臣,其父陆抗也是吴国大司马。史书称陆机"少有异材,文章冠世"。吴国灭亡,陆机年方二十,退居故里,闭门勤学,积有十年。后在西晋朝为官,历任太子洗马、著作郎。西晋内乱前已归随成都王司马颖,任平原内史。司马颖起兵时,任命陆机为大都督。"三代为将"本是道家所忌讳的事,因而陆机不愿意统兵,提出辞职,但司马颖不许其辞,结果在交战中失利,又遭人诬陷,遇害于军中,年仅四十三岁。陆机天才秀逸,诗文辞赋卓有成就,文章三百馀篇并行于世。所著赋体评论《文赋》,堪称文学史上的不朽名作。有诗作百馀篇,在《诗品》中亦列为上品。其《猛虎行》有句云:"人生诚未易,曷云开此衿。眷我耿介怀,俯仰愧古今。"《赴洛阳道中行》又吟道:"清露坠素辉,明月一何朗。抚枕不能寐,振衣独长想。"诗中表现了一个古代士子的耿介人格,及其壮志难酬的凄切情怀,让我们今天读来仍然不无感触。

《平复帖》是陆机的传世书法作品,被誉为"天下第一法帖"。

当代文物鉴赏专家王世襄,于一九五七年初发表《西晋陆机〈平复帖〉流传考略》一文,其开头写道:

> 在故宫博物院历代法书展览中,曾陈列在最前面的西晋陆机写的《平复帖》,是一件在历史上和艺术上有极端重要价值的国宝。我国的书法墨迹,除了发掘出土的战国竹简、缯书和汉代的木简等以外,历代在世上流传的,而且是出于有名书家之手的,要以陆机的《平复帖》为最早。今天,上距陆机逝世已有一千六百五十多年。董其昌曾说过,"右军(王羲之)以前,元常(钟繇)以后,惟存此数行为希代宝"(《平复帖》跋)。实际上在清代弘历(乾隆)所刻的《三希堂法帖》中,位居首席的钟繇《荐季直表》并不是真迹。明代鉴赏家詹景凤早就有"后人赝写"的论断。何况此卷自从在裴景福处被人盗去后,已经毁坏,无从得见。在传世的法书中,实在再也找不出比《平复帖》更早的了。

《平复帖》为墨迹纸本,冷金笺,凡九行草书,约八十七字,存八十四字,犹有数字不能辨识,研究者认为是章草的"初草",在书法史上具有很不平凡的意义。明清季的书论家赞《平复帖》说:"草书若篆若隶,笔法奇崛。""墨色微绿,古意斑驳,而字奇幻不可读,乃知怀素《千字文》《苦笋帖》、杨凝式《神仙起居法》诸草圣,咸从此得笔。"当代的鉴赏家更认为随着人们审美视野的扩展,《平复帖》在今天大放光彩,"那朴拙真率的意度,正符合今人看惯了文人书法流利妍媚风致后的逆反心理;那简净凝练的线象,比挥洒无馀的恣肆勾连更耐人寻味。"

陆机原来是这样一个大文学家,《平复帖》原来是这样一件稀世珍品,而且这件珍贵文物已经流传了一千七百年的历史,虽然仅仅八十多个文字,却是蕴含着一千七百岁的文化生命,难怪张伯驹看得它比自己的生命更为重要啊!

我们常常为中华民族的数千年文明史而自豪,如果没有古老的文物传世,用什么来证明我们民族的文明历史呢? 如果没有历代文物的承接延续,我们的祖先又在哪里呢? 文物收藏的伟大意义便在于此。尊敬的文物收藏家们,他们是在保存我们民族的历史,是在保存和延续我们祖先的文脉。

《平复帖》在唐代曾经被鉴赏家殷浩收藏过,以后经历代收藏家过手,或有题跋,或有记录,流传有绪。宋徽宗赵佶曾将此帖收入皇家内府,在《宣和书谱》中有著录。宋朝灭亡后流入民间,在一些达贵名流手中流传,到清乾隆时期又收入内府,陈设在寿康宫。乾隆帝的生母(孝圣宪皇后钮祜禄氏),将《平复帖》作为"遗赐"赏给永瑆(成亲王,乾隆十一子)。永瑆下传到他的曾孙载治。载治死于光绪六年,当时载治的儿子年幼,恭亲王奕訢将此帖取去"代为保管",从此实际归了恭王府所有。

现代著名画家溥儒(字心畬),是恭亲王奕訢的孙子。民国以后,《平复帖》为溥儒名下之物。

在溥心畬手上还有另一件从清宫携出的古画卷,即是唐朝的大画家韩幹的《照夜白图》。韩幹是唐代大诗人、艺术家王维栽培起来的一个画家,以善画马著名,被召入宫中。"照夜白"是唐玄宗的宫中御马,韩幹所画这一卷马图,是他的传世佳品。卢沟桥事变的前一年,溥心畬将此画卖给了上海的骨董商人叶某。张伯驹听说此事,担心国宝流往国外,急忙写信给当时北平主政的宋哲元,声述此画的重要文物价值,请当局查询,勿使出境。不出所料,此画果然被英国人买去,而未能及时阻止。

张伯驹最初是在一次赈灾书画展览会中,看到过《平复帖》,他当时就被这件晋代书法所吸引,为之久久惊叹。《照夜白图》被骨董贩子卖往国外之时,伯驹顿然想到了《平复帖》,此帖会不会也被外国人下手买去呢?他为此非常担忧,便托人与溥心畬商谈,表示愿意受让此帖,以不使流出国外。溥心畬回话说他现在不需要钱,如出二十万,才可以转让。伯驹一时拿不出这笔款,但他"早备一案",不至于被文物贩子抢先买去。次年,值上海文献展览会期间,伯驹又通过张大千致意溥心畬,以六万元求让,溥心畬仍索价二十万,未成。

到了抗日战争爆发那年的阴历年底,张伯驹在火车上遇到了傅增湘(民国时期著名藏书家),听傅增湘说溥心畬母亲去世,需款正急,而银行提款亦有限制。张伯驹说,如果以《平复帖》抵押,可以借给一万元。经傅增湘说合,溥心畬同意以四万元价直接转让给张,先付两万,馀两万于两个月内付竣。傅增湘将《平复帖》取了,作了题跋,然后交给张,张伯驹大喜过望。

曾在北洋政府担任秘书厅编译主任的白坚甫,亦好收藏金石书画,原是日本早稻田大学政治科毕业,与日本人有过从,他听说张伯驹买了《平复帖》,想求伯驹转让给日本人,日本人拿出二十万元也殊为易事。然而,无论多高的价钱,伯驹绝不会出手。正处在战争年代,他更是时时刻刻精心藏护。他在文章中曾经写道:"北京沦陷,余蛰居四载后,携眷入秦。帖藏衣被中,虽经乱离跋涉,未尝去身。"

"携眷入秦",时间在一九四二年春天。

张伯驹在战乱中,风尘跋涉,去往西安,大概会有几个方面的动机:避难,护宝,谋生,参与后方的文化活动。

其一为避难

其时,华北、华东、华南,半壁江山已遭到侵略者的铁蹄践踏。但由于武汉会战中,中国军队英勇抗击,大大挫败了敌寇的侵略气焰,战争进入相持阶段。一九四一年太平洋战争爆发,更使日本腹背受敌,进退路穷,侵略者遂不能进入潼关,西安成为抗战的重要后方。

张伯驹经过了上海一场绑票之祸,深感沦陷区已无法生活,决定往后方避难。在北京短暂养息之后,便偕潘素同去西安,当然也带着年方九岁的女儿传綵。临行前,夫妇周密准备,把《平复帖》等重要文物,缝在衣被中。潘素变卖了一些首饰,另向北京的友人借款三千元,以备途中用度。

看过老舍的《四世同堂》,对于北京沦陷时期的市民生活状态,便可了了。平民百姓除了精神上的压抑感,生活上更有物价飞涨、食品奇缺、吃"共和面"等困苦。而对于社会名人来说,最可怕的则是政治上的迫害。除非像周作人、张资平那样甘当"文化汉奸",若要爱国,则恐怕难逃日寇的淫威刑辱。如燕京大学的陆志韦校长、英千里教授等,都遭过日寇的扣押和刑惩。北京法源寺的宗月大师顶住日本人的威胁利诱,拒绝加入日伪的"佛教会",因而也被逮捕下狱,后迫于舆论才予释放。

张伯驹的《补注·九七》,曾写过袁克定和袁乃宽拒绝敌人诱降的事,文曰:

天公四世是吾宗,大马金刀亦可风。

气节不移严出处,难兄难弟后先同。

日寇侵华,北平沦陷,日人用王克敏组织伪政府。时克定住三贝子花园。日人欲畀以高位,克定闻之,登报声明以病,任何事不闻问,并拒见宾客。后有人将其声明报纸裱为册页,题诗以彰之,惜此册页已遗失。袁乃宽,河南正阳人,认项城(袁世凯)为本宗,执子侄礼。项城任直隶总督时,彼官候补知府,为先父(张镇芳)门生。先父兼粮饷局总办,任其为提调。项城总统任时,彼为侍从武官,专司拱卫军军需事,办事锋利,有大马金刀之风。曹锟任总统时,彼任农商总长。北平沦陷,日人欲用为河南省长,先约其办理河南赈灾,后即任为省长。余闻之,夜往与谈,劝其勿出。次日乃宽遂托病不出面,终保令名。日寇投降,余归自西安,河南旅京同乡会开会,对乃宽皆以乡长尊之。乃宽与克定称兄弟,先后守气节、严出处,亦袁氏之佳事也。

袁克定是以有病为由,拒见宾客。袁乃宽在日本人要用他当省长时,张伯驹连夜去劝他不要出来,也以有病躲避。袁家这弟兄二人保持了民族气节,传为佳话。伯驹这段文字,自然也是他本人的爱国立场的显露。他深知留在北平也难免会遇到日本人的威胁利诱,所以"走为上计"。

其二为护宝

日本侵华期间,中华民族所遭受的惨重损失中,文物古迹被破坏和劫掠,是一个重要方面。日本文化源于中国,尤其在唐朝时,日本曾经十多次派出大批"遣唐使",包括留学生、学问僧,全面学习和汲取中国文化。日本人深知中国文化的博大精深。日本军国主义妄图征服中国,必然会有侵夺中国文物文献的欲望。一八九四年中日甲午战争时,日本宫廷就制定过所谓"战时清国宝物搜集办法"。一九三七年侵华战争中,他们更加有组织有计划地多方面掠夺中国的丰富文物。日军师团一级都配备了受过专门训练、具备文物博物知识的"文物搜集员"。日本政府并派出专门的"考察团",分赴各个沦陷区侦察、搜寻、鉴别文物古迹,凡有文物价值之物,源源不断地被掳掠东去。中国的有识之士,怀着爱国激情,千方百计保护国宝,为抵御侵略者的劫掠,作出了极大的努力。

自"九一八"沈阳事变后,北平的故宫博物院感到形势危急,即提出选取精品文物,装箱南迁。大量的古物、图书、文献,都在故宫,但当时对南迁之议,反对的声音甚烈,有说是杞人忧天之举,有说是政府遗弃古都。数年之后,日军占领京津,南迁文物幸免被劫,这应当感谢故宫博物院人士有先见之明。

一九三二年秋初,故宫博物院理事会通过装箱南迁的决议,报请国民政府核准后立即开始工作,一九三三年二月开始启运,历时四个月,分五批运抵上海,然后转送南京。"七七"卢沟桥事变后,再向后方转移,又经两年辗转,分别存放于贵州安顺、四川乐山和峨嵋。

没有转移到后方的文物,战争中遭到了无可弥补的损失。如南京地区战时文物损失,查明有据者,即有古字画二万八千馀件,古物七千三百馀件。

著名学者、燕京大学教授顾颉刚,太平洋战争爆发后去往重庆,留在北平的字画图书、金石碑帖,被敌人搜掠一空。

张伯驹在上海被绑匪囚禁了八个月,始终不肯将所收藏古代字画拿出来赎人,可见在他心目中,文物比生命更为重要。伯驹夫妇的西安之行,须经过敌占区,而最使他们忐忑不安的,便是随身的那些古代字画,惟恐被敌人发现,惟恐文物被劫。将字画缝入衣被中,安全携往后方,实为明智之举。

其三为谋生

张伯驹西行之前,曾向友人告借,可知他此时的窘况。因上海绑票之祸,用股票抵顶了欠债,其父张镇芳遗留的盐业银行股票,只剩下少量还留在天津家人手中。他对在天津管理家政"第三夫人"王韵缃说过:"经济前途很是危险,股票的利息是靠不住的,必须紧缩开支,家庭要平民化。"张伯驹虽然向来不善财金方面的投资经营,但面对着生活压力,又想购买书画文物,没有经济收入将寸步难行。由于盐业银行对待他受难时的冷淡态度,加之他在行的股票已微不足道,使他不得不寻求新的投资场所,而不再对盐业银行抱有希望。

张伯驹早年曾在陕西军中任事,西安仍有旧友。中原沦陷之后,河南方面的人士西入关中避难,在豫企业也纷纷西迁,到了西安便有同乡可以共事。这大概是他开辟新的生活环境的一些有利条件。到西安后,他很快与朋友筹建了"秦陇实业公司",并自任经理。

"秦陇"公司从名称上看,似是由陕西、甘肃两省人员共同组建。而他们的实际经济活动,现在只知道参与投资了一家号为"福豫"的面粉股份有限公司,其他已无资料可查。据说除投入福豫面粉公司之外,没有更多流动资金,"秦陇"公司便自行结束了。

近代以来,西安地处内陆,交通不便,经济并不发达。加之关中数次大饥,人口剧减,商业萧条。一九三四年底,陇海铁路西安至潼关段通车,西安经济始有起色。抗战爆发前夕,东部地区的工厂企业内迁,军政文化机关也相继西撤,更有难民沿陇海线涌入。一九三七年陇海线的西安至宝鸡段亦修通,铁路横贯陕西腹部,西安的商贸活动得到迅速发展。随着人口骤增,必然带来粮食市场和粮食加工业的活跃。关中盛产小麦,是机制面粉工业发展的良好条件,其时在西安投资面粉厂,不失为最佳的选择。

据《西安粮食志》记载:福豫面粉公司原设在郑州,一九四二年奉国民政府经济部令,迁往陕西,在西安二马路购地建厂,一九四四年九月开机生产。该公司设有一九五马力蒸汽机一台,钢磨七台,洗粉、洗麦、打包机器共二十三台,粉楼一座,附属建筑平房四十间。一九四三年三月二十八日公司董事会成立,董事长李晓东,常务董事张伯驹、谢鉴泉,总经理贾玉璋。有职员三十八人,工人一百一十八人,日产面粉两千袋,注册商标为"鸿福牌"。

在福豫面粉公司建立之前,西安的面粉加工业已有华峰、成丰等厂。因抗战军需紧急,国民政府规定,各面粉厂每月以二十天时间磨制军粉,十天时间磨制民粉,军需供应占去很大部分,面粉产量供不应求。

查"西安福豫面粉股份有限公司股东名簿"及"股额分配表",股东共五十九人,张伯驹的股份额为"二百七十股",是股额较多的股东之一。

据张伯驹自述,一九四四年潘素去天津,向王韵缃取盐业银行股票七万,王韵缃令其妹随潘素去上海卖出,三万元款交给王韵缃自用,四万元款汇入了西安的"秦陇"公司。

投资福豫面粉厂的另一笔款,是张伯驹的妹妹张家芬汇去西安的,约五万元,伯驹代其入股,记在伯驹名下。

但在福豫面粉厂的名簿上,记载张伯驹的实际缴款数,只有一次可查,所记为"已缴股款五万四千元",似不准确。

以下是西安福豫面粉股份有限公司工厂概况,及张伯驹股款的有关存档资料。

一、西安福豫面粉厂概况:

(一)本厂沿革

查本厂原于廿六年二月,在郑州西五里堡开始筹备。当时向德商礼和洋行订购制粉机器原动蒸汽机及一部补助机件。至六月,主要机件陆续运抵郑州。廿七年四月建厂,工程完竣,乃以抗日战争起,京沪交通断绝,所需机器零件不能起运,安装工程致告停顿。廿九年二月,当时政府电令就地安装开工,遂另在天津等地购配零件,于卅年六月间辗转运郑,当即赶工装置,九月工竣。不意正拟试机制粉之际,猝逢十月四日郑州陷敌。撤守之前,政府将主要机器(动力机引擎及一部制粉机)破坏,工程又遭停顿。嗣郑克复,卅一年二月前,经济部工矿调整处电令迁陕,重新建厂。自三月开始拆迁,几经周折,历时年馀,始于卅一年二月运抵渭南本厂。资力几经折损,建厂无力,于是另增资本,以终于成。至同年八月,在西安北关二马路北之现址选购地基,补修机件。卅三年一月中旬开始建厂,五月工竣,着手安装机器,八月工毕,九月试机制粉经营,及今(民国卅八年)将历五年。此本厂筹设迁建之简要历程也。

(二)组织系统

董事会—副总经理—襄理—[下设]:

工务股·会计股·仓库股·劝业股·总务股

工务股·工程师—[下设]:制粉技师　动力技师

总稽核—稽核

二、西安解放后福豫面粉公司工厂调查登记表:

民国三八年八月十三日填

厂名:西安福豫面粉公司　类别:股份

厂址:西安二马路街　胡同门牌:二七〇号

职员:四十一人　技师:七人　技工:三十七人　仓工:三十五人　警勤杂务:六十九人

合计:一百八十九人

主要业务:产销面粉

固定资金:四亿零五十七万二千二百零二点四九元　流动资金:一亿八千六百八十一万九千六百六十点九元

资金合计:五亿八千七百三十九万一千八百六十三点三九元

经理:贾玉璋　副经理:章寿堂

创立年月:二十六年在郑州创立,三十三年在西安建厂开工

股东:一百六十一户　股数:三百万股　金额:叁亿元

工厂之主要机具设备:引擎锅炉一部　双面钢磨七部平筛三部

秤皮机二部　打包机二部　打麦机三部　筛麦机二部缝口机一部

每月产量:面粉四万五千袋　每月所需主要原料:小麦约二百四十七万市斤

原料来源及产品推销情况:

㈠原料小麦以就陇海铁路沿线小麦集散中心站,如潼关、渭南、兴平、绛帐、普集、蔡家坡、虢镇等地购运,其他产麦区大荔、蒲城、邠州、长武及本市收购较少。

㈡产品面粉向就本市销售畅滞情况,视市面供需情况而定。

有何困难及意见:

㈠解放前动力机及机房遭受破坏,修复费用及复工期间之开支,完全以仅有流动实力支付,复工后生产经营之回转资金定感短绌。

㈡过去经年磨制军公粉,其数额恒占总产量百分之五十至百分之六十,今后军公粉磨制量不若前此之多,厂粉生产日趋正常,而西安人口较前较少,成品之销纳颇成问题。

工商联合会的意见:

该厂于三十三年十月四日入为会员,担任会费百分之一二点零五。

三、张伯驹致西安福豫面粉公司的函:

迳启者:前鄙人入福豫公司股内,有张家芬之股,未换股票为法币五万元票面,因股票是邠票一张,未能划分,于一九五零年曾请过户,得公司复函谓在重估财产前不能过户。因将公司回函交张家芬,彼处只凭鄙人收条一纸,为存到福豫面粉公司股票票面五万元,历年股息因有限,均未付给,俟待改换股票户名连息一并付给。而现在张家芬不信公司方面不能过户,意欲藉此要从前代投资公司之款,按折实计算。现希公司见信后即答复:一,能否过户;二,历年股息面粉,折实共若干;

三,公司重估财产约所股额值多少;四,公司除估值财产,有望
公积按机器房地实值约若干;五,照现票面股数钱数是否经过
增值。

日本投降,抗战结束,张伯驹于一九四五年冬回到北京。西安解放
后,福豫面粉厂重新登记,伯驹仍是董事,每月有两袋面粉作为车马费。
但他意识到自己并不到厂理事,领取车马费不妥,提请辞去了董事职。
属于其妹张家芬的股款,函请过户到张家芬的名下。公司就张家芬股款
过户一事,函复伯驹只是称:"非经清估组研究后,不能答复。"伯驹还曾
答应将他在面粉厂的股份,转到王韵缃名下,也因不能过户而未办。不
久即进行社会主义工商业改造,面粉厂公私合营,伯驹提出将他的股份
归公,不再有任何瓜葛。

观其在西安整个投资过程,似无大起色,仅对于那三四年间的生活
有所维持而已。

其四为参与后方文化活动

张伯驹虽然为谋生计,成立了一个实业公司,又入股面粉公司,然
而,他只是挂名而已,诸多朋友利用他的社会名望,并不靠他管事。他的
大多时间,用在旅游、寻访古迹古物、写诗填词、看戏演戏等文化活动方
面。在此期间,曾南下四川,游武侯祠。到重庆逗留十多天,临行前适逢
教育家张伯苓(天津人,南开校创始人)六十生辰,为其演出了京剧《盗
宗卷》。还与钱宝森等票友同往甘肃,在兰州多日,连场演出,期间并访
青海,游览了塔儿寺。在陕西境,也偕潘素游览西安等各处名胜古迹。抗
战即将胜利的当年夏季,去往郿县登太白山,写了散文《太白山纪游》。

羁旅后方四年中，他所留下的诗文以写成都武侯祠的一首《扬州慢》，感慨最深：

　　　　丞相祠前，锦官城外，下车拜问前程。

　　　　尚森森翠柏，映草色青青。

　　　　似当年、纶巾羽扇，指挥若定，谁解谈兵。

　　　　看江流石在，寒滩犹咽孤城。

　　　　吕伊伯仲，贯精诚、神鬼堪惊。

　　　　系一发千钧，三分两代，生死交情。

　　　　忍诵杜陵诗句，还空听、隔叶鹂声。

　　　　正中原荆棘，沾襟来吊先生。

诸葛亮是伯驹扮演多年的剧中人，形象早已铭刻于心，因而此词填得意真情切。

读了张伯驹写的《红毹纪梦诗注》，就会懂得演员为什么有的角色能扮演好，而有的角色就扮演不好，原来要看演员的气质性情，适合于怎样的角色。如他反复说过，《惨睹》一剧中落难的建文帝这个角色，就要让袁克文来演，合其身份。他还说，周信芳在湖海派中负盛名，看他演《四进士》，颇合宋士杰之身份，而演《定军山》、《打渔杀家》等旧戏则一无是处。余叔岩讲到《坐楼杀惜》一戏时，曾经对伯驹说："每一个演员不能把每一出戏都演好，因为其人身份与剧中人之身份大有不同，其内心即表演不出，做工神情即差。宋江是县衙门书吏身份，《坐楼》全是耍滑头，《杀惜》突然变脸，凶恶情状毕露。你是一个好人，是儒雅潇洒的书生身份，如演《空城计》等戏一定好，因为你本身就是戏。饰宋江你不会耍滑头,没有其凶恶本质,表演不出其内心,演得不会出色,所以不主张你演此戏。"余叔岩对伯驹其人了解若此,真不愧为高师。

《空城计》是张伯驹跟余叔岩学得最好的一出戏,他曾结合自己演出的体会写成《〈空城计〉研究》一文。诸葛亮虽然"功盖三分国,名成八阵图",为治国平天下而鞠躬尽瘁,但他本质上是一个"好为梁甫吟"的读书人,是"躬耕南阳"的茅庐隐士。所以,伯驹颇能理解诸葛亮的高情峻节,他在《空城计》一戏中边弹琴边唱"我本是卧龙冈散淡的人",一定是把自己的内心感慨唱出来了。遵照余叔岩的教导,演诸葛亮一出场,视线须看台毡,表示其一身担负汉祚兴亡重任,有沉郁之气。两童一抱琴,一抱剑,以表示成则以琴退敌,败则以剑自决。这恐怕是一般演员难以心领神会的。

这首《扬州慢·武侯祠》,用宋代词人姜夔的原韵。词一开头,就直接点出词人是来丞相祠"拜问前程"来了,这是开门见山的写法。下面写景,极为简洁,只以翠柏、草色,勾起历史的回顾。"纶巾羽扇,指挥若定",仅用八个字,概括了诸葛亮指挥三军的征战生涯和潇洒风度。"看江流石在,寒滩犹咽孤城",用杜甫"江流石不转,遗恨失吞吴"的诗意,饱含历史沧桑和悲凉感。词的下半阕,赞颂诸葛亮的功绩可与吕伊媲美,其忠贞精神可以惊动鬼神。吕伊,指周朝的吕尚(姜子牙)、商朝的伊尹,都是开国贤臣。"三分两代"指蜀汉刘备、刘禅二主,此句意谓诸葛亮对汉祚的忠诚,如若"生死交情"。"诵杜陵诗句",指杜甫《蜀相》一诗,"隔叶黄鹂",和词开头的"锦官城外"、翠柏、草色,都出自此诗。"正中原荆棘",指国土正在遭受日本侵略者的蹂躏,在这样一个国难时刻来拜谒诸葛亮,不能不使人满怀悲慨,潸然泪下。词的这一结句,和开头的"拜问前程"是相为呼应的。词人此时此刻最为关切的,要向诸葛先生求问的"前程",乃是家国江山的命运,是抗战的前途。张伯驹避难西行,流寓数年,凝聚在这首词中的深沉情绪,可以代表他这一个时期的全部思想感怀。

张伯驹游武侯祠及其即兴填词的情景和感绪,后来在《红毹纪梦诗注》中有所记述。同在此书中,他也以诗记述了当年赴兰州演戏的经过:

> 流人此地有周郎,觞咏何知在异乡?
> 青海一游归路远,赶回黑夜尚登场。
> 余居西安,西北公路局长何竞武约余夫妇游兰州,钱宝森、王福山、迟景荣、乐元可随去。兰州外地人居此者皆好戏剧,西北公路局、西北盐务局、兰州市政府皆有票房组织,并各有剧场。余居西北公路局,于西北大厦演出八场戏,有《问樵闹府》、《打棍出箱》、《打渔杀家》、《战太平》、《汾河湾》、《定军山》、《阳平关》、《审头刺汤》、《战宛城》。于西北盐务局演出《托兆碰碑》、《游龙戏凤》。于西北公路局演出《天雷报》。时近腊冬,兰州市政府预定各票房演出窝窝头会,余定演《别母乱箭》,大轴反串《叭蜡庙》,余反串朱光祖。乃于此时,余夫妇及乐元可去青海一游,再回兰州演戏,余居青海三日,游塔儿寺。回兰州,行至乐都车坏,青海公路局再派车来,在乐都停二日。至兰州,天已昏黑,窝窝头戏即是日演出,稍食即赴剧场,如时出演。后在西安晤何竞武,余戏曰:"尊局一车已坏,几误我演出。余愿买之,免再害他人。"何曰:"君如买我局之车,须要全买,所有我局之车皆坏车也。"相与一笑。

中国戏曲可谓是传统文化中的一丛灿烂的花,开遍举国城乡,品种亦不计其数。伯驹从西安去成都、重庆,正值抗战中期,行旅困难,客多车少,至四川广元为一站,须止宿换车,此处觅车尤难。但四川多有爱好戏剧者,广元亦有票房,旅馆经理即票友,知伯驹名,因而得到殷勤招待,通过票房帮助,得以较快有车可乘。

即使在敌寇侵凌,烽烟弥漫的年代,国人演戏看戏的情趣并无稍减。除了一些地方进行戏曲改革,编演国防题材的戏,直接表现抗敌雪耻的爱国主义之外,大都仍演旧戏。如张伯驹在兰州演出多场,全部是传统戏。这是否与抗战的气氛不相适应呢?其实不然,传统文化活泼泼地跃然于民间,正是民族的生机所在。在过去经济和文化教育尚不发达的时候,许多劳动者没有上学读书的机会,看戏便成为他们接受知识和教养的一个重要渠道。舞台上虽然表演着帝王将相、才子佳人,似乎远离了现实生活,而广大的民众却正是从那些故事中感受了传统文化,接受了忠孝节义的伦理道德,其中也包含着爱国主义的情操和气节,包含着民族认同感和民族自信心。民族文化不灭,则民族便不会亡。不论任何时候,我们都应当欢呼这种传统戏曲长盛不衰的现象。

看闻一多抗战期间的文章,总会为他的爱国炽热所感动。但他反对画展,这一观点却是让人不敢苟同的。他写了《画展》一文,认为前线正在流血牺牲的时候,举办"琳琅满目"、"盛况空前"的画展,便是在"奸污"战争,在逃避战争,是"闭上眼睛,掩着鼻子","逃到'云烟满纸'的林泉丘壑里,逃到'气韵生动'的仕女前"。他甚至厉声警告说:"在这复古气焰高涨的年代,自然正是你们扬眉吐气的时候,但是小心不要做了破坏民族战斗意志的奸细,和危害国家现代化的帮凶!记着我的话,最后裁判的日子必将来到,那时你们的风雅就是你们的罪状!"

张大千临摹敦煌壁画,并在重庆举行画展,显然也是受到批评的。闻一多当时的批评,或许有他的道理,而现在回头来看,张大千却也是为民族文化做出贡献的。张大千等艺术家的"复古",不但没有破坏民族战斗意志，却是起到了增强民族自尊的作用；不但没有危害国家现代化，却是在走向现代化的时候，人们愈来愈感到了民族传统艺术的不可割舍。

张伯驹在成都时，曾与张大千相会，受到大千的盛馔宴请。大千也爱好戏曲，宴请伯驹时，由川剧名丑角周企何相陪，并观其演戏。伯驹和大千这些文化人，不可能都像闻一多所说的那样，"去当个随军记者"云云。他们在后方所进行的文化活动，包括演戏，对于民族和抗战也都是有益的事情。

《红毹纪梦诗注》中，有张伯驹赴西安途中，看河南家乡戏的一段回忆，颇令人感悟传统戏曲对于我们中华民族的意义，值得一读。兹照录如下：

　　抗日时，余由北京去西安，路过河南周家口止宿。一日，有戏园在演南阳曲子戏，余往观之。所演为刘墉事：有二女子在乡受恶霸凌辱，恶霸之父乃朝中一权奸，二女子向县署控告，县官不理，斥责后逐之。二女乃上京拦舆控诉。一日遇一官，即拦舆呈状，官适为权奸之友，将二女痛打后，逐之。一日二女又遇一乘马官，再呈状，官云："我乃武将，不理民事，最好你能告到刘墉那里，方能雪你之冤。但你须先问他名姓，果是刘墉，才可递状。"二女子记之。一日果遇刘墉，二女子拦舆告状。刘墉索阅状子，二女子云："须问老爷高名大姓，始呈递状子。"刘墉唱云："你老爷行不更名，坐不改姓。你老爷是清官，我叫刘墉。我保过康熙和雍正，又保过二主爷名叫赵乾隆。"此戏词可堪捧腹，但未可厚非。说明河南戏经过金元异族之统治，而保存民族气节，犹奉赵宋正朔，所谓二主爷乃赵匡义也。即昆曲戏中有破不喇、也么哥等元语，而音韵仍用中州韵，对中国民族文化不能移，不惟不能亡中国，而反为中国所同化。大矣哉！

十　与王韵细之离婚诉讼

　　王羲之《兰亭集序》是中国传统文化中的一颗明珠。这颗明珠,在我们当代人的眼光中,首先是书法,所谓"天下第一行书";其次是美文,中学的教案中讲《兰亭集序》情景交融,叙议结合,抒发人生感慨,由乐转悲云云。至于"修禊"的意义,大概是被忽略了的。读这篇古文的人很多,而了解修禊文化的人似乎极少。

　　旧历三月初三日,是上巳节。这天人们聚游于水滨,洗濯污垢,祓除不祥,也是中华民族讲究文明卫生的良好习俗。杜甫的诗歌名句:"三月三日天气新,长安水边多丽人。"就是写修禊。文人雅士的修禊活动,称为雅集,主要内容是饮酒吟诗,这就是《兰亭集序》所写的"流觞曲水""一觞一咏"。

　　上巳节同端午、中秋等传统节日一样,流传悠远。文人雅士的修禊传统,即便从王羲之所在的晋代算起,又已经沿袭了一千六百年之久。修禊是读书人结交友情、吟咏酬唱、自由文学创作的活动。修禊也为知识分子提供了一个张扬个性、挥发才情、感识世事、表达思想的美好契机。修禊文化熏陶了无数的名贤俊彦,留下了无数的诗词文赋,王羲之的《兰亭集序》正是无数的英才佳作中的代表作之一。

张伯驹的词集中,有一首《应天长·辛卯上巳承泽园修禊,分韵得石字》。辛卯年是一九五二年,由此可知在新中国成立之初,修禊文化尚有尾声。在后来的政治运动中,传统的文化活动大都被视作封建主义而遭到扫荡,张伯驹或许成为中国最后一个为修禊写词的文化人。我们后来之人于是也就不懂得传统文化为何物,虽然都知道《兰亭集序》是书法,是美文,而并不知其中更多的文化内涵。我们的学校传授给学生们的文化,于是也就成了支离破碎的一些知识。

分韵,是数人相约赋诗时,先选择若干字为韵,各人分拈。譬如,雅集的词人们先拟定出一句古诗词中的句子,约定用这个成句中的每一个字为韵,各作一首诗。把这些字分别写了,然后拈阄,谁拈到哪个字就用哪个韵作词。

张伯驹这首词"分韵得石字"。"石"字在《词林正韵》中属第十七部"质陌"韵,他写这首词所押韵字,都在本部中。其词写道:

五侯故邸,三月令辰,芳游更趁泉石。

尽有客愁兵气,随流付潮汐。

堂前燕,犹似识,又软语、说春消息。

问哀乐、旧世新人,那异今昔。

台榭倚斜阳,一梦承平,歌舞已陈迹。

不见汉宫传烛,飞花自寒食。

长安事,如局奕,曾几度、眼经身历。

看无主、隔院娇红,谁去邻惜。

张伯驹年少时就读天津新学书院,熟读了许多的名家诗词。在他的作品中每每化用古人诗意或典故。此词以"五侯"开头,到后面的"汉宫传烛"、"飞花自寒食",都出自唐人韩翃的绝句《寒食》,尾句则暗用陆游"寂寞开无主"句。"三月令辰,芳游更趁泉石",略似《兰亭集序》的写法,先景后情,先乐后悲。世事如局弈、歌舞已陈迹,意同王羲之的"向之欣欣,俯仰之间,已成陈迹",都是为人间沧桑、人生悲欢而黯然伤怀。

笔者由《兰亭集序》引出以上这番话,似乎离题千里了。其实,因为伯驹"五侯故邸"这首词的写作时间,恰好是他与王韵缃诉讼离婚的时间。词人的感喟,当然会有更多的涵蕴,如"客愁兵气"一语,可能是有在场的词人说到了朝鲜战事,当时正值抗美援朝战争时期。而揣度伯驹其时的心境,国事而外,词中情味似乎也带着一些因在法院诉讼引起的烦襟伤感。

修禊、分韵,联对、吟诗、填词、唱曲,这些都是过去文人的风雅之事,自五四新文化运动,即被打入封建、腐朽、没落的旧文化范畴,被新潮流人士所唾弃。如果从阶级斗争的观点看,那些旧文化似乎就是有闲阶层的消遣物, 似乎是剥削阶级的东西。但如果从历史文化的角度去看,它又带着民族文化流传的成分,虽然是少数人的活动,却有着天然的辐射作用,会像声波光波一样传散,以至使全社会的空气中都不同程度地沾上了"雅味"。先前即使在偏远的乡村,对于诗词、戏曲、文学之类的传统文化,也绝不会一无所知,贴对联、写家信都会在文字上很有讲究的。尽管过去的人口百分之八十以上是农民, 有着大量的不识字人群,整个中华民族却是一个诗的国度,在诗书礼乐的风教熏陶下,诗书继世、耕读传家已成为多少年代以来中国士农工商普遍认同的修身齐家的理念。自从旧文化被打倒以后,不断地掀起解放思想的运动,现在各类学校教育、直至硕士博士比过去膨胀了无数倍,思想当然也解放了无数倍,然而,社会风气、道德教养如江河日下,人们完全被金钱和物欲驱动着,文化的内容蜕变为愈来愈庸俗的娱乐,而今所闻所见,无论公共之举措还是个人之作为,无论是做官还是为民,似乎都显得愈来愈没有文化了,到处充塞着种种低俗的东西,民族文化似乎面临着行将灭亡的厄运,这实在是值得深为反思的问题。

以上的议论说远了,打住,拉回张伯驹的家事上。除潘素以外,其他的家人与伯驹的思想感情的距离愈来愈远,这无疑与她们常住天津租界,受那里的风气影响有关。如果她们听从伯驹的意见住到北京,当时的北京还是一个文化醇厚的古都, 对她们的熏染会是非同于天津租界的。如果她们多少有一些文化品位,伯驹那些艺术收藏也不至于不允许她们分享,全家人一起欣赏书画艺术,岂不是一种天伦乐趣? 但那些天津的家眷们却只会夜里打牌、白天睡觉,她们的生活方式大概已经很接近我们当代了。

生活方式和思想感情的隔阂,加之经济状况不良,终于酿成家庭纠纷,诉讼进了法院。

泪洒词中,半为家庭烦恼

进入新中国未久,张伯驹的心情日渐伤感,一段时间所写的词中,几乎离不了一个"泪"字,如"洒空馀泪"、"襟上馀泪"、"别愁离泪"、"伤心泪"、"啼鹃泪"、"啼妆泪"、"东风泪"、"红蜡泪"等等。"才拭了伤春泪,帘外莺啼又数声","近来一病一回老,身似秋林不耐霜",当时伯驹五十馀岁,已经是古代诗人感慨"老病"的年龄了,他的深沉的伤感大概不完全是伤于家事,而家庭纠纷确实给他增添了许多烦恼。

张伯驹的原配夫人早年去世,"第二夫人"邓韵绮于一九四八年离异。住在天津的家眷主要还有：伯驹的"同居"王韵缃，实际是"第三夫人"；伯驹父亲张镇芳的姜孙善卿，伯驹称之为庶母；伯驹生父（叔父）张锦芳的姜杨慧仙；伯驹的妹妹刘张家芬，刘张家芬丈夫去世，婆母杨敏芳跟她一起生活。

他在《身世自述》中写道：王韵缃从天津来京，说"我不负她的责任"，"我说你可以到北京住，她说我与她感情不好"，"她又提出分产问题，我答复她只有向法院去讲"。

王韵缃于是向法院提交了一份诉状。

诉状全文如下：

> 原告王韵缃，年四十三岁，江苏省苏州县人。现住天津十区大理道永和里三号。
>
> 被告张伯驹，河南项城人，现年五十四岁，住北京西郊海甸承泽园一号。
>
> 为受遗弃而生活无着，恳请票传被告到庭，公断生活费，及追还第三者所赠予我子教育费事。
>
> 原告王韵缃，娘家父亲行医为生，因生活困难，无可奈何之下，由我母亲牵领到北京，寄居姑母曾姓之家。俟后又因姑母家境亦感困难，故不得已之下，将我终身许与被告张伯驹。在我十七岁的那年，经盐业银行副经理朱虞生介绍，与张伯驹双方见面后，张伯驹甚为同意。遂于一九二六年二月二日，与张伯驹结婚，寄居于北京帘子胡同。张伯驹声明，暂且在此居住些时，再去天津回到家庭里同居，并赠与我母亲三千元，我即与张伯驹在京过活半年，后搬进天津家庭同住。
>
> 一九二七年生下我子，以后我丈夫遂对我冷淡，以致置之

不理。我过在旧社会里，只有忍受。又因已有了儿子，并且公婆待我很好，所以总还希望他能回心转意。但是，他竟完全掷我于不顾。如此有名无实的夫妇生活七年之久。

一九三四年，我公公因病故去，葬埋后，当时所馀之股票钱财，仍由账房管理。一九三五年，张伯驹缩减开支，将账房取消，将公中所有股票钱财叫我管理，为家中开销由我负责。除其自己留股票肆拾万外，当时交我的钱为现款捌万元、股票肆拾万零伍千元。我就克苦俭省度日，丝毫不敢浪费。但因当时物价波涨，只得将股票售出叁万伍千元，经我负责管了五年。

一九三六年，他又在上海娶了潘素。张伯驹就用压迫手段，向我要以上财产，并将我五妈临终留给我母子两万元，及天津保定道空地一处（有五妈张李福仙遗嘱为凭），一并取走。又将北京弓弦胡同房产（公中所有），卖出美金两万馀元，均未给予我分文。而对我的遗弃，更加变本加厉。我过去二十六年已被他残酷的埋没。

我于一九五零年，他去天津时，向他要求生活补助费，经中人姜兆驹调解，其当面允许给予我西安面粉公司股票伍拾馀万，并每月补助我三袋面粉。但他只说假话，至今未付我。向他屡次索要，均置之不理。

一九五二年一月十二日，我因生活实在困难，来京找他。他说，我们的事情非经法院判决，他方能给。故不得已，只得请求票传双方到庭公断。

敬上。呈诉人王韵缃。一九五二年一月十五日。

这份诉状，以"受遗弃而生活无着"开头，这是主诉事由，也是全状的一个基调。以下的叙述，都是按着这个基调写下来的。前部分略述了他们同居的过程，后面从生了儿子以后，转入"受遗弃"的过程。

前文所引张伯驹《身世自述》中的部分内容，实际是对王韵绲起诉的答辩。对照看来，两人所述事实，大致吻合，亦有歧异。矛盾较大的说法，有三处：（一）王诉状说，交给她管理家政期间，"克苦俭省度日，不敢浪费，但因当时物价波涨，只得将股票售出三万五千元"。张答辩说，告诉她必须紧缩开支，但她不能理解，"她早已染上鸦片烟瘾，每天到下午四点钟才起床，没有管理家政的能力"，"至于这个家庭开支不够，她没有能力把它节省下来"。（二）王诉状说，一九三六年张娶了潘素后，"用压迫手段"要走王手中的财产。张答辩说，从王那里拿回股票是托人经营买卖，后曾将盈馀股票的款交还王，而且王"手里还有十几万股票也不拿出来"云云。（三）王诉状说，张答应给她西安面粉股票，及每月给予三袋面粉，只说假话。张答辩说，因西安面粉厂须待财产评估后，才能改换户名，又因为主动辞去董事后不能从厂方领取面粉了，所以股票和三袋面粉的承诺未落实，不是故意食言，而且天津卖房后给了她四十疋布，她还收到三百六十万元的放款本息，在一年之内就用去一千三百多万。（金额都是指一九五三年前的人民币旧币制，以下同——笔者注）

清官难断家务事。公说公有理，婆说婆有理。不管怎么说，王韵绲还是值得同情的。从十七岁就与张伯驹同居，后来却被冷落到一边，寡居多年，在那种家庭里，无所事事，打牌、吸毒必成恶习。这种恶习，这种堕落的生活方式，在那些官僚资本家的家庭中，尤其是在近代以来的外国租界中，大概是极普遍的事情。假如王韵绲不是到了张家，而是嫁给一个普通劳动家庭，可能会成为一个自食其力的劳动者。所以，不能简单怪她本人贪图享受，好逸恶劳，实在是那种社会环境造成的。

张伯驹是一个文化人，志节高逸不俗，不抽烟、不赌博，是另一种文人雅士的生活方式。而王韵缃文化水准低,不会琴棋书画,又沾染一身恶习,张不可能真正爱她,对她冷落也是可以理解的。但当初同居,如果仅仅是按照父亲的旨意,仅仅为了生育子嗣,这就是张伯驹之错。王韵缃诉告的二十六年的被"埋没",张是有责任的。

然而,毋庸怀疑张伯驹的个人品质。他绝不是那种不负责任的人。他对王韵缃从来没有过"遗弃"的态度。他一直都在关照王与其儿子的生活。但后期由于收买古代书画花费巨大,特别是被绑架敲诈之后,经济拮据,对家庭给济不足,造成了王韵缃的生活困难。

一度把家政交给王韵缃管理,这也是张伯驹的真实意图。如果她真的能担当起管家的职责,伯驹会省很多的心。她确实不会管家,抽大烟既已成习,很难戒除,那种开支相当可怕,这使伯驹感到失望和无奈。物价飞涨也是当年的社会现实,这一点上,伯驹正是"不当家不知柴米贵"。

王韵缃曾经向张伯驹要过字画。她提出"分产",目标也是在字画上。伯驹藏画的事,名声远播,家人自然也有耳闻。但伯驹对这个问题的回答,斩钉截铁,绝无商量馀地。他明确地告示于人,其宗旨是保存和研究国家文物,"研究工作终了将来是贡献国家的",同时还拿潘素出来作挡箭牌,说是和潘素共同所有,其中有潘素卖首饰的钱云云。所以,王韵缃在给予法院写的诉状中,对字画再也不提一字。这个诉状是写得很好的,感觉到她并不是贪图钱财,而是真正生活困难,让人同情。

诉状的请求是两条:一是要求生活费;二是要求追还"五妈"(张镇芳的五姨太)留给孩子的教育费。第二条要求其实已不能成立,因为张伯驹对孩子的教育是尽过责任的,即使那笔钱是他拿了,也不能说没有用在孩子教育上。既然孩子已经成人,教育阶段已过去,就不宜再追要教育费了。所以,诉讼请求就剩下"生活费"(抚养费)这一条。

王韵缃的起诉并没有提出离婚。离婚是张伯驹提出的。张在作了答辩之后,最后一段写道:

> 一错不能再错,所以我同意王韵缃要扶养费的要求。但是,我既然是统一战线上一个人民,我必须拥护政府婚姻法一夫一妻的制度,与王韵缃终止同居关系。
>
> 我与王韵缃虽说同居,她一直住在天津,我一直住在北京,实际上已有十五年以上没有同居。她得了赡养费,与我脱离同居关系,也可去掉依赖性,去学习、劳动。她与我的儿子,大学毕业后已经早有工作,每月有三百斤上下小米待遇,还能照顾她。我若不幸在社会主义未实现前死亡,如果还有私产,她与我的儿子还能继承遗产。这与王韵缃精神、物质上都无损失,而我也可以毫无牵挂的以我的精神、能力,贡献于国家。

以上,便成为张伯驹的反诉状。

于是,法院的裁判就需要解决两个问题:一,是否离婚;二,判定给予王韵缃的生活费数额。如果不离婚,扶养费可以按月、按年给付;如果离婚,可以判定一次性的财产分割。如何判决,还需要经过开庭审理。

纠纷解决,却恨腰缠输尽

上世纪五十年代,法院的民事案件开庭,大多以简易方式。从开庭记录看,是谈话形式。记录用毛笔竖行书写,行文很清楚。

第一次开庭:

谈话笔录 元月廿二日

问:王韵缃,你告张伯驹什么事?

答:他遗弃我,他从日本占领时起,就一直没有管我,还是我过继婆婆张孙善卿可怜我,管我吃饭。

问:你两人在什么时结婚?

答:我十七岁和他结婚,婚后感情不好。

问:家里有不动产吗?

答:以前在弓弦胡同有所房子,他卖了有三年,还有老爷子留下的股票。

问:你现在的意思怎样?

答:五妈在民国二十七年留给我两万元,被张伯驹拿走了,我要这笔钱,并且补助我生活。

问:你有孩子吗?

答:有一个男孩,今年二十五岁,在石家庄新中国经济建设公司,每月薪水三百多斤(小米)。他工作两年多了,刚开始几个月每月还补助我十万元。

问:张伯驹(你的意见)?

答:我和她是同居关系,没有结婚。我的家庭住在天津租界,我讨厌租界,所以不常去,而且我的事业也叫我常在北京。抗战爆发后,我就到了后方,我并不是故意遗弃她。关于我们家庭的事,内容很复杂,我特此写下来,请查阅。关于她说五妈赠她两万元的事,我并不知道,而且钱既是赠与她,就归她拿着的。她现在提出扶养费的要求,我是同意的。

问:你原来的妻子姓李?

答:是的,在民国二十八年去世。

问：后来又结婚？

答：民国二十五年跟潘素结婚。

问：王韵缃，你五妈给你的两万元，怎么到他手上呢？

答：五妈在民国二十七年腊月初九死去，发送以后，因为五妈的钱都在天津盐业银行，取款时却找不到五妈的印章，便叫张伯驹去取。他是盐业银行的大股东。但他取出之后（共七万多），我的两万元并不给我。有五妈的遗嘱可证（出示张李福仙遗嘱一件）。

问：他当时不给你，你为什么不问他要呢？

答：他存我手有公共的钱，是股票，印章还在他手，后来他又陆续拿走了。

问：他要跟你脱离同居关系，你的意思怎样？

答：我不同意。他对我没有感情，我可以分居。

问：张伯驹，虽然她是姨太太，但和你的关系照你说已经二十多年，则不能再视为妾的关系。如果她提出要和你脱离，可以允许。但你提出来，她不同意，我们则不能允许的。

答：我坚持和她脱离关系。

问：王韵缃，你五妈给你的两万元，是给你儿子作教育费的，你的儿子已经受完了教育，参加工作，而且十多年来你一直没提，他把公众的钱取走时也不扣下来，据此再问他要是没有什么理由的。你还是不问他要这两万元，光说扶养费的问题吧？

答：好的。

问：你的意见要他每月给你多少扶养费呢？

答：我现在只一人，每月三袋面粉。

问:张伯驹,你每月负担扶养费三袋面粉,你同意吗?

答:在我们没有脱离关系之前,这个数目,我可以同意。但我仍希望和她脱离同居关系。

问:如果两人脱离关系的话,你能给她多少生活费用?

答:我没有意见,随法院决定。

问:你现在有多少财产?

答:海甸承泽园住房一所,房租月收入五百斤,薪水六十二万。

问:你有许多古代书画,价值多少?

答:总共二十亿以上。但这些书画将来准备献给国家,我的遗嘱上写明。因为潘素出了一些钱,我和她都同意研究工作完了之后,会献给国家的。

问:王韵缃,要是你俩脱离关系,你要她给你多少生活费?

答:他的家产,我、他、潘素三人均分。但我不能跟他脱离。

张伯驹(签字,捺指印)王韵缃(盖章)

第二次开庭:

谈话笔录　二月十一日

问:张伯驹,你是否仍坚持和王韵缃离婚?

答:上次我是坚决要离的,但后来家中有人表示意见,我也不那样坚持了。我现在意思,她如同意离,给赡养费多少,由法院决定。她如不同意,则以后再说,给她一些时间,使她好好考虑,思想上有了转机再提这事。

问:王韵缃说她要五亿的赡养费,你的意见怎样?

答:我的不动产就是海淀的一所房子,去年有人出三千疋布,合九亿元,今年是否仍有这价,不能断定。我的意思是给她五千万至一亿元的赡养费。

问:王韵缃,你对于他提出离婚的意见如何?

答:我需要考虑三天。

问:如果离婚你要多少赡养费?

答:要五亿。

问:张伯驹,你的意见?

答:让她考虑三天吧。

张伯驹(捺指印)王韵缃(盖章)

经过两次开庭,各自的态度都已明白。王韵缃由于长期依赖于封建大家庭,要向自食其力转变是一个艰难的过程。她总认为张伯驹是棵大树,离开就失了依靠。因而,她首先是不同意解除同居关系,若要解除,她的要价是五亿元之多。而对于张伯驹来说,解除与王的家庭关系,不啻是甩掉一个精神上的包袱。尽管他此时的经济来源已很有限,宁愿以较大的代价,一次性解决问题。他的理由是很充分的,一则执行国家刚刚颁布的婚姻法,实现一夫一妻;二则改变王韵缃长期在封建家庭中的寄生生活,让她去学习、劳动。张愿意拿出五千万到一亿元,亦合于情理,这个数字已很可观,一亿元略相当于当时一个普通工作人员二十年的薪水。

二次开庭后,王韵缃又写了一份书面诉求意求,递交法院,表示同意离婚,要求给予赡养费三亿元。她写道:

根据二月十一日第二次开庭,关于张伯驹同我离婚,我虽同意,因我有以下困难事实情形,特为说明。

我个人受到旧社会里封建家庭造成的,我所受一切压迫、摧残、蹂躏、遗弃,及寄生虫的生活廿六年。在这二十六年的过程中, 也不过得到的代价就是这个, 其他正当的好处丝毫没有,所得到的就是痛苦、悲愤,经常的糊糊涂涂、苟延残喘。廿馀年所得的,就是痛苦交加,精神上得到刺激,身体得到损失,精神失常,多病缠身,其他的毫无所得。根据我现时真情,必须经过医院长期治疗,这笔用度需要相当款项。还要一个时期休养,经过治疗,恢复常态后,要参加组织,学习政治,提高文化,做一个新社会有用的妇女。在我现时没有整个解决问题之前,对于新中国新社会已有了相当的认识, 我并非是因为他有资产,而气愤中要代价的,因为根据现时我本身情况,及离婚后的一切问题,必须恳请法院主持正义,以解决我终身的痛苦,使我成为新社会有用的妇女。我与张伯驹要赡养费的理由如下:

(一)我本身二十馀年的生活中,有十馀年是依靠卖、借过生活,现在还有债务牵连,需要偿还。

(二)我离婚后,需要一部分医药费治疗我的病;

(三)离婚后的生活费;

(四)我准备将来搞缝纫生产,需要一部分资金。

根据以上的理由,和张伯驹现有的财产,我向他要赡养费三亿元。恳请

法院主持正义。

王韵缃呈,二月十五日

张伯驹也在庭后,两次书面陈述对于"赡养费"的意见:

　　我与王韵缃离婚的事情,在她"三天考虑"期间,我曾同儿子谈过离婚及赡养费问题。儿子也认为离婚是对的,好使她去掉依赖性,改造、学习。赡养费是照顾她的生活。他曾经劝告过她的母亲,如果以离婚为要钱的条件是不对的,跟着儿子不能跟钱,跟钱不能跟儿子,这思想是正确的。我提出赡养费五千万到一亿元本来就是很多的数目,是为了照顾女方,不使受刺激。如果再多,我经济方面做不到,影响儿子的立场,与王韵缃也无益。我请求法院,对赡养费在五千万元以上、一亿元以下,予以判决。我现在没有现款,须卖了房子才能有钱。但是,房子两月、三月卖掉与否,不能确定。我为不影响她生活的安排,我向朋友借款,分期给她,于三个月内付完。这是我经济上的实情。附带陈明。

　　张伯驹呈,一九五二,二,十八

　　关于我与王韵缃离婚的赡养费,已努力分向朋友筹借款项,惟在三反运动之中,大多不易借到。房产出售已在房产交易所登记,何时售出,及房价多少,不敢预定。我前曾提出五千万元至一亿元的赡养费,现在我的经济情形没有拿出一亿元的力量,而且破法院离婚案的前例,影响社会,并容易使女方生活腐化,故再请求法院斟酌实际情形,予以低减。

　　张伯驹呈,一九五二,二,二十六日

王韵缃诉说虽然过甚其词,但确有发自内心的苦痛和困难。经过三天考虑,她由不同意离婚,而到同意,这其中有儿子做了劝导。其子已参加工作,颇能体念父母双方。王韵缃离婚后可以随儿子一起生活,不失为合理的归宿。张伯驹在为赡养费的筹借过程中,正遇国家开展三反和五反,政治运动势头下人们谨小慎微,使他借款无方,卖房亦未能及时出手。为此,他又致信法院,要求减少负担数额,但法院最后还是判定为一亿元。

判决书主文为两条:

> 一、张伯驹一夫多妻,他提出与王韵缃离婚,王韵缃既表示同意,为维持一夫一妻之精神,准许离婚;
>
> 二、张伯驹现有的财产是承泽园一号的地皮三十多亩,房子一百馀间,及一部分字画,虽有不少外债,但依其自己计算,最少尚馀五六亿元。特判令给王韵缃人民币一亿元,作为王韵缃应得之家庭财产。

历来的文化人,时刻幻想着一种清风朗月、高人雅士的情境,但这世间却总有种种纷扰烦浊的事情,让人无处躲避。张伯驹背着个大家庭,俨然一副沉重的包袱。与王韵缃离婚,是他的一次解脱。多年以来,由于此妇别无技能,不善持家,文化既乏,恶习难除,张不免每加嫌责。这反使她积下了满怀的被遗弃之怨,不免伸手要钱,而对于张把钱财用于购买字画,她并不会理解。如果关系不能一刀两断,当然还会不断地讨要,穷追不舍。这种扰烦,必是张伯驹难以忍受的。离婚判决,虽然还有筹措亿元偿金的负担,但在精神上释然一轻,这是他所希求的结果。

一波未平,一波又起。在与王韵缃离婚诉讼期间,张伯驹的那个妹妹(刘张家芬)又提起诉讼,向他提出"还债"和"分产"的要求,这就还有一场应诉。

这年张伯驹为他所收藏的《杜牧赠张好好诗卷》，填了一首《扬州慢》。其中借题发挥，写出了他怀伤感逝的心迹。

晚唐诗人杜牧的这件书法作品，写的是赠给其所喜爱的女子张好好的一首五言长诗，是一件诗书兼美的杰作。历代品评称此卷"深得六朝人风韵"，"纸墨颇佳，书欲成舞"，"疏散不立格，然自是别裁"。

杜牧与张好好初相识时，好好年方十三，为江西洪州乐籍的官妓，诗中描写其登场演唱，四座皆惊，"众音不能逐，袅袅穿云衢。主人再三叹，谓言天下殊。"又形容其姿色云："玉质随月满，艳态逐春舒；绛唇渐轻巧，云步转虚徐。"如此才色双全的歌妓，后来被朝中著作郎沈述师出重金赎出，纳为妾。沈病逝后，好好流落洛阳街头，当垆卖酒。杜牧于洛阳重遇好好，为美人零落而满怀爱怜和伤感，写下这篇诗作。诗结尾句"洒尽满襟泪，短歌聊一书"，与白居易《琵琶行》的名句"座中泣下谁最多，江南司马青衫湿"，恰好可相比伦。张伯驹说："牧之诗风蕴藉，赠好好一章与乐天《琵琶行》，并为伤感迟暮之作，而特婉丽含蓄。"

《赠张好好诗卷》自《宣和书谱》有著录，历代流传有绪，民国年间被溥仪携出故宫，散落民间。张伯驹得悉此卷从东北流入关内后，便托人打探、追寻，终于不负有心人，"以五千数百金收之，为之狂喜"。他得到此件书法珍品后，"每夜眠置枕旁，如此数日，始藏贮箧中"，随后并将所填的一首词题于卷尾。

这首《扬州慢》全词如次：

> 秋碧传真，戏鸿留影，黛螺写出温柔。
> 喜珊瑚网得，算筑屋难酬。
> 早惊见、人间尤物，洛阳重遇，遮面还羞。

等天涯迟暮,琵琶溢浦江头。

盛元法曲,记当时、诗酒狂游。
想三生薄幸,一段风流。
我亦五陵年少,如今是、梦醒青楼。
奈腰缠输尽,空思骑鹤扬州。

词意从杜牧的书法写起,"秋碧"指秋天的澄碧晴空,"戏鸿"即是"飞鸿戏海","黛螺"是美人画眉的隐喻,以这些意象,表示墨迹的意气澄澹、飘逸和温丽。接着写自己获得这一宝物的感受,"珊瑚网"喻搜罗珠宝之不易,"筑屋"暗含"金屋藏娇"之意,终于得手的喜悦心情跃然于词句中。"人间尤物"指才色俱佳的张好好,从"惊见"到"重遇"略述杜牧故事。接着联想到白居易《琵琶行》,"溢浦江头"即是白居易诗中的溢浦口、浔阳江头。这上半阕词的内容,简直太丰富了。

词的下半阕,是词人回首自身的经历和感怀。伯驹想起自己青年时代,也曾经"诗酒狂游",也曾有"一段风流",到头来也便如杜牧一样,只留得"青楼薄幸名"了,落寞和悲凉感浮上心来。"奈腰缠输尽",是全词的"眼",百感千绪都凝结在"输尽"二字上。

他感慨一生输尽的,主要不是指钱财,却也包含着经济上业已由富而贫。当他购买《赠张好好诗卷》之时,将五千馀金慷慨掷出。到了和王韵缃面对公堂的时候,赡养费已使他颇感为难。经法庭判决,家庭纠纷了结,他才可以长舒一口气,同时,他也真的"腰缠输尽"了。

十一　迁入迁出承泽园

查考案卷,王韵缃于一九五二年十二月二十二日,致函法院称:

奉　钧院一九五二年七月卅日民判字第二六五号民事判决书,内开"……准予离婚……特判令给付王韵缃人民币一亿元"。本人同意上开判决。并已于九月下旬接转来人民币叁千万元,唯馀款柒千万元,迄今已逾三月,未获音讯。为特提出请求,按原判将馀款柒千万元,迅予执行。谨呈。

又据王韵缃写给法院"民三组负责同志"一信称,此前曾经"亲到法院五次声请执行"。张伯驹原想卖房,卖房前先借款偿付所判决之钱额。然逾期未能兑现,可知筹措有所困难。尽管法院催促,七千万元馀款又分两次给付,后一笔四千万元款项,直到第二年的八月才结清。

张伯驹卖房,指卖承泽园的房子。这处房产,是他在一九四六年所购买,入居后自名为展春园。

他原先的北京居所,在弓弦胡同,是其父的遗产。那块十三亩的院落中,除已有房舍外,尚有空地,他曾想在那里加修房屋,把天津的家人迁来,而家人却在天津安逸成习,不肯迁居。到了一九四六年,因收购古画《游春图》需用金条,遂将弓弦胡同的房产卖掉,之后迁到京西承泽园居住。

为此,这里需要插述一段关于购买《游春图》的故事。

古画《游春图》,南宋赵佶(宋徽宗)题为展子虔所作。展子虔是北齐至隋朝之间,约公元五百五十年至六百年的一位大画家,擅画山水人物。《宣和画谱》称他"写江山远近之势尤工,故咫尺有千里趣"。

王世襄在《故宫博物院藏宝录》一书中,曾经谈到过此画。他说:展子虔作的《游春图》,是这位画家传下来的唯一作品。他在一幅两尺多长的绢素上,用妥善的经营,丰富的色调,画出了春光明媚的湖山景色。画卷初展,近处露出倚山俯水的一条斜径,两人骑马而来。路随山转,有妇人伫立竹篱门首,又一骑马人蓦然回头,神态生动。更远处则有朱栏木桥,据鞍挟弓者,两童随行。山隈岸侧,树木映带,繁花如簇。木桥后涧流飞泻,人家整齐,寺观隐约。往上看去,又有青山重叠,白云冉冉欲起。画卷中部,平波广阔,木船中三个女子,一人作遥指势,船尾则见艄公从容不迫,荡着柔橹。潋滟水势,愈远愈淡,与天相接。画幅左下角处,山庄花树,两人袖手而立,正在欣赏无边春色。

看来这幅古画,画得真是幽美绝妙,所谓"咫尺有千里趣",信非虚誉。

张伯驹得到此画后,也进行了研究,在他的《丛碧书画录》中评述曰:

绢本,青绿设色。是卷自宣和以迄南宋、元、明、清,流传有绪。证明以敦煌石室、六朝壁画山水，与是卷画法相同，只以卷绢与墙壁用笔敷色有粗细之分。《墨缘汇观》亦谓山峦树石空勾列皴，始开唐法。今以卷内人物画法，皆如六朝之俑，更可断为隋画无疑。按中国山水画，自东晋过江，中原士夫见江山之美，抒写其情绪而作。又见佛像画背景自以青绿为始，一为梁张僧繇没骨画法传自印度。是卷则上承晋顾恺之，下启唐大李将军，为中国本来之青绿山水画法也。

伯驹的论述，主旨在于断定此画为隋代作品。同时对此画的艺术价值予以定论：上承东晋的顾恺之，下启唐代的李思训，是开创中国青绿山水画派的鼻祖。所说的"流传有绪"，是鉴定古书画真伪的重要依据。愈是久远、愈是名家，愈应当有历经鉴赏家、收藏家过目的记录，否则，很难认定为真品。

展子虔《游春图》自宋代赵佶题签之后，宋室南迁之际散出，元代到了元成宗之姊鲁国大长公主手中，明代为明内府所有，后被严嵩窝藏家中，在籍没严家的登录中有记载。明万历年间，为长洲一收藏家所得，董其昌曾为之题跋。入清后，经梁清标等人之手，收归清内府。溥仪出宫时将此画携至长春，战争中流失，为张伯驹购得。现藏于故宫博物院。这就叫流传有绪。

张伯驹购得此画，时在抗日战争结束之后。其时，日本支持的溥仪伪政权垮台，故宫散失于东北的书画渐有发现，遂引起收藏家关注。此《游春图》被文物贩子马霁川等人获得，伯驹得到信息后，即与马霁川取得联系，只恐这件国宝落到外国人手中。马霁川开始要价很高，后经中人多次协商，以二百两黄金成交。有当事者回忆，伯驹为保护国家文物、不使外流之意，令人可感，当时对所付的黄金进行秤鉴时，因成色不好，只有足金一百三十两,因对伯驹信任,名画当场交付于他,黄金不足之数,俟随后陆续补还。

购此画的黄金尚未给足的情况下,当年他还又收购了另一国宝:宋代范仲淹的书法作品《道服赞》,此件用黄金一百一十两。

弓弦胡同的房产,共卖得三十五根金条。大部用于购买书画,或归还以前买画的欠债。而用其中十多根金条,购买了承泽园的房宅。

承泽园雅集,半是伤心泪语

据《张伯驹词集》的图片说明,承泽园约始建于清代雍正三年(一七二五年),南临畅春园,东部隔溪即为蔚秀园,系雍正间果亲王允礼的赐园。允礼自撰承泽园诗序云:"由曲径过山阿,则梵寺在焉,西僧所修佛典,余自幼自涉心通"。序中的梵寺,即今挂甲村西南端偏西的那座喇嘛庙遗址。承泽园系圆明园附属园林之一。道光间,京西王公邸园又被重新分赐,承泽园赏赐给了皇八女寿恩公主。咸丰九年(一八五九年)寿恩公主去世,承泽园归内务府收管,直到光绪中叶,又赏赐给庆亲王奕劻作为邸园。张伯驹购此园居至一九五三年。一九五零年,在园中结"庚寅词社"。一九五一年,关赓麟(颖人)"稊园诗社"于此园举办重三禊集,骚坛精英云集达四十人,空前绝后,张伯驹亦在其间。

周汝昌曾写《承泽园轶事》一文,回忆说:

> 我在燕京大学读书时(其址即今之北京大学),校门正对畅春苑故址——苑本康熙常住之地,当时已废为菜圃。四围小溪,即苑之外河。如今北大校门外路西,溪边尚有残存小庙门二座,即苑之遗物——但二庙皆雍、乾后所建,与曹寅、李煦

(苑总管)已无干涉了。

过苑旧址,向西行,渡小溪,穿田野,不远即是承泽园。那时是张伯驹先生的居处。我与张先生过从甚密,几乎每日下午都要去坐坐——那儿是书画之府,丝竹之乡,我们除了诗词翰墨之外,也好京剧。记得有一回张先生唱《空城计》,我给他当琴师。那时学余派须生的,常向张先生请教,先生给予他们示范。

张伯驹卖掉弓弦胡同旧产,住进承泽园,同时购得《游春图》后,自号为"春游主人"。庚寅年(一九五零年)集词友结词社,名之为"展春词社"。他有一首《金缕曲》,即为"题庚寅词集图"而作。要了解这一时期伯驹的思想情绪,这首词值得一读。全词如下:

> 金粉南唐绪。
> 十年来、延秋衣钵,展春旗鼓。
> 多少缠绵兰荃意,半是伤心泪语。
> 怜我辈、情怀最苦。
> 到死春蚕丝方尽,枉雕琼镂玉、终何补。
> 长更是,遭人妒。
>
> 江山几换谁为主。
> 但满眼、粘天芳草,飞花飘絮。
> 看遍人间兴亡事,惟有啼莺解诉。
> 算身世、斜阳今古。
> 真幻难明黫毸梦,破樱桃、生怕歌樊素。

　　只风月、还如故。

　　首句以"金粉南唐绪"起。南唐为五代十国之一,后为北宋所灭。南唐中主李璟、后主李煜,均以填词著称,风致凄丽。尤其后主为亡国之君,歌词多作悲哀之音,每以凄凉词调感怀他的身世。伯驹此词,一开笔就想到南唐后主,便决定了全词以感叹兴亡、伤悲身世为基调。"十来年"是大约数,是从他上海落难、回到北京时说起,这正是改朝换代、社会激变的时期。"怜我辈、情怀最苦",不仅是指自己,也由己及人,包括了词社的同人,也代表了当年的许多知识分子。这些人总是怀抱着善良美好的愿望,所谓"缠绵兰荃意",却只会雕琢诗词文字,所谓"雕琼镂玉",而对于革命和政治斗争的急风暴雨,总是难以适应。所以在那种时事潮流中,常常感觉到"半是伤心泪语"。

　　词的下半阕,直接道出了"江山几换谁易主","看遍人间兴亡事"。这时正是新中国成立的第二年,当时报刊上的新诗作品,全是一片欢呼歌颂的声音。而张伯驹结社的这些词人们,却是从旧时代的上层社会走过来的,新社会要改造他们,他们的思想感情不是那么容易转换的。他们面对着这个新的社会,感觉却是"满眼粘天芳草、飞花飘絮"。

　　"真幻难明氍毹梦"句中的"氍毹",指舞台、演戏,词人感到世事变化如似唱戏、如似梦幻。樊素,是唐代白居易的歌妓。白居易的文章中曾经说道:"妓有樊素者,年二十馀,绰绰有歌舞态,善唱《杨枝》,人多以曲名名之,由是名闻洛下。"伯驹"生怕歌樊素",是因为想起过去贵族公子的歌舞逍遥的生活,便会有伤感情绪,所以不愿再让触动回忆。"只风月,还如故",整个社会发生了他所预想不到的彻底变化,现在只剩下风和月还是原来的样子,或者说,词人们不识时务,依然还在吟风弄月。

　　这正是他身世转换的时刻。在他的词中,一方面写着:"万紫千红,

都过眼，换了一庭新绿。"(《念奴娇·春暮夜雨》)另一方面仍然禁不住时
而泛起怀旧情绪："几度棋枰过眼，看第宅王侯又新换。最感飘零，乌衣
谢燕。"(《天香》)

张伯驹早年已经远离了军政界，抗战胜利之后，国民党十一战区司
令长官、河北省政府主席孙连仲，曾经要给伯驹安排在唐山或石家庄担
任市长职务，被他拒绝。但在一九四六年，他加入了中国民主同盟。民盟
是当时进步知识分子的一个政党，北京掀起反迫害、反饥饿的学生运动
时，许多民主文化人士都加入该盟。那次运动反映了当时的民主政治思
潮，知识界人士正渴望着建立一个和平、民主、自由的新中国。张伯驹当
然也会受到这种思潮的影响。

一九四九年北京和平解放，历史进入了一个崭新阶段。张伯驹作为
民盟的成员，解放前夕参加了北京民盟的一些工作，对新中国的成立怀
抱热望，曾从西郊徒步进城，参加和平解放北平的活动。但当年的民盟
面临着种种复杂情况，该盟秘书长张东荪首先出了问题，一九五二年因
其与美国特务交往事，被开除出盟籍，遂退下政治舞台。伯驹的入盟介
绍人正好就是张东荪。张东荪一蹶不振，也成为伯驹前行路上的一个驱
除不掉的阴影。随着政治运动一个接着一个展开，伯驹作为一个传统学
养浓厚的文人，很难完全适应于新的政治形势。某些政治概念与伯驹的
思想情趣不能融会。虽然住在西郊的承泽园中，作画填词，邀词友雅集
联吟，似乎自成乐趣，其实内心并不安然。他一面眷怀着以往的生活方
式，另一面也在努力跟进新的政治，他必须做出新的姿态，他意识到了
这种趋势的促迫。

他为了努力融入新的社会，确实做了积极的行动，其表现有四件事
情可证。

第一件事，与盐业银行、与西安的福豫面粉公司割断关系。

　　抗战胜利后，伯驹去上海参加盐业银行股东会，辞去南京行经理职，任了常务董事。盐业银行实行公私合营之时，他仍是董事。但公私合营后需要重估资产、改造董事会，伯驹意识到自己不宜滞留，遂以没有股票为由，申请退出了董事会。中国的盐业银行自一九一五年由张镇芳创办，张家作为发起者和主要股东，伯驹参与该行活动近四十年，而到一九五三年，完全脱离了关系。

　　西安福豫面粉公司，自一九四九年西安解放后，重新"清估"，重新申请工商业注册登记。一九五一年十一月召开股东会，重新选举董事、监事。张伯驹原任公司的常务董事，但自一九四五年秋离开西安，再没有去过公司，此次召开董事会也不在场。选举时他只得四十七票，得票数不足出席股东的半数，没有当选为董事，又经到会股东通过，任予监事一职。他原来以理事职务，每月发给他三袋面粉作为车马费，改任监事后，车马费也还可以照领的。而他"忽然明白"拿这种车马费"不合理"，遂完全辞去该公司的职务。一九五四年二月十一日，西安市人民政府批准福豫面粉公司实行公私合营，伯驹随即声明把自己名下的股票捐给公家，自此，他与福豫面粉公司亦完全脱离关系。

　　张伯驹在社会主义国有化的潮流中，毅然从两家企业中完全退出，这实际是一种政治行为。退出企业私股，等于割断了与资本主义的瓜葛，也是从政治上表明了完全退出剥削阶级的态度。

　　第二件事，积极处理家庭婚姻问题。

　　鉴于新中国的婚姻法颁布，和当时的社会政治情势，张伯驹当然会认识到解除多妻问题，便是割掉封建主义的残馀，才能成为一个社会主义的人，才便于参加政治和社会的活动。如果还拖着一个封建主义"妾"的牵累，难免被人揶揄，甚至成为政治问题。这是他坚决与王韵缃脱离关系的内在原因。

第三件事,向国家捐献文物。

张伯驹出于对国家文物的珍爱,为了不使外国人抢夺,到手以后自作研究,准备将来献给国家,这固然是他的真实思想,但并不是说一定要提早交出去的。一九五二年将《游春图》献出,应该说有一种政治表态的意思,是他融入新中国的一种积极的表示。时任文化部文物局局长的郑振铎,是一位著名文学家,也是一位古籍收藏家和文物研究专家。郑振铎登门拜访伯驹夫妇,商谈要将《游春图》收归故宫博物院,伯驹夫妇当然理解郑振铎致力于充实国家博物院的意图,欣然表示同意捐赠。

同年,他还通过统战部,将李白《上阳台帖》赠送给毛泽东主席。

文化部给伯驹以三万元奖励款。一九五三年春节时,毛主席派秘书上门给伯驹夫妇拜年,并带来中央办公厅的感谢信。

国家开始了经济建设的第一个五年计划之后,决定发行公债,以筹集建设资金。一九五六年是发行经济建设公债的第三年,周恩来签署的国务院指示说:"胜利地完成一九五六年国家经济建设公债的推销任务,在政治上经济上都具有着重要的意义。"前两年购买公债的数额,以私营工商业户为多,后来对私营工商业改造,实行公私合营后,在公债分配上增加了机关工厂职工的数额,各单位为完成推销任务,以"购买公债是支援社会主义建设的爱国行动"进行宣传教育,"提高群众的政治觉悟和爱国热情",号召大家"为保证提前和超额完成第一个五年计划而踊跃认购"。张伯驹作为文化部的顾问,参加了该部认购公债的动员会议。会后,几位部长和文化界知名人士又在一起座谈,具体落实认购数额,伯驹作了积极表态。

虽然他不惜巨金购买书画,名声在外,而实际此时已经囊中羞涩,多处欠债。为认购公债,除了献出所收藏珍宝,再无办法可想。

经伯驹和潘素商量同意,将八件珍贵的古代书画,送交文化部。其中有晋代《平复帖》卷、唐代《张好好诗》卷，其馀四件为宋代书法，两件为元代书法，都是绝世珍品。

文化部颁发了褒奖状：

> 褒奖状
> 张伯驹　潘素　先生将所藏晋陆机平复帖卷，唐杜牧之张好好诗卷，宋范仲淹道服赞卷，蔡襄自书诗册，黄庭坚草书卷等珍贵法书等，共八件，捐献国家，化私为公，足资楷式，特予褒扬。
> 部长沈雁冰　一九五六年七月

由上捐赠过程，可知其并非完全的文化行为，与认购公债牵缠，便也有了政治的背景。文化部给予的奖励金，用于购买了公债。

第四件事，卖掉承泽园。

张伯驹住在承泽园，那里成为诗客骚人修禊雅集的好去处。但是，随着社会主义改造各项政治工作的开展，这种“旧文人”的活动显然已不适时宜，他们面对咄咄逼人的形势，不得不有所收敛，终于人散社亡，旧体诗词的写作吟唱转于隐蔽，几于消失。伯驹必然会感到他占住那么大一个园苑，也已成了问题。本来古人就说过：“台榭太高，则不安；苑囿太旷，则不周。”眼看要把过去的地主、官僚、资本家的一切东西，都作为革命的对象，伯驹不会没有预感。卖掉承泽园，直接的原因是为离婚给付赡养费的需要，而其内心更深的考虑，不能不与政治形势相关。他想卖掉承泽园，既可以用卖房收入应付急需，换一处较普通的住宅，接近平民，也可以免去嫌忌。

以上四件事，显示着张伯驹身份的转换。

繁华几日，便说到西风消息

一九五四年，张伯驹成为北京市政协委员，得到每月一百二十元的薪酬。这标志着他在政治上融入了社会主义的新中国。

政治上的前进，与思想感情的变化并不是完全同步的。思想感情的变化常常是滞后的，那种熔铸到骨子里的志节操守，那种读书人的德性修养和雅怀逸抱，亦即是一种文化性格，甚至是永远不能改变的。因而，无论他怎样想跟上潮流，结果还是跟不上去的，不久到来的整风和反右运动，他被从潮流中无情地甩了出来。这时，他已经离开承泽园，词客雅集的情趣曾有几日，转眼人去园空。伯驹在离开承泽园之前所填的一首词中写道："繁华几日，便说到西风消息。"读来让人感觉出其中似有双关的情味。

这首词词牌为《瑶华》，副题云："承泽园将易主，时荷花盛开，邀词集同人饮赏。"全词如次：

> 一花一叶，绿意红情，是人间空色。
> 轻房密盖，曾履护、波底鸳鸯双翼。
> 繁华几日，便说到、西风消息。
> 算自来、苦在秋心，识得几许炎热。
>
> 朱门屡换衣冠，剩歌舞楼台，池头凝碧。
> 蓬瀛旧侣，回首处，觅梦又成今昔。
> 何须是主，趁雨夕、续欢顷刻。
> 看此身、天高浮鸥，为问谁人非客。

　　词意并不难解，满篇流溢着对这处园宅的怀恋。巧在以"波底鸳鸯"，比喻夫妇在这里度过的安恬日月。接下来便是感叹繁华短暂，西风到来，往事成梦，不胜其苦。最后说：管他还是不是主人了，就让我们趁这下雨的夜晚，继续欢娱这可贵时刻吧，看来人生都不过是天地间飘飞的鸥鸟，谁不是来世上暂做一次客人呢！这是词人的自我宽慰。李白说："天地者，万物之逆旅也；光阴者，百代之过客也。"杜甫说："飘飘何所似，天地一沙鸥。"伯驹将李杜诗意融化，抒泄了他迁居的感结，也含着他在形势面前无奈的叹息。

　　张伯驹的文化艺术的嗜好，一是倚声填词，二是氍毹戏文，三是书画鉴赏，这些都是浸入到血肉里边的东西，既从年轻的时候进入这种境界，一生再也走脱不出来的。即使这些"旧文化"不为新社会所欢迎，他也无法放弃；而新社会需要的那些东西，譬如学习政治理论、唯物辩证法、阶级斗争之类，这与他的思想感情有着很大的距离。尽管他参加了政协，思想还在旧的语境中，他殷切呼吁保护文物，吁请政府收购流散的国宝，建言重视文化遗产，振兴传统戏曲，这些都是利国利民的善事，无疑也都是社会主义国家应当做好的事情。然而，对于新生的政权来说，这些事情似乎还排不上要紧的日程。高层决策的着力点，在于批判资产阶级思想，批判厚古薄今，改造资产阶级知识分子。尽管张伯驹愿意积极靠近政府，愿意成为社会主义的新人，而他的思想感情仍然格格不入，即使在具体的文化工作上，他要坚持其固有的见识，亦必会与主流抵触，因而在反右斗争中遭到打击，亦并非偶然。

　　在那一代文化人中，像张伯驹那样积极融入新中国的表现，当年甚为普遍。因为在民主革命中开展统一战线，在自由、民主、进步的旗帜下，团结了大批的知识人士。这批知识人士对于当时称之为新民主主义社会的新中国，满怀着热情和期望，他们对于建国初期的方针政策是真诚拥护的。历史的显著的转折发生在一九五七年的夏天。中央先是发动整风运动,号召大鸣大放,人们并未意识到其意图,直至《人民日报》发表《这是为什么?》,一篇社论如雷贯耳,开始了"反击右派分子的猖狂进攻",这对于那些怀抱着自由民主理想的文化人来说,正是"忽然一阵无情棒",是他们完全料想不到的。

即在张伯驹捐献出八件国宝级文物之翌年,他被打成了"反党反社会主义的右派分子"。

关于张伯驹被划右派的事,有几种说法。正式的说法是,伯驹组织的北京京剧基本艺术研究社,倡导保留京剧传统剧目,主张"禁戏"开放,"提倡鬼戏和色情","阻碍革命戏剧的创作"。另一说是康生借去看伯驹收藏的古画,伯驹后来要回,此事结下嫌隙。康生指使文化部干部记录并整理了伯驹的"反党反社会主义言论",因而遭到批判。还有一说,因章伯钧、罗隆基是大右派,伯驹亦属民盟盟员,每与他们交往,曾同去张澜处,同游颐和园,被认为是"章罗联盟"的人。

其实,此事无须考证。当年五十多万右派中,不少人是无缘无故就戴上了帽子的。何况张伯驹那样的思想状况,一定不会是左派。就从他写的那些诗词来看,向右的思想情调显而易见。当年曾经有过划分"香花"与"毒草"的"六条标准",用那个政治标准来衡量,伯驹的词就属于"毒草"之类,大概也够上"反动"二字了。

但是,要说他"反党反社会主义",那真是冤枉。就从上面提到的四件事来说,他是积极向党向社会主义靠拢的。

笔者曾经写过聂绀弩。聂绀弩作为一个文化人,他有独立的政治思考,有一种天生的反叛性格,追求着他理想的自由和民主。他在国民党统治时期,是坚决反对蒋介石独裁统治的。但进入"无产阶级专政下继续革命"的年代,他又强烈地反对一人说了算的非民主制度。张伯驹却是从来不热心于政治的,过去与国民党人士多有交往,一九四九年以后又积极和共产党的领导靠近,不过都是走在政治的边缘上,并不会有旗帜鲜明、阶级界限分明的那种倾向。作为张伯驹这个类型的文化人,总是想保持一种超拔世俗、淡漠功名的姿态,只愿醉心于琴棋书画、词曲艺文,世事可以与己无关。因而,在政治上是一种圆通的态度。

圆通这个词,古汉语中的意思大致是处事中和,通达事理而不板滞。在佛教用语中,圆通则是对法性的悟通。《梁书·处士传》云:"弘景为人,圆通谦谨。"陶弘景是南北朝时期的名士,读书万卷,性好著述,善琴棋,工草隶,他的遗作《瘗鹤铭》被历代书法家视为至宝。张伯驹的圆通,颇有陶弘景的风度。圆通是人生修养的一种境界,与圆滑逢迎、投机取巧者,则不可同日而语。

陈寅恪在《元白诗笺证稿》中写过一段话说:

纵览史乘,凡士大夫阶级之转移升降,往往与道德标准及社会风习之变迁有关。当其新旧变嬗之际,常呈一纷纭纵错之情态,即新道德标准与旧道德标准,新社会风习与旧社会风习,并存杂用,各是其是,而互非其非也。斯诚事实之无可如何者。虽然,值此道德标准、社会风气纷乱变易之时,此转移升降之士大夫阶级之人,有贤不肖、拙巧之分别。而其贤者、拙者常备受苦痛,终于消灭而后已;其不肖者、巧者则多享受欢乐,往往富贵荣显,身泰名遂。何其故也?由于善利用或不善利用此两种以上不同之标准习俗,以应付此环境而已。譬如市肆之中,新旧不同之度量衡并存杂用,则其巧诈不肖之徒,以长大重之度量衡购入,而以短小轻之度量衡售出;其贤者、拙者之所为适与之相反。于是,两者之得失成败,即决定于是矣。

按照陈寅恪的说法，聂绀弩属"贤者拙者"中的极端者，所以最为痛苦；张伯驹虽然圆通，到底还在"贤者拙者"之列，所以也备受痛苦。按照儒家传统的价值标准，"贤者拙者"属于"狂狷"人士，狂者豪放进取，不拘一格；狷者清高自守，有所不为。如果说聂绀弩是狂士，张伯驹便是狷士。"巧诈不肖之徒"便是孔子最痛恨的"乡愿"。

观当下形势，属于"贤者拙者"的文化人，或者说是狂狷之士，已经愈来愈少了。市场经济几乎要把人都变成"巧诈不肖之徒"，知识界和政界一样，大都成了"乡愿"，如此下去，到了陈寅恪所说的"新旧变嬗之际"，到了"新旧不同之度量衡并存杂用"的时候，大家一起来伪诈，那种局面实在是极其可悲了。

话题还回到张伯驹卖房一事上。

承泽园卖给了北京大学。

张伯驹住在承泽园时，与燕京大学相邻，被聘为该校语文系中国艺术史名誉导师，在该校语文系楼上举办了一次展览，展出了所收藏的古代书画珍品。一九五二年院校合并，燕京大学并入北大，北大从沙滩迁到西郊，这时需要扩大燕京大学旧址，翌年即购买了承泽园。

据张伯驹当时手记，卖房得款情况（旧币）如下：

> 房售价约一千八百疋，合人民币五亿零四百元
>
> 还债一亿零七百五十万，利息在外
>
> 退还贸易专修科修理费一千五百三十五万七千六百元
>
> 退还贸易科造洗澡房六间，估计二千万左右
>
> 退还贸易专修科三年半房租二千六百万元
>
> 售房税
>
> 房客迁移费一千五百万

　　除以上开出,下馀三亿元

　　"洪宪太子"袁克定,自袁世凯死后,隐居京津。伯驹住进承泽园后,园中有一小楼,楼下让与克定居住。克定孤身无依,晚年生活依赖于伯驹。伯驹曾说:"克定本无雄才大略,洪宪时以太子自居,见人对其行跪拜礼则喜。"因此他对克定并无好感。但念及两家世谊,对克定颇多照顾。伯驹夫妇离开承泽园,曾暂时移居海淀的一处园墅,仍与克定住一个院子。时近中秋,院内有盆桂数株,馥郁袭人,克定却让把桂花移置另处,说他闻不惯桂花香气。伯驹作诗云:

　　　　新移园墅小轩堂,明月中秋照夜凉。
　　　　怪底多为遗臭事,生来不爱桂花香。

　　此诗讥笑袁克定当年极力运作袁世凯称帝,甚至伪造《顺天时报》言日本如何赞成帝制,迷惑其父,是为"遗臭事"。然"新移园墅小轩堂",也可视为伯驹在海淀小住的纪事诗。

　　一九五五年,张伯驹从西苑搬进了城内,住到后海南沿二十六号。

　　据周汝昌所写《什刹海边忆故交》一文回忆:"这处湖畔新居,地方不大。进门以后,一路通往东边别院,我以前从未步入过。通常我走的是往南、再往东进入一个窄窄的小院子的另一条路。循南院墙,是一道小巧的游廊,廊东端就是翠竹、牡丹、紫藤、海棠,还有一大理石细雕石座。面对游廊的这一排房屋,就是客厅、居室了。这与承泽园比起来,那是太狭小了,不过还是北京雅居的风味——这么一点点仅存的风味,文革之后我再去时,已是荡然无复痕迹了,那么小的一个院子,竟然也成了'大'杂院。张先生被挤到尽东头的一二间屋里,原有的好一些家具(书

案、琴桌、书架……)也一无所有了,不禁令人黯然伤怀。"汝昌先生为之感切,有诗云:

后湖莲藕已无香,新住词人最数张。
却忆郊西承泽苑,展春盟社久沧桑。

十二　离题的插话

插话其一：张伯驹忆谈金编钟

张伯驹在关于盐业银行的回忆中，曾讲到银行受押皇宫珍宝一事，姑且在这里补充插叙一段。

《春游纪梦·北方四银行》一文写道：

> 北京盐业银行岳乾斋，受押清室珍宝四十万元。押品有贵重瓷器、玉器，后妃金玺册封及镶宝石珍珠金塔、十二律吕金钟（钟二十四个，重一万数百两），并明清大小银元宝等。时溥仪已出宫，押款过期，按章可转期，或双方协议押品多值，银行可退一部分，或增加借款结束。而岳乾斋即以到期不还款没收押品，将后妃金印、金册、金塔尽行熔化，按金价售出。贵重瓷器，岳、吴（鼎昌）捡精品，廉价自留数件外，一部售出，已足充抵欠款本息之数，净馀玉器两三箱，及十二律吕金钟二十四

个,为账外浮存。

这段话中所引出的"金编钟"佚事,是故宫文物大量流失中的一个具体事件。追溯根源,大概要从清帝逊位说起。

辛亥革命后,清宣统三年十二月廿五日,即一九一二年二月十二日,隆裕皇太后率年幼的溥仪,在养心殿发布清室退位诏书,清王朝宣告结束。根据中华民国签署的《关于大清皇帝辞位后优待之条件》,逊帝溥仪及其后妃仍然居住于紫禁城,直至一九二五年被冯玉祥驱逐出宫,十三年时间内,故宫文物珍宝仍然掌管在清皇室手中。

优待清皇室的理由,是"因大清皇帝赞成共和国体"。而实际情况则是革命党人妥协的结果。袁世凯凭借手中的军武实力和外国人的支持,一面胁迫清廷退位,一面表示对清廷优厚,而提出种种条件与南京革命政府讨价还价。鉴于历史实际情况,对清王室做出某些优待,这也无可厚非。由状元张謇执笔的大清逊位诏书中,"近慰海内厌乱望治之心,远协古圣天下为公之大义","总期人民安堵,海内乂安,仍合汉满蒙回藏五族,完全领土,为一大中华民国","退处宽闲,优游岁月,长受国民之优待,亲见郅治之告成"诸语,当时或可为国人理解。然所规定八条,苟简粗略,问题甚多。

如"优待皇室八条"之第三款:"大清皇帝辞位之后,暂居宫禁,日后移居颐和园,侍卫人等照常留用。"此处所说的"暂住宫禁",没有时间限制,致使溥仪"小朝廷"十几年设在故宫养心殿,始终没有过迁往颐和园的动议。中华民国只是将太和、中和、保和三大殿收归政府,此外,不仅故宫大部及其中所有物品全由清室执掌,以至颐和园、圆明园、玉泉山等处皇家宫苑,民国亦未收回。

溥仪的洋教师庄士敦,曾经一再提议和敦促溥仪"小朝廷"退居颐和园,但遭到宫廷官员和皇帝身边一群仆从的反对。那一大帮宫廷贵族和太监,过着奢侈腐败、贪得无厌的寄生虫生活。尤其是充任宫廷总管的内务府,庄士敦形容之为"吮吸王朝血液的吸血鬼","这帮人都是从无穷无尽的财富的日子里, 继承来的那种巨大揩油制度中的既得利益者"。当然他们一刻也不肯离开那个赖以寄生、吸血、揩油的紫禁城。而他们反对迁出的一个最有力的论据, 则是要守护故宫的大批古物和珍贵艺术品。大批文物往颐和园搬迁是不可能的,若留在故宫,意味着这些珍宝将被民国政府没收。这个理由,成为吸血鬼们不愿意出宫的挡箭牌。

"优待皇室八条"的第七款曰:"大清皇帝辞位后,其原有之私产,由中华民国特别保护。"那么, 皇宫之内,何为私产,何为公产,如何界定,谁来清查,中华民国政府没有采取任何举措。溥仪和宫廷臣僚们把国家的历朝历代的珍贵文物,完全当做他们的私产,擅自处置,径行盗窃,而民国政府竟然不闻不问。这其中原因或许很多, 而一个显而易见的原因,则是说明国人历来不重视民族文化和历史文物的伟大意义。上自皇族贵胄和高官大吏,下至文物商贩和盗墓贼类,只知道贪图金钱、谋取私利,民族文化的自尊意识极度淡漠,这是致使大量国宝流失和落入外国人手中的根本原因。

据庄士敦《我在溥仪身边十三年》回忆,一九二三年六月二十七日一场大火,烧毁了故宫西北隅的第二大花园——建福宫花园,烧毁贵重物品达六千六百四十三件之多。而引起大火的原因,则是溥仪发现古物丢失问题严重,决定对储藏古物的库房和宫殿进行检查,太监惧怕他们的渎职行为被发现,因而纵火灭迹、制造混乱。这一火灾事件,促使溥仪采取果断措施,于十八天后将一千名太监驱逐出宫。

火烧建福宫事件,足以说明溥仪"小朝廷"是如何地污浊混乱。王朝败落,人心涣离,大贪小盗,势已不可收拾。溥仪赶走了太监,是治理内部蠹蚀的一大举措,但他自己擅自质押出卖古物,及至以"赏赐"名义盗宝出宫,行为亦极恶劣。

"优待皇室八条"称:"以前宫内所用各项执事人员可照常留用,惟以后不得再招阉人。"这一条的前半款并不合理,既然"大朝廷"变成了"小朝廷",宫中所用各项执事人员就可以大大缩减,不应当"照常留用",以至造成人员庞杂,开支耗费。这一条后半款的约定是很必要的,却遭到内务府和隆裕太后的强烈反对,实际上未能实行,到一九二三年紫禁城内还有一千多名太监阉人。而且,溥仪仍然享有皇帝的一切尊荣,其奢侈豪华,挥霍无度的状况,也可想而知。他爱好骑马、玩狗、养鹿,御花园中开辟鹿苑狗场,养名狗百馀条,狗食费也是一笔可观的开支。一九二二年溥仪大婚,礼仪极其铺张,花销银元二十九万馀元。

"小朝廷"入不敷出,除了动用宫中文物珍宝,大概已别无他路。先是用古物作抵押,向汇丰银行借款四十万元,后来由汇丰转到北京盐业银行,溥仪大婚时又抵押一批古物,增加借款二十万元。抵押借款期限本来是一年,清廷无力还款赎物,本利滚到一百数十万元,最后盐业银行决定将全部抵押物没收。

当时盐业银行董事长是吴鼎昌,北京行长是岳乾斋。他们决定没收清廷的抵押物,当然是看到了这批古物的含金量,大有趁火打劫之意。张伯驹一九六六年六月回顾盐业银行历史时,对这批清廷抵押古物的处理下落,有过翔实的叙述:

> 这批古物的详细账目,岳乾斋一直不向吴鼎昌公开,两人因而发生了很大矛盾。后来吴鼎昌要求我以监察人身份,向董事会提出。经过这一质问,岳才把账簿详细项目交出,得知押

款已连转几期,这时又已到期。经研究决定,到期如再不归还借款,就将押品处理。为此事,清室太傅陈宝琛曾来找我,陈说这批押款物品是历史文物,不能以一般物品对待,应当妥为保存,不能以不还款为理由即行处理。陈的话虽然说得冠冕堂皇,但其企图仍然是希望盐业银行再给十几万元了事。我把陈的话转达给岳乾斋,岳与吴商量,均不同意,终于没收了押品。

押品古物没收后的处理方法,先由岳乾斋和吴鼎昌把其中最精品的玉器、瓷器,作价收购,但价格极低,他们两人首先瓜分了一部分。例如有一次,岳乾斋本人要买一部分精品瓷器,只拿出三万元,仓库保管主任邢沛农向副经理王绍贤说:"岳经理已经看好那些瓷器。"意思是要王点头,就可运往岳家。王说:"那么便宜,三万元我还要买呢!"这话传入岳的耳朵,岳把一个行员叫来问:"王副经理账上还欠多少钱?"行员说:"现欠五万元。"岳就下条子,由行拨付王账上三万元,减少王的透支。这样王与岳会心一笑,这批古瓷就落到岳的手里。

玉器的件数不详,但都是乾隆时期的成品,我曾经看见过,如玉碗、玉盘、玉盏、玉杯等类物品,质地极细极薄,刻工极为精致,每件价值都在几千元以上。在处理这些贵重东西时,都卖与洋人了。瓷器约计二千二百多件,其中包括康熙、乾隆、嘉庆三朝物品。金器中有金塔一对,每个重五百两,大约有小半人高,全塔共计七层,每个塔角和门上都镶嵌珠宝钻石,灿烂夺目。金塔后来熔化。另外有金印五颗,以顺治的母亲吉特氏的一颗为最大,次为慈禧、隆裕两颗;还有两颗金印,是咸丰皇帝生前托孤顾命大臣载垣、端华的。肃顺(端华的胞弟)于咸丰死后被慈禧赐死,缴回大内,因为载垣、端华是世袭亲王,他们的印信,清例赐死后都应缴还。

属于金器中的有金册封二十二页。这些册页包括:慈禧册封为贵妃时金册封四页;因生了皇太子载淳(同治)又册封为皇后,金册封增加到十二页;隆裕皇后因无所生,故金册封只有六页。这三种金册封,均是金丝编织嵌字的册页,大约长一尺五寸,宽七八寸,由岳乾斋命盐业北京行营业员张耀亭,卖与廊房头条几家金店,拆散熔化。

处理变卖古物所得的款项,把清室押款的本利全部还清后,尚存大批玉、瓷器。其中精品逐渐抽出,不知去向,惟独金钟尚存。这种金钟就是编钟,是仿照中国古代音乐的黄钟大吕。黄钟有十二个音律,大吕音律又增加四倍,为了调节音韵,各个钟内都含有不同程度的铜质,可以变音。黄钟十二个,每个计重八百多两。大吕四个,每个计重六百多两。合计毛重一万二千多两,折合纯金大约四千多两。这种金钟和前面所说的金塔,都是一七九零年(乾隆五十五年)清高宗弘历八十岁寿辰时,由各省总督巡抚聚敛集资铸造的万寿节的贡品。这些古物和玉器瓷器馀品,就成为盐业银行的账外财产。

一九二七年岳乾斋派总管理处副科长李肃然出国,顺便卖一批古物。一道出国的有金城银行总处稽核吴延青,和曾任交通部司长的刘景山。携带的古物,计有:康熙官窑出品豇豆红瓶八个,冬青瓶两个,蓝色笔洗四个,共计十四件。未出国前,据北京古董行专家估价,只冬青瓶一对,当时国内即估值二十万元,豇豆红瓶每个价格在一万元以上,如果运到美国,一万元的东西,可卖三万元美金,这么总算起来,这批古物的价值是相当大的。李肃然到纽约后,因美国古董商故意勒价,一时未能脱手,便用"兴记公司"名义(是在国内拟好的户头)寄存在美国花旗银行保险箱里,每年由北京行出保险费美金七百元。但是寄存的保险凭证,始终没有寄交北京行。两年后李肃然回国,欺骗岳乾斋不懂洋文,把保险费收据作为寄存凭证,长期蒙住了岳乾斋。到一九三二年日本军侵略上海,发生"一二八"大轰炸,吴延青被炸死,李就推说存单收据在吴手里,这样瞒天过海,就死无对证了,始终没有交出。

张伯驹曾经多年担任盐业银行总稽核,所以对内情知之甚详。以上所述,无疑均为信史。但我们注意到,前后文所说的金编钟数量出现矛盾,前文说是二十四个,后文说是十六个(黄钟十二、大吕四)。前文《北方四银行》是伯驹手写作品,出自他编著的《春游琐谈》一书,后文是他的口述,见于《天津文史资料》第十三期,为胡君素整理。看来对于金编钟数量这个细节上,有知之不确或记述有误的问题。

溥仪动用库存国宝抵押贷款事,邵飘萍主笔的《京报》于一九二五年二月间予以揭露。盐业银行副经理王绍贤串通清廷内务府载涛,由载涛出一证明,伪称已将古物赎回,以蒙骗舆论。抗日战争爆发,吴鼎昌随南京政府退走重庆,出任贵州省长,盐业银行总部由王绍贤管理,曾请示吴鼎昌如何处理金编钟事,吴电报指示一个"毁"字。但要熔化全部金编钟,目标昭著,很难掩人耳目,未敢轻动,一直隐藏在银行的密库中。直到抗战之后,内战再起,南京政府濒临崩溃时,吴鼎昌仍主张将金编钟熔化,王绍贤仍没有敢于按吴的旨意实施。

据政法机关老人回忆,一九五一年增产节约运动中,盐业银行暗藏私卖国宝案被揭发出来。北京市增产节约委员会进住岳乾斋在西堂子胡同的住宅检查,发现重要线索,查到一份"岳家子女分家单",经连夜搜查,除岳家在国外的子女外,查获封存四千馀件珍宝,还发现一张金编钟照片。三反五反运动中,金编钟案移交北京市增产节约委员会处理,一九五三年由法院立案审判,金编钟归还故宫博物院。此案中还发现盐业银行业务科长(应是李肃然),自美国芝加哥寄给岳乾斋的信,信中说到金编钟的销路,可知他们曾经密谋将金编钟卖到美国。

现存于故宫的金编钟是十六个,而据清宫档案记载,乾隆所铸大金钟四口、小金钟十六口,总数为二十口,每口大金钟重量在五百馀斤到八百斤之间,几相当于小钟的十倍,咸丰时应付镇压太平天国的军用耗资,熔化三口大钟,仍剩馀大钟一、小钟十六。由此推定,至今仍有一大钟不知去向,盐业银行是否隐匿或销毁一口大钟,尚有一疑。

所谓文物,只有在文化人的眼里,它才是文物;在商人的眼里,一切只是金钱。吴鼎昌虽然曾经是晚清的秀才,但他自从到日本东京进了商业学校,便接受了资本主义的商品经济理念,中国传统文化在他身上竟似乎荡然无存。从日本回国后,曾在中日合办的本溪铁矿任总办,随后即跻身金融业,把持盐业银行二十馀载,直至一九四九年出走香港。其一生主要与商事、与金钱打交道,一副经济头脑,善于投机,完全没有爱惜国家文物的意识。金编钟几乎在他手上销毁,因为在他的眼里金钟只是黄金,等同于货币而已。

我国的馆藏文物,当然以故宫博物院藏品最富而品级最高。近代以来,外国列强的掠夺和国人的盗卖,故宫珍宝的遗失已不计其数。世界各地二百馀家博物馆中,存有中国流散出去的珍贵文物。中国自身的故宫博物院,也因战争而割裂为两处。用一句古人的话,叹曰:"天下之宝,固当与天下共之;但分析之日,不能不怅恨尔!"

馆藏之外,文物尚有两处:一在地面,即是遍布国中的古建筑;一在地下,即是古墓葬和古文化遗址。古墓葬的保护尤其之难,盗墓贼历来有之,当代更为猖獗了。近年间被盗掘的墓葬古物,据说有地下走私途径,源源不断流往海外。

地面上的文物,被列为国家和地方政府文物保护单位的古建筑,虽然得到专门的维护,却因旅游业火爆,经济利益与文物保护亦形成难解的矛盾。游人与日俱增,古物不堪重负。除此而外,还有很多的古城、古街、古镇、古村落,不可能都一一列为文物保护单位,而我们的传统文化无处不在。近年来的旧城改造、房地产开发、乡村城镇化的过程,无时无刻不在破坏和埋葬着数千年来积蓄的文化遗产。凡去欧洲旅行归来,都会不禁感叹:人家走向现代化了,人家的城市个性、文化面目并没有改变,而我们这里为何非要改头换面,搞成千城一面、万村一色,愈来愈不像我们自己的家园了呢?

话说回来,当年被清宫抵押于盐业银行的文物,实际控制在吴鼎昌、岳乾斋这种人手里,即使有爱国报人邵飘萍敢于揭露,舆论的作用亦甚微小。可知当年国家文物处于失控状态。我们知道张伯驹尤其关注古代书画,而对于金、玉、瓷器,看来他也无能为力。但他毕竟深爱着祖国文化,不愧是一个厚貌深情的有心人,所以能把国家文物被抵押、私吞、销毁、倒卖出境的详细情节记述下来。

张伯驹对于吴鼎昌等人侵吞文物的恶行,无不在字里行间表示着忿忿之气。我们现在读着他的忆述文字,不禁会联想到当下文物管理又已失控的现实情形。一旦全社会都围绕着金钱旋转的时候,文物便会成为人们发财致富的猎物。先是盗墓成风,地下珍宝不断被文物贩子劫掠。然后是开发商拆旧城、拆旧街、拆旧镇、拆旧村,地面上的文物也被大肆地毁灭着。许多人对"发展"的理解,就是赚钱,拼命地赚钱。时下的观念中,富强当然不能靠文化,必须靠金钱,哪怕把任何宝物宝藏卖掉,把资源土地卖掉,只要能加快积累金钱的速度,有钱就有了一切,有钱就财大气粗,有钱就不怕挨打,这似乎便是当今许多人的"硬道理"。因此之故,文物必然要遭殃了。仍然在为保护文物而呼吁的,似乎仍然是邵飘萍那样的文化人,声音也似乎仍然是微小的。

历史遗存物中,记录了历代先祖的生活和伟大创造,凝聚了前贤的智慧和他们的卓越思想,闪烁着我们民族繁衍不息的生命光华。我们今天只能依赖种种文物与古人交流对话,与先人灵魂相牵,从而感受历史的光荣和民族的豪迈,从而省悟社稷精神的寄托和文化光大的意义。历史文物不可再生,每损坏一件文物,等于在我们与前人承接的纽带上抽掉了一缕系线,如果逐渐把系线抽去,终致纽带断去,我们便不知祖宗何在,民族也便不复存在。文化的消灭,更胜于领土的沦亡,这道理是我们不可不省觉的。

插话其二:珍护国宝,可歌可泣

在末代皇帝溥仪手上的国家文物的损失,除了上文所述的一批珍宝作了银行贷款的抵押物之外,更为严重的是他以赏赐为名,将大量的古籍、字画等珍稀文物盗窃出宫。

溥仪向洋教师庄士敦学习英文的同时,经常关注国外的情况,不甘于其"小朝廷"处境,梦想复辟大清王朝,并萌生了出国的念头。他为了准备出国的用度,就在宫中文物上打主意。以赏赐给溥杰的方式盗宝,这大概是他思谋已久的一条妙计。因为比他小一岁的弟弟溥杰,住在宫外的家里,每天进宫陪伴读书,有机会把宫中的东西带出去。

在《我的前半生》一书中,溥仪写道:"我们行动的第一步是筹备经费,方法是把宫里最值钱的字画和古籍,以我赏赐溥杰为名,运出宫外,存到天津英租界的房子里去。溥杰每天下学回家,必带走一个大包袱。

这样的盗运活动,几乎一天不断地干了半年多时间。运出的字画、古籍,都是出类拔萃、精中取精的珍品。因为那时正值内务府大臣和师傅们清点字画,我就从他们选出的最上品中挑最好的拿。"

溥杰在他的《自传》中也有这样的回忆:"我每天上午进宫伴读,下午回家就带走一包东西,名义是皇上赏给我的。字画、古籍,什么珍奇的都有……这样的情况持续了一年多,一共拿出书画精品二千多件。"

到溥仪被驱逐出宫后,办理清室善后委员会在一九二五年三月查点古物时,发现了《赏溥杰单》和溥杰写的《收到书画目录》。根据"赏赐单"和"收到单"记录,他们的盗窃活动从一九二二年七月至十二月,共盗出字画珍宝一千二百八十五件,宋元古籍二百一十部。善后委员会将这一发现公诸报刊,但此时的溥仪已经到了天津,寄身于日本帝国主义的羽翼之下。

一九三二年溥仪依赖日本关东军的扶植,在长春就职伪满洲国皇帝。他把从故宫盗窃的国宝,除已倒卖或存放在天津保险柜中的小件器物之外,古代书画和典籍大都运到了长春,置放于伪皇宫的藏书楼(小白楼)。一九四五年八月苏联对日宣战,溥仪听命于日本人,匆促逃离长春,在沈阳机场被苏军俘虏。其随身所携带珠宝和字画手卷,多在逃窜中散失。而留在小白楼的贵重字画,又遭到大兵们哄抢,损失惨重。这些流失的历代名贵字画,在随后的战乱岁月中,许多被文物贩子卖到了外国人手中。

一些散佚海外的古物和字画,近年间在拍卖市场上陆续露出水面。拍卖场中热浪滚滚,不断爆出天价,颇有一种怪异现象,一些暴富者把竞拍文物当做了洗钱和投机的手段。面对犯罪分子盗贩文物,和投机豪商炒作文物的种种现状,不禁引起我们对于往昔的追忆,想到国家文物在内忧外患的年代里所遭遇的劫难,从而对那些在文物守护和研究中,作出奉献的文化人士,更加怀念和景慕。

金编钟经过了战争年代的流转,终于又回到故宫,此事现在被演绎成了各种故事,故事情节中当然增添了许多的虚构。而大盂鼎、大克鼎的故事,却完全是一个真实而感人的事迹。

大盂鼎,是西周初期的青铜器,高约一米,重三百零七市斤,清道光间出土于陕西岐山礼村,铭文多达十九行、二百九十一字,器型伟岸,雕镌高古,现藏中国历史博物馆。大克鼎,是西周晚期的青铜器,清光绪年间出土于陕西扶风任家村,铭文二百九十字,字迹精秀,纹饰朴茂,现藏于上海博物馆。这两件国宝重器,都是清代同光朝的名臣潘祖荫所收藏。潘祖荫是江苏吴县人,同治进士,官至工部尚书,幼年好学,涉猎百家,酷爱收藏,积储金石古物甚多。大盂鼎是左宗棠任陕甘总督时,从民间购得,赠送给潘祖荫的。大克鼎是天津柯某购于陕西,后转手以重金卖到了潘祖荫手中。

潘祖荫得到大克鼎不久,即于当年年末逝世,其夫人也随后病亡,后事的料理落到了他弟弟潘祖年的肩上。潘祖年到了北京,发现所收藏物品已有失盗现象,他将两件大鼎并其他文物书籍等,先送到运河渡口,然后装船运抵苏州。经过一番辗转,文物运回苏州已属不易,潘祖年遂定下了“谨守护持,绝不示人”的收藏家规。

潘祖荫没有生育儿女,曾将其弟祖年的两个儿子先后过继于他,两个儿子却先后夭折,遂又将祖年的惟一的孙儿过继到潘祖荫名下,结果这个孙辈也寿命不长,结婚三个月早夭而去。接着潘祖年也去世了,留下了一个寡孙媳,这就是潘达于。潘达于本姓丁,因潘家无嗣,她改姓为潘,收养了一个孩子,以按风俗传延潘家香火。潘祖年去世时,潘达于方二十岁,她从此担起了潘家的全副家业,守护潘家收藏也就成为她的终身职责。

潘家三代男子相继早逝,民间传言说这是因为出土的青铜大鼎,阴气太重,家庭中阳气不足以抵冲之故,此说当然不足为凭,而最后由潘达于担起重任,却充分显示了这位女主人的气度和坚韧不屈的意志。在苏州沦陷于日本人铁蹄下的那几年,潘达于冒着危险,费尽心思,保护一批家藏文物,安然躲过了敌人的轰炸和劫掳。她在室内挖了地洞,请家族中可靠的长工木匠帮忙,把两个大鼎用木料箱子钉好,放到地洞下,上面仍用原地板的方砖掩盖好, 直到抗战结束后挖出时, 木箱已经腐烂,而大鼎完好无损。一九五一年,潘达于将在她手上即已守护了近三十年的两个大鼎,和其他青铜器物及字画古籍等,一起捐献给国家博物馆,完成了她的心愿。

文化部的褒奖状写道:"潘达于先生家藏周代盂鼎、克鼎,为祖国历史名器,六十年来迭经兵火,保存无恙,今举以捐献政府,公诸人民,其爱护民族文化遗产及发扬新爱国主义之精神,至堪嘉尚,特予褒扬,此状。部长沈雁冰。"

二零零四年潘达于百岁寿辰时,国家文物局和博物馆举办"人寿鼎盛——百年寿星潘达于捐赠大盂鼎大克鼎回顾特展"。百岁老人潘达于喜笑盈盈来到展厅,绕着两鼎边转边说:"她们两姐妹又团聚了,我是来看女儿的。"两鼎大概也在说:"两女儿是特来为老人祝寿的。"

这是文博界人所共知的故事。有趣的是,在收藏佳话中还必须提到的两个人物,都与潘达于关系亲密。一个是丁燮柔,潘达于的姐姐;一个是吴湖帆。吴湖帆的夫人潘静淑,是潘祖年的女儿,也就是潘达于的姑母。

丁燮柔也嫁到了潘氏家族中,她手上同样富于收藏。潘达于掩埋两鼎的时候,就有她这个姐姐的丈夫在场帮忙,并为其严守秘密。后来这两姐妹向博物馆捐赠藏品的时候,似乎也是共同商量、一致行动的。丁爕柔先后向上海、南京和北京博物馆,分别捐赠青铜器和古代书画,其中也有许多稀世珍品,如她一九五九年捐赠的赵孟頫《人骑图》卷,已上调故宫博物院收藏。

世人都知道吴湖帆是现代山水画大家,其画风秀丽丰腴,清隽雅逸,同时也知道他雅好填词,著有《佞宋词痕》;其实,在古字画的鉴赏和收藏方面,才更加显示了他的丰赡学养和卓异才华。吴湖帆出身于诗书世家,也是收藏世家,浸淫传统文化极深。他的祖父吴大澂任过广东、湖南巡抚,因甲午之战中自请率军抗敌,兵败而被革职,后主讲龙门书院,精于金石,收藏颇富,而且擅长诗文、书画、篆刻,编撰了《说文古籀补》、《古玉图考》等古文字学和研究考古的著作。吴湖帆继承了先人遗风,或有"青出于蓝而胜于蓝"之处。

吴湖帆室名为"梅景书屋",藏有千馀件金石书画。可贵之处是他对每件藏品深入研究,多有独到见解,夫人潘静淑曾和他共同对所藏书画做过校订序录。这些珍藏书画,有许多都收归了上海博物馆,一些古书画经吴湖帆题跋钤印而愈为增色。

张伯驹和吴湖帆在书画、填词、收藏方面,有较多共同的地方,都属于文化人、学者型的收藏家。张伯驹的令人感慕之处,是他使清末流失的一批最珍贵的书画回到了故宫。

溥仪盗运出宫的国宝,不幸在长春风流云散,一些外国博物馆和收藏家乘人之危,下手抢购。一九四九年之后,通过国家拨款收购和各界收藏家捐赠,一批散失在社会上的古籍文献和珍贵文物陆续回归。故宫博物院在短短几年中,新入藏文物就达到万件以上,各地的博物馆也日益丰盈。

国家有幸将散佚文物收回,一个原因是新中国建立之初,各项事业欣欣向荣,社会一度呈现出民主、安定、向上的气氛,博得了收藏家对政府的信任和拥戴。另一原因，当时政府中尚有一批有识见的文化人士，完全不同于现在的热衷于政绩和形象工程的官员。那些有识之士，深知文物的非凡意义，他们以极大的热情、忘我的工作，积极宣传动员，努力争取资金，千方百计为博物馆收罗珍宝，郑振铎就是其中一个杰出代表。

郑振铎早年与茅盾发起文学研究会，在文学事业上成就斐然，同时又精涉文物古籍研究，著有《插图本中国文学史》、《中国通俗文学史》、《近百年古城古墓发掘史》、《域外所藏中国古画集》等著作，向国家图书馆和博物院捐赠图书古籍十馀万册，唐三彩等古陶俑五百馀件。

日本侵华时期，许多著名藏书楼毁于战火，藏书人家有的弃书逃难，有的仓促将图书变卖换钱，致使一批古籍流往国外。郑振铎为此忧心如焚，全身心投入了古籍抢救行动，除了自己不惜代价购买珍本善本之外，他联合几位文献专家，组织了"文献保存同志会"，联名请求教育部拨付经费，有组织、有分工、有计划地开展民族文献抢救工作，数年内购得三万馀册珍贵古籍。

一九四九年茅盾出任中央文化部长后，邀请郑振铎主持文物局工作。郑振铎起初推辞说他不适合做官，愿意从事写作和教书，之后周恩来总理找他谈心，以"为国分忧"一语恳托，郑振铎乃同意出任文物局局长一职。他在任那几年中，正是文博事业起衰补弊的时候，他抓住时机搜寻和征集散落民间的国宝，为此殚精竭虑，而且还要忍受极左方面的所谓"厚古薄今"的指责。为了海外寻宝，他请示周恩来总理批准，在香港成立了"秘密收购小组"，卓有成效地进行了国宝抢救工作。

郑振铎在一次座谈会上的一席坦诚发言，感动了古籍收藏家潘世兹。潘致函与郑，表示愿将他存在香港的古籍全部捐献出来。潘家在上海的著名藏书楼"宝礼堂"，收藏宋元版珍籍一百一十一部、一千零八十八册,于战争年代运往香港,交汇丰银行保管。其时美国、日本都欲以高价购买这批古籍,潘世兹不为金钱所动,决意捐赠,经"秘密收购小组"运作,从香港成功运回大陆。

艺术大师张大千,曾多年珍藏我国五代时期的绘画极品《韩熙载夜宴图》《潇湘图》和《武夷山放棹图》,以及其他古代名画、敦煌卷子等,在他一九五一年从香港移居南美洲时,都没有带往国外,决然割爱,只以两万美元"出卖",使这些国宝回到了祖国大陆。这既是大千先生的爱国情操使然,也是"秘密收购小组"工作的结果,郑振铎亲自指挥徐伯郊在香港"购买"了大千所遗宝物,纳归故宫博物院。

我国现存历代传世的法帖,以王羲之《快雪帖》、王献之《中秋帖》、王珣《伯远帖》最为名贵,故称为"三稀",清乾隆帝在养心殿西室珍藏历代法书真迹,命名此室为三希堂。《快雪帖》曾被溥仪出宫时挟带,经守军搜出,扣留在故宫。一九三三年故宫文物南迁时,此帖随迁在内,几经辗转,现藏于台北故宫博物院。另外《中秋》和《伯远》二帖,却被瑾太妃携出宫外,大概是守兵疏忽,或是对太妃不便搜检,后来携到天津,被溥仪卖掉,这就引起了一番曲折的故事。

《中秋》《伯远》"二希"到了郭世五手中。郭世五何人?原是古玩商出身,曾经奉袁世凯命,在景德镇监造洪宪瓷器,收藏名瓷尤多。张伯驹得悉后,意欲从郭世五手中购买"二希",经人从中说合,曾将"二希"与李白的《上阳台帖》等一同拿到手,后来却因凑不足价款,无奈将"二希"退还郭世五。但伯驹一直对"二希"放心不下,担心流失国外。抗战胜利后,伯驹从西安返回北平,此时郭世五已死,经了解"二希"还在郭家后人郭昭俊手上。正当伯驹要重新提起收购"二希"的时候,南京政府行政院长宋子文到了北平,郭昭俊竟将两帖送予宋子文。郑重所写《张伯驹:文人收藏家》曾述及此事:

由朱启钤(洪宪时任内阁总务长)介绍,郭昭俊得入宋子文门。出人意料的是,郭昭俊将藏瓷捐于故宫博物院,由行政院给予奖金十万元,故宫博物院设专室陈列,悬挂郭世五遗像,并派郭昭俊为中央银行北京分行襄理。其原因是:《中秋》、《伯远》二帖由郭昭俊献给了宋子文。

一年之后,张伯驹的朋友主编上海《新民晚报·造型》的副刊,来函约稿,伯驹写了一篇《故宫散佚书画见闻记》,在文中揭露二帖经过。上海文物界人士甚为重视此事,传说纷纭。蒋介石知道此事后,对宋美龄说:此事闹得满城风雨,告诉子文不要因小失大。宋子文也害怕有侵吞文物之罪名,复将二帖退给郭昭俊。其后,上海《新民晚报·艺坛通讯》又载文云:"希世珍品王珣《伯远帖》、王献之《中秋帖》,前由袁世凯差官郭世五之儿献与宋子文。据悉宋子文不敢收已还郭。郭子仍待价而沽,国宝之下落如此!解放军围城北京之前,郭昭俊已逃往上海,今由郭昭俊从中南银行取出,携至台北,将求善价。此种国宝竟容私人如此挟逃,又竟无人管,怪极!"

张伯驹的关注和舆论的警动,无疑是对国家收回两帖的有力的敦促。郭昭俊携宝到了台湾,却未能出手,当时台湾正处在时局不稳、经济萧条之中,他只好返至香港,"秘密收购小组"抓住时机与之接触,将"二希"购得,送回了北京故宫。

以上都是新中国建立初期,热忱于文物事业的人士和爱国收藏家的典型事例。而在此之前,抗战胜利后的"清理战时文物损失"工作的贡献,也是我们不能忘记的。其时成立有马衡、梁思成等专家参加的"清理战时文物损失委员会",王世襄曾经是该委员会的平津区办公处的助理代表。在《回忆抗战胜利后平津地区文物清理工作》一文中,王世襄写到"没收德人杨宁史青铜器二百四十件"、"收购郭觯斋藏瓷",以及"接受溥仪存在天津张园保险柜中的一批文物"。"杨铜"、"郭瓷"中精品甚多,故宫博物院曾经设过专门陈列室。接受溥仪存在张园的文物达一千几百件之多,包括商代鹰攫人头玉佩等无价国宝。

王世襄有功于那次追缴文物,却曾经被一度埋没,他在三反和反右两大运动中均受打击。可贵的是他矢志不移,为文物研究尽职终生。

一九四七年王世襄在故宫博物院任职时,为学习研究古代书画著录,多次到张伯驹家去看《平复帖》,受到伯驹热情帮助,将此帖借给他带回去研究。一件宝之若拱璧的古帖,王世襄能拿回自己家中,其感动之情无可名状。他后来写的一篇怀念伯驹先生的文章,题为《〈平复帖〉曾藏我家》,其中写道:

　　……我把宝中之宝《平复帖》小心翼翼地捧回了家。

　　到家之后,腾空了一只樟木小箱,放在床头,白棉布铺垫平整,再用高丽纸把已有锦袱的《平复帖》包好,放入箱中。每次不得已而出门,回来都要开锁启箱,看它安然无恙才放心。观看时要等天气晴朗,把桌子搬到贴近南窗,光线好而无日晒处,铺好白毡子和高丽纸,洗净手,戴上白手套,才静心屏息地打开手卷。桌旁另设一案,上放纸张,用铅笔作记录。已记不清看了多少次才把诸家观款、董其昌以下溥伟、傅沅叔、赵椿年等家题跋,永瑆的《诒晋斋记》及诗等抄录完毕,并尽可能记下了历代印章……

　　《平复帖》在我家放一个多月,才毕恭毕敬地捧还给伯驹先生,一时顿觉轻松愉快,如释重负。经过这次仔细地阅读和

抄录,使我有了一个著录书画的实习机会,后来根据著录才得
以完成《西晋陆机平复帖流传考略》一文。

从上面这段文字中,我们看到了两位专家的交契,也看到了他们对
于文物研究是怎样地精心致思,怎样地剀切深挚。

也许只有真正的文化人,不会被金钱所迷惑,他们甘于淡泊,甘于
清贫,苦苦地守护着列祖列宗们遗留下的文化。文化不能当鲍鱼吃,不
能当洋酒喝,不能当别墅住,不能当高级轿车坐,文化人不得不守护着,
是因为那里有我们民族的灵魂,而这民族的灵魂是也已经浸润到文化
人的灵魂中了的。

历来在文物、骨董、收藏这个圈子里,大抵就是这两种人:一种是把
文物当做文化看待,保护之、鉴赏之、研究之;另一种是把文物当做钱财
看待,储蓄之、投资之、赢利之。当今之世道,观念新异,风气浇薄,前一
种人愈来愈少了,后一种人却愈来愈多,大有蜂拥而起之势。自愿给国
家献宝的人大概极少了,而盗窃文物现象,竟至于蔓延到文博部门内部
监守自盗。我们经历了"无产阶级专政下继续革命",也经历了"发展才
是硬道理",而郑振铎、张伯驹、王世襄他们,离我们愈来愈远了,在我们
的周围已经很难见到他们那种为传承文化而呕心沥血者的风采。

历史上凡为珍护文物、传承文化做出贡献的人士,遗泽永在,历史
不会忘记他们。然而,世事变幻,倏然陵谷,每当回顾旧事,想望前贤,总
会让人不胜感慨。

别去重阳又几年,归来何日梦幽燕。

黄花红叶千家雨,青嶂白云九点烟。

辞北阙,对南山,孤吟独向海西边。

陶然一醉江篱酒,万事如流等逝川。

这是张伯驹最后的一本词集——《续断词》中的一首《鹧鸪天》,意概闲淡,而情辞深婉,耐人品味。

十三　与张家芬之分产诉讼

　　两则插话说罢，重归正题。

　　张伯驹收购古字画，除了夫人潘素支持之外，其馀家人则对此不满，斥责他是败家子。而在伯驹看来，那些无所事事，搓麻将、抽大烟的家庭成员，才真正是败家。这样一个家庭，纠纷在所难免。与王韵缃离婚诉讼的同时，伯驹的妹妹张家芬，也提起了分产的诉讼。伯驹对他这个妹妹似乎深为憎恶，他认为王韵缃起初索要高额赡养款、且要字画，也是张家芬在后面挑唆的。

　　叙述伯驹与张家芬的纠葛，要从他们河南项城的故里说起。

　　张伯驹从小离开故里，凡讲述他的生平经历，都是顺着天津、上海、西安、北京这么一条主线，似乎与故里已没有多少干系。其实不然。故乡毕竟是根，总会有千丝万缕的联系。

　　笔者曾经到过项城。张家本是项城的地主豪绅，伯驹回忆中曾说，原籍有祖产田地三千亩。但现在到项城询问，竟已无人知晓，土地改革的资料似不曾留存。据说当年半条街都是张家的房院，现在也已经不见踪影,只是在一个小学校的院子角落上,还残存着一处二层小楼,知情者称是张伯驹曾经住过的。对这处旧居,《中国新闻网》报道称:

> 日前,周口市文物普查队同项城市文物普查队,在项城市秣陵镇发现了张伯驹旧居。该旧居位于秣陵镇小学院内,现无人使用。
>
> 旧居坐北朝南,是一座两层砖木结构楼阁式建筑。面阔三间,进深三架梁,硬山灰瓦顶。东西长九米有六,宽五米有四,墙体厚六十厘米。门窗檐下砖雕水波纹图案。东南角墙体有不同程度的破损,西侧窗户改为小门。据学校老师介绍,这座小楼是民国年间张伯驹家的一个中药铺。张伯驹曾在此闲居。张伯驹的女儿张传綵曾来看过此楼。

上述"张伯驹曾在此闲居",应该是一九一九年前后,张镇芳出狱后回故里休养,伯驹亦曾于其时回乡。几十年人生跋涉中,伯驹回乡闲居时间极少,因而,晚年词中慨然写道:"七十年来梦一场,他乡长是做家乡。"

张伯驹的叔父(即生父)张锦芳,育有二男二女,伯驹为长子,次子早年去世,长女亦于出嫁后病亡,次女名张家芬。

进入民国后,张锦芳倚傍门户,有了北洋政府议员的名分,带着妻妾移住天津。张家芬出嫁,丈夫刘姓,她遂改称刘张家芬。丈夫去世后,她也长住于天津之娘家。

张锦芳有妾名杨慧仙,亦曾随居天津。张锦芳去世后,杨慧仙回到河南项城故里,土改时曾被农民斗争。房地被分配以后,失去基业,她带着儿媳和两个孙子,一家四口到北京投靠伯驹,伯驹遂负担起他们的生活。当刘张家芬提起分产诉讼的时候,杨慧仙也借机提出分家。

张伯驹从小时过继给张镇芳,张镇芳在天津的家产,当然应该是伯驹继承。张家芬是张锦芳的女儿,杨慧仙是张锦芳的妾,她们应该继承的是张锦芳在河南项城的家产。然而,镇芳和锦芳这俩老弟兄没有分过家,这便有了糊涂账的由头。

项城故里的家产,在土地改革中分配给农民了,伯驹本是体谅杨慧仙的困难,为她提供帮助,让她携儿带女来到北京,不想杨慧仙会进而提出分产的苛求,伯驹以为她也是受了刘张家芬的鼓动。刘张家芬已经出嫁,因丈夫去世而住到张镇芳家中,却又提出她也是过继给张镇芳的嗣女,因而要与伯驹分产。

张伯驹有什么财产可分? 当然是他的字画收藏名声在外,刘张家芬、杨慧仙相继提起诉讼,大概是盯着他的贵重藏品。而对于张伯驹来说,别的问题尚可商量,若是涉及他的字画收藏,定然寸步不让。

这场官司是如何一个打法,兹以原始材料为证。

分产的起诉、答辩与判决

我们找到了张家芬的起诉书,以及张伯驹手写的答辩材料,还有法院的审理笔录、判决书之类。凡笔者有幸采得且认为可信的资料,一并照录如下。

一、张家芬的起诉:

原告刘张家芬月莲,年四十九岁,河南省项城县人,现住天津十区常德道四十七号, 暂住北京市内三区交通口东宫街廿一号。

　　被告张家骐伯驹,年五十四岁,河南省项城县人,现住本市海甸承泽园一号。

　　为被告张伯驹侵占遗产,并追索天津济厚里房产事。

　　先伯父张镇芳,字馨庵,子女皆无,由先生父絅庵将家骐、月莲承继于先伯父。继父馨庵废清时历任盐道等职,民国二年退隐津门,创办盐业银行,民国廿二年六月廿二日逝世,所有财产,计盐业股票五十馀万、现款二十馀万,天津十区保定道住房一所,北京西四牌楼弓弦胡同一号住房一处。先父去世后,我四妈即会同盐业银行石松岩副理,将全部家产交与伯驹。后我质问我四妈,才由张伯驹只给我两万盐业股票。我不同意,他说他还要给我。因先叔父母在内劝解,只可暂忍。而此时我丈夫刘沛鸿已去世二年,有子女四人,乃抚孤艰苦度日,而张伯驹拿此遗产不但不再分给,而任意滥用,置我之生活困苦不闻不问。民国廿九年,天津十区济厚里五号三楼底带小后楼房子一处,卖了四万五千元,汇上海盐业银行,亦被张伯驹取走。沦陷华北三年时,他将弓弦胡同房子押了股票卖了,飞去重庆,到西安成立土产公司、面粉公司等,生活依然。但我在日寇占领天津时,生活皆无,当卖度日,屡次去信请求维持我的生活,张伯驹一封信也未见。光复后,伯驹飞回北京,房子也赎回来了,汽车也坐上了,而所有遗产仍不分给,我也无办法。民国卅六年,他将弓弦胡同房子卖了,也不通知我,也不叫人家告诉我,我听说卖出问他时,他仍不承认,卖与何人也不知道,直至要搬家时他掩盖不了,因为他不分给我,我即住在弓弦胡同房子不搬家,他仍不分给我。据闻卖了两万二千多美金,我与他要个零头,他也不给,说他得还账,并要去美国展览字画。因当时国民党法院太黑暗，张伯驹手眼通天，有钱有势，我无法与其对抗，故只得托出张伯驹之亲戚潘墨庵说合，给我黄金十二两为补助生活费。现在解放了，在毛主席领导之下，我觉悟提高，初步有些认识，法院才能帮助妇女解决困难。现在因春节在迩，借贷无门，于本月十二日与其当面协谈。他态度强硬，声明非法院不能解决，勿用第三者调停。不得已故恳请法院，票传双方到院，代我合理合法分析家产，并公断其所卖济厚里之房价。

呈诉人张家芬，一九五二年一月十五日。

二、张伯驹答辩之一（关于刘张家芬诉分产事）：

我祖父生我父亲（是我继父）、叔父（是我的生父）弟兄二人。我叔父生二子二女，长子是我，长女出嫁后去世，次子二十四岁也去世，次女刘张家芬。我父亲无儿女，在我七岁时，我叔父把我带到滦州，过继于我父亲（这时我父亲在滦州当盐务总办）。在民国八年后，我叔父、婶母及刘张家芬，都在天津住。刘张家芬后来就叫我父亲的同居孙善卿叫妈，叫我父亲叫爹，并没有过继的话。而且封建旧家庭里，只有过继儿子的，没有过继女儿的。

刘张家芬约在民国十二三年出嫁，我父亲于民国二十二年去世，这时刘张家芬并没有分产的提出。我给她盐业股票两万、房子一所，她很满意。

到民二十九年，她把房子卖出，款汇交牛敬亭为其做买卖（牛敬亭现住上海雅尔培路培福里二十号）。我在民三十年，在上海被汪精卫伪军绑架，潘素为营救我奔走借债，刘张家芬怕借用她的款,她派人从牛敬亭那里拿走。后来我去西安,她河南周家口庄田管事张效周汇去约五万元,我替她入了秦陇实业公司股,又换成福豫面粉公司的股。因为股票是一张,没有划分,所以还在我这里,我另给刘张家芬收条一纸。于一九五零年我致函西安福豫面粉公司,请把股票分开,过刘张家芬户名。俟接回信云,在重估财产以前不能过户。我当时将原信转给刘张家芬。现在我把股票捐给公有,已函福豫面粉公司请其将刘张家芬的股划出,连历年红利,照面粉折价算出。俟股票寄来,当即连息转给刘张家芬。

在民三十六年冬,刘张家芬要去河南项城县,与我叔父的同居(杨慧仙)分田地。后来听说解放军已到项城,她便改变计划,向我提出分产。这时她拿出证据是一张家谱,我从来没有看见过我家的家谱,而且应当成套成本,如要假造,可以任何印刷所印一张。

后来卖出房子,我给她十二两黄金。到一九五零年九月,我父亲的同居孙善卿卖出天津房子,刘张家芬来京要我同她一起向孙善卿庶母要钱,我不肯作;她又来信,声言与我的家务并未算了。我去信问她:还是要同我闹,还是要我向四老太太(即孙善卿)替你说话?刘长家芬回信敷衍我,挑拨引诱说同我站一条战线上。她根本不了解我。我认为孙善卿的财产是我父亲赠与她的,她有赠与任何人或有捐出的主权,我不能过问。假如她赠与我,我绝对不接受,因我在新时代不能开倒车。后来我到天津,向孙善卿庶母替她说项,没有结果,她声言一定到法院控诉。孙善卿庶母怕事,给了她一百八十疋布。她拿到钱后,首先囤积五百袋面粉,顶了两间房子,一部分放高利贷,面粉存于一个银号,银号倒闭,损失一半以上,房子政府不准再有顶费,她又损失。她敲来的钱在一年以内已经弄完,所以现在又向我作有计划、有组织的争产活动。王韵缃是她鼓动的,可能还鼓动旁人。她从前要向我叔父的同居(杨慧仙)分田地,又向我父亲的同居孙善卿争房钱,现在又向我分产,她究竟是属于哪一门子的?

我根本不知道刘张家芬有过继的事实,而孙善卿的来函亦含含糊糊。即以算过继而论,她于民十三年出嫁,那时法律女子无继承权,到国民党政府民十八年后,才修改女子有继承权,法律时间是否有效? 在民二十二年我父亲去世时,她可以由法律解决,她有田地八百亩以上,不是请不起律师,何以在二十年以后才提请法院? 这还是城市里的事情,如果在乡村,土地已经改革,如何来争二十年以前的产业? 而且我继承的遗产,是盐业银行股票与北京房子,股票除给予刘张家芬、王韵缃的外,同房子押出,都已用到办丧事、度日还债上,后来房子由我赎出,已不是遗产。

当然想要我收藏的书画, 但是这一部分书画不是用遗产来收的,还有潘素的钱。我们为保存研究国家文物,我们能致富而不致富,能享受而不享受,不作我们的私产,到我们的研究工作终了,交给国家。所以,我这一部分书画有所移动,一定事先报告文物局, 绝不容许任何人妄想来侵犯将来国家的财产。刘张家芬是地主阶级,家里有好几百亩地,是不是因土地改革她的经济来源断绝,就应该我负她的责任?

我已认清新时代,没有财产思想,包袱能扔就扔,但是,假若我有钱,我要考虑考虑,还是用到抗美援朝捐献运动呢? 还是用到文化艺术工作呢？还是给一个人，像刘张家芬这样思想退后、囤积做买卖、享受不劳动的人？（她家庭人口：婆婆、儿子，连她共三人。儿子有工作，每月有近三百斤小米待遇。另有女儿与丈夫离婚，得有赡养费五千多万元。她一年之内用掉一百八十疋布。）我有钱给她，是不是有益于社会，还是有益于她个人？

　　张伯驹呈，一九五二，一，二二。

三、张伯驹答辩之二（关于杨慧仙诉分产事）：

　　杨慧仙是我叔父的姨太太，是河南原籍娶的。我叔父去世后，于民国十年，她回到河南项城原籍。家中田地就都由杨慧仙管业。我父亲和叔父的祖产，就是原籍土地有三千多亩。因为我父亲在袁世凯时当过河南都督，在民国十八年韩复榘为河南省主席时，把田地没收，我叔父声请还有他的田地，河南省政府又发还一半，就是杨慧仙管业的一千五百多亩。

　　杨慧仙在项城土地改革时，经过斗争，因为平时虐待佃户，曾跪在地下由佃户控诉。她虽然也分得田地，她不能劳动耕种，在家卖菜生活。我听说她们的情形，于一九五零年冬，写信接她们来北京。我婶母于一九五零年年底去世，所有婶母衣物，都给杨慧仙、刘张家芬均分。到一九五一年秋，杨慧仙去天津生活，直到现在，我除供给其孩子学习费，及电灯、煤、房子外，每月还给她们三十万元米面菜钱。杨慧仙还不满意，要来分产，理由是我父亲、叔父弟兄两个没有分家，所以现在向我分产。她这个理由是五十五年以前的事，我还未出生，而且我父亲的田地已被没收。她又说两门财产都在我手里，我叔父的财产就是杨慧仙管业、经过土改的一千五百多亩田地。我自七岁离开原籍,未用过家里田地的一文钱。我父亲在外边的股票房产与我祖父无关,现在也已经都没有了。

杨慧仙仍然存在着浓厚地主剥削思想,希望弄一笔钱不劳而获。我预备给杨慧仙和她儿媳、两个孙子的两年生活费,好叫她们学习改造,没有法同她们谈五十五年以前的事了。

我供给她们两年的生活费,由她们独立生活、学习、劳动。至于分产,就是河南原籍的田地,在民十八年已经被国民党政府没收了,我叔父的田地就是杨慧仙所管业被土改的。我父亲在外股票房产,都是我父亲所置,与我叔父无关。杨慧仙的所谓分产,是我祖父时代的事,我不接受。

据杨慧仙说,十四日(星期一)在法院调解,我未接到法院通知,未便贸然前往。调解不过是个程序,但是她们的要求超过我经济的实际,不见有何结果,仍望听候

法院判决

张伯驹呈,一九五零,七,四。

四、法庭谈话片断

问:刘张家芬,你告张伯驹什么事?

答:张伯驹是我胞兄,我和他从小过继与伯父张镇芳为子女。继父在民国廿二年去世,所有遗产都由他管了,没分给我,只在廿二年给了我两万盐业银行的股票,我现在向他分遗产。

问:你是那年结婚的?

答:民国十一、十二年结婚,只记得我在二十岁上跟刘沛鸿结婚。刘在民国廿一年死了。他家在前清当官,作江北提督。

问：那他家有很多遗产？

答：就河南周口市有十几处房子，现在借与公家住，但我有三十年没回周口市，我们分家分得四五所房子。

问：你要分的遗产是什么呢？

答：股票，卖房的钱。孙善卿去年出卖天津保定道的房子，共得七十件布，她给了我九件。

问：张伯驹，她要分遗产，你意见如何？

答：我在七岁时过继给张镇芳，但不知她也过继了。旧封建社会只有男的过继，没有女的过继的。她十七八岁时管孙善卿叫妈，听说过继了，但继父死时并无遗嘱说给她。遗产向由孙善卿经管，丧事完后才交给我，也没有说起有刘张家芬的份。

问：你父死后，曾先后给她多少钱？

答：民国廿二年给了两万股票，现在一万股票最低值一千五百万。同年又给了她天津济厚里六号楼房一所。卅六年给了十二两黄金。孙善卿在去年卖房，曾给了她九件布，合一百八十尺。

问：现在她还要，你的意思怎样？

答：我不应当给，不想给她。

问：刘张家芬，你得了两万股票，一所楼房，十二两黄金和孙善卿给的一百八十尺布，对不对？

答：对的。

问：既已分了这么多，还分什么？

答:妇女有承继权,一人有一半。

问:张伯驹,她过继的事实,提出家谱和张镇芳给她的信为证,你怎么说?

答:这家谱我没见过。国民党时法律规定男女有继承权,她当时为什么不主张呢?

问:刘张家芬,你卖天津济厚里的房价四万五,为什么又说五万,这笔款怎么到他手上的?

答:房价是四万五,我汇到上海盐业银行。因为他在上海,后来他到西安,我又把款汇到西安。据他说他垫了五千,凑足五万元,在西安的面粉公司入股。但十数年来利息多少,他不告诉我,现在户头还是他的名字。

问:张伯驹给了你一张收据?

答:抗战胜利那年,他从西安回来,给了我一张纸条,上写西安福豫面粉公司股票五万元,盖的是张伯驹的图章。去年我问他,他说把这股票给我,但这公司有官僚资本,不让动了。我不要股票,我要折实。

问:你当初把款汇到西安,交他经管,要他投资?

答:我只叫他照管,没叫他入股。

问:既交给他照管,他拿了入股,就是很好的照管了?

答:我没有享到股东的权利,历年赔赚我都不知道,而且我现在急要钱花,我愿折实。

问:张伯驹,她说要折实,你意见怎样?

伯驹:随她的意见。但公司正在评估,每股现值多少尚不知道,公司会来信通知的。

问:她的五万元股每年红利,是否都由你收了?

答:胜利以前没有红利,红利大概是卅四、卅五年起的,我一直收到一九五零年止。她的红利我可以负责。

问:刘张家芬,关于股票的事,等公司来信后再谈折实或分股的问题吧?

答:好的。我和他分割遗产,并不是按从前的财产分,而是按现在的财产,分给我点就成了。他有七八十间房子,还有字画。

问:张伯驹,你的意见怎样?

伯驹:如果她生活困难,我从人情上补助救济她是可以的,但我现在没现钱。

五、一审法院的判决主文:

一,张伯驹一九四二年十月拿了张家芬四万五千元钱未还,依旧时物价,伏地小米每斗(十五斤)八元七角计算,张伯驹应归还张家芬伏地小米(折合按北京市伏地小米批发价)七万七千五百八十六斤;

二,张家芬虽自称也是张镇芳过继女,但张镇芳之遗产已不存在,且张伯驹在一九四七年出卖张镇芳所遗之弓弦胡同一号房产时,张家芬接受了十二两黄金,而不主张共同继承,已经认可这样分配,不能事后又要求分劈。

三,依前开说明,张伯驹手中已无祖遗财产;杨慧仙以婶母之身份,更不能向之要求分产。

以上判决中的"伏地小米",是当时北方地区的俗语,指伏天收麦后所种谷子加工的小米。

接到判决后,张伯驹认为张家芬的钱用于入股西安面粉公司,该公司仍存在,可以过户,不应由他归还,为此提起上诉。最高法院华北分院对此案进行终审,作了改判。终审判决的理由和证据交代比一审清楚。改判结果,伯驹仍须还款,只是改由北京面粉批发价折算,数额减少。伯驹算不上是完全胜诉,但既然终审,他甘愿服判。依法上诉是权利自尊,服从判决是义务自觉,法治原则本来如此。如果是一个真正的法治社会,就不应该形成老大难的上访和无穷尽的维稳问题。伯驹作为一个闻名于世的高层人士,完全以一个普通公民走上法庭,整个诉讼过程的表现,让我们看到了他的法治的自觉。

法学家韩幽桐亲任终审法官

最高人民法院华北分院的终审判决书,主文和理由如下:

主文:
撤销一审判决,改判如下:
张伯驹应即偿还张家芬面粉三百一十袋（按北京市建设通粉市场批发价折付）。
理由:
上诉期间,张家芬提出上海盐业银行的来信,证明张伯驹确于一九四二年一月十六日,拿了她在上海盐业银行驻渝办事处的存款伪法币伍万捌仟捌佰玖拾肆元陆角。所以张伯驹应偿还这笔债务。按当时重庆报载物价,面粉每袋伪法币一九〇元计算,应折合面粉三百一十袋。现应照交付日北京市报载建设通粉的市场批发价给付。

原争执的四万五千元的债务,张伯驹说就是重庆汇去西安五万多元这一笔。本院审查张家芬关于这笔债务的说法,前后不一致,更重要的是没有提出有力的证据,故予驳回。

民事审判庭

兼庭长　韩幽桐

副庭长　张开基

副庭长　阎伟锋

第一审判组组长　田明中

审判员　李淑信

学习书记员　李大川

最高人民法院华北分院(公章)

一九五三年四月二日

两级法院的两审判决,都没有引出法律条文。

历史上自有法典编纂以来,已经形成一条规则:诉讼案件之判决,必须依据正式的法律条款。然而,在一九四九年后的新中国,却经历了三十年无法可依的时期。凡这个时期的判决书上,大都没有载明法律条款。

以往改朝换代,总会有一个或长或短的时段延用前朝法律,直至经过修订,颁布新的法律时,才宣布前朝法律废止。进入民国后,发布"暂准援用前清法律"之临时大总统令称:"现在民国法律未经议定颁布,所有从前施行之法律及新刑律,除与民国国体抵触各条,应失效力外,馀均暂行援用,以资遵守。"国民党南京政府建立之初,也曾通令宣布:"一应法律,在未制定颁行以前,凡从前施行之各种实体法、诉讼法及其他一切法令,除与中国国民党党纲或主义,或与国民政府抵触各条外,一律暂准援用。"

中华人民共和国成立时,则采取完全革命的立场观点,认为以前之法律均属反动性质,非彻底废除不可。中共中央于一九四九年二月发布了"废除六法全书与确立解放区司法原则的指示"。何谓"解放区司法原则"?大概意思即是:有法律、法令、条例、决议者,服从其规定;无前述规定者,服从新民主主义政策。自此以后,多年未能制定刑法、民法、诉讼法等各项基本法律,司法机关便只能以政策代替法律。

为张伯驹这起上诉案件,作出终审判决的"兼庭长"韩幽桐,是我国当代著名的法官、学者。她于一九二七年就学国立京师大学法学院,一九三三年赴日本,入东京帝国大学法学部为研究生,一九三七年回国参加抗日救亡运动,曾任西北联大教授,一九四九年后历任最高法院华北分院副院长兼民事审判庭庭长、最高法院民事庭副庭长、宁夏高级法院院长、社会科学院法学所副所长、全国政协常委等职。韩幽桐是著名法学家张友渔的夫人,他们两位都是笔者从年轻时就一直敬仰的当代法学家。

由这样一位法律专家签署的司法文书,尽管没有引用法律条文,并不完美,我们今天拿到手上仍然会感觉到它的特殊的分量,因为它蕴含着一种文化的意义。

近代政治思想家梁启超研究法律的起源,兼采儒、墨、法诸家之说而贯通之,结论曰:"圣人既躬明哲之性,必通天地之心,制礼作教,立法设刑,动缘民情,而则天象地。""法也者,均平中正,固定不变,能为最高之标准,以节度事物者也。"梁启超是把法律作为内涵深厚的文化去看待的,正是由于法律所蕴含的深厚文化,使它具有相对恒稳的"固定不变"性。新的立法总会继承着前代旧法的内容,总是要反映着长久形成的风土人情和生活习惯。一夜之间就要把旧法统推翻,这种彻底革命的情况大概是先前所未曾有过的。

对于韩幽桐这样的专家来说,法律文化已深入于其心中。即使在无法可依的时期,即使在裁决书中不能明确引用法条,而实际上是传统的法治影响在发生着作用。韩幽桐在上世纪五十年代,曾经就离婚案件的审判,发表过一篇著名的论文,其基本观点被归纳为"感情破裂论"。虽然曾经引起过激烈的争论,实际则被司法机关普遍认可,成为几十年来、直至今天我国法院审判离婚案件的一个基本原则。

新中国建立初期,法律界尚有这样一批专业人士,而在频繁的政治运动中,他们却被清除殆尽。法学教育亦在多年间萎缩,并且抛弃了传统的教学内容,以前苏联为楷则,实际以阶级斗争原则和政治概念代替了法学教育。法学教育和法律人才的消亡,比一时无法可依更为可怕,我们的社会终于进入了完全无视法律的"无产阶级专政下继续革命"的时期。

经过一场文化大革命,许多人直觉地感到了法治的重要,但是并没有进而去研究法律文化的意蕴。法学教育和法律实务,都是重蹈着前苏联楷式的覆辙恢复起来的。不以法律为文化,而仅视法律为统治阶级意志、为专政工具的理论,依然受到崇奉。一些法律工作者纵然熟知法律条文,却未必具有相应的文化素质。大量直接移植西方法律的结果,却是使立法与传统文化日益远离了。这是为什么法律条文越来越多,而有法不依的情况却越来越严重的一个原因。

笔者曾见一位领导同志谈他的体会,诙谐地说:"不能按法律办事,只能按规律办事。"法律与"规律",一字之差也。其所言"规律"者,潜规则也。上面立法愈多,下面潜规则愈盛,所以两张皮者,缺失文化也。

梁启超先生曰:"法治主义,为今日救时唯一之主义……故自今以往,我国不采法治主义则已,不从事于立法事业则已,苟采焉而从事焉,则吾先民所已发明之法理,其必有研究之价值,无可疑也。"

梁先生所说的先民发明的法理,即是指我国传统的法文化,其中深含着法治主义之元素。"我国当春秋战国间,法理学之发达,臻于全盛。以欧洲十七世纪间之学说视我,其轩轾良未易言也。"

然而,我们接受前苏联法律及其教条主义法学观点影响甚深,曾将我国传统法理一概加以"封建"、"专制"、"反动"之罪名,践之于脚下,必使毙而后已。传统法文化弃失愈久,与法治主义距离愈远矣。

只因为看到判决书上署有韩幽桐前辈的大名,便引出一番牢骚语。牢骚打住,且看判决张伯驹偿还张家芬面粉三百一十袋,如何执行?

案卷中出现张家芬婆母杨敏芳致法院的函:

在接到最高人民法院华北分院民事判决民上(二)字第八五六号判决书后,我就立即通知我的儿媳、现在天津市人民法院反省所所属被服厂的张家芬。据说日前已由她本人直接陈请
钧院,通知对方张伯驹执行判决主文,并委托我持户口册,及
张家芬图章,前往
钧院,具领三百一十袋面粉款一节,谅荷阅悉。兹因我本人年岁已六十八,为免平津路途往返不便,关系上述判决何时方执行,款项何时能往
钧院领取,尚祈

垂察,予以照顾,早日示知,以便准时去京洽领,至为感荷。

　　此致

敬礼　杨敏芳手陈　一九五三年五月二十三日

此函之后,便有张家芬出具委托书,然后便有杨敏芳的领条。杨代张领到面粉折款二千五百五十七万五千元。

　　张家芬为何委托六十八岁的婆母代领?因为她本人牵涉刑事案件,被判处徒刑,投入劳动改造中,直至一九五六年才被假释出狱。

　　下面是张家芬贩毒犯罪的刑事判决、本人申诉及假释裁定书:

天津市人民法院判决　法三字第五六六号

　　被告张家芬,性别女,年龄五十岁,籍贯河南项城县,住址六区常德道四十七号。

　　右被告因贩毒一案,经本院审理判决:

　　该犯地主成份,一九三一年开始吸食大烟,并贩运毒品,解放后继续贩毒活动,自一九五零年中央人民政府颁布禁毒令后,更变本加厉的大肆活动,计五零年贩运烟土九十四两,五一年一百二十六两,五二年五十三两,均分别售给吸贩,毒害人民。以上罪行,均供认不讳。五二年九月二日逮捕。

　　查,被告解放前即一贯吸贩毒品,解放后不知悔改,自一九五零年中央人民政府颁布禁毒令后,更变本加厉的大肆活动,实属目无法纪,罪恶严重,判处徒刑十年,以示惩戒。

　　一九五三年一月十七日。

　　　犯人申诉情况登记表　一九五六年

姓名张家芬,现年龄五十五,出生年月一九零二,五,五

案由贩毒,逮捕日期一九五二,九,二,刑期十年,残刑六年十一月

现押单位:被服厂

申诉理由:我自七岁开始吸大烟,至四十七岁才不吸了,因蒋匪禁止吸烟土。到解放后,自己存放的烟土又开始吸,一直到被捕。在一九五零年时,因我家富馀存有五十两烟土,当时我有一个亲戚(我大姑的嫂子)来我家拿了二两烟土,自己购用。从此以后,我这个亲戚派别的人,或自己来拿,二两三两自己吸,或自购。派出所叫我坦白,我不说,而把烟土藏起来。我是于一九五二年八月二十三日被捕,判刑十年,其判决写着"一贯贩毒,共有二百两",事实不符。

天津市高级人民法院刑事裁定书(五十六)高法刑字第五三九号

被告张家芬

上列被告因贩毒一案,于一九五二年九月二日,经天津市人民法院以法三字第五六六号判决,判处被告徒刑十年。业已确定并执行在案。兹据天津市公安局劳改处提出:被告在劳改期间因劳动表现很好,要求从宽处理。本院审查属实,根据被告的犯罪情节及其在劳改期间的表现,特裁定如下:

被告予以假释。

一九五六年十一月十六日

上述判决与假释裁定,均未引据法律条文。判决书称张家芬贩运毒

品,张提起申诉,认为判决书所认定与事实不符。按申诉所述,她自食毒品及少量让予亲戚,似不属"大肆""贩运",但法院却不予再审改判,只以"劳动表现很好"为由,予以假释放人。当年司法机关作出此种处理,实因无法可依之故。五十馀年以后之今日,虽已有了法律,实行中亦不免有类似情形,本当依法改判、甚至应当宣告无罪的案件,常常以劳改表现如何为由,予以释放了事。司法状况依然堪忧,法治之何时臻于完善犹未可知,这些且不赘言。但说张伯驹接连着王韵缃、张家芬、杨慧仙三个案件的应诉,前后历时四年,屡上法庭,迭经烦恼,心中难免有一种不堪言说的郁怏,至此总算完全了结,大概可以轻松愉快地与吟友雅集,可以填几首词了吧。

　　这年秋天,法院判决的各款项清还已毕,张伯驹从京西移至城里居住,过着澹然悠闲的日子。一天友人来访,共赏明月,他即兴填了一首《人月圆》:

> 百年几换楼台主,明月自团圆。
> 清辉到处,千门万户,不问谁边。
>
> 思家张翰,无家张俭,等是痴癫。
> 但能有酒,又能有客,同赏同欢。

　　词中用了两个有名的典故。一个是后汉的张俭,此人为官正直,因遭受诬陷而逃亡,窘迫之中,见门就进、就住,因人们看重他的人品名声,无论到谁家都肯容留他。另一个是南朝的张翰,字季鹰,有清才,善文章,性格纵任不拘,在官任上忽见秋风起,思念家乡的莼菜汤和鲈鱼羹的美味,因此弃官而去。

　　张伯驹借这两个古人的故事,寄托他的情怀。词中可以看出,他的心态是平静的、疏放的,追慕着一种澹泊世事的自由人生。

十四　终于成了无产者

在审理张伯驹与王韵缃离婚案、与张家芬分产案的过程中,司法机关对张伯驹的家庭财产状况做了调查,列出一份清单,均为一九五二年的实况,如下:

一、人口情形

张恩周(伯驹的祖父)

张镇芳(民二十二年亡)

妻智氏(民初亡)

妾孙善卿(六十六岁)自己住天津大理道永和里五号

继子张伯驹(五十五岁)任民盟文教委员,无收入

妻王韵缃(四十四岁)

子张柳溪(二十六岁)石门建设公司工作,收入三十九万

又妻潘素(三十八岁)国画研究会会员

女张传綵(二十岁)上高中

张锦芳(民二十九年亡)

妻崔氏(一九五零年亡)

子张家骎(已亡)

女张月娥(已亡)

女张家芬(五十岁)也称过继给张镇芳夫妇

妾杨慧仙(四十四岁)

子张家骏(二十七岁)新疆文工团工作

二、张镇芳、张锦芳的故后财产

㈠盐业银行股票五十万元

㈡现款十六万元

㈢天津保定道廿二号一所房(五十多间)

㈣北京弓弦胡同一号一所房(五十四间)

㈤项城老家原有三千多亩地,几十间房

三、现有财产

㈠海甸承泽园房一百多间,土地三十多亩

㈡宋画十几幅,值四五亿元(有潘素部分钱)

四、张镇芳遗产处分经过

㈠盐业银行股票,在民国三十年前就用净了(家用)

㈡十六万元现款,在民国廿六年前用净了(家用)

㈢天津保定道的房,由孙善卿卖钱用了

㈣北京弓弦胡同的房,由张伯驹卖三十五条黄金,除给张家芬十二两外,其馀还了一部分债,还剩下三分之一多点,买

了承泽园的房

　　⑤老家的地,除被韩复榘没收一半外,其馀在土改时都分
配了

五、张伯驹所欠外债

　　　部　　忠　　二千三百万元,无息

　　　潘志和　　三千万元,无息;又一千万元,无息

　　　袁涤庵　　四百万元　　无息

　　　陈半丁　　五百万元　　息四分

　　　张子厚　　八百七十六万元　　息五分

　　　惠孝同　　二百万元　　无息

　　　王太太　　一千万元　　息七分

　　　袁太太　　三百六十万元　　息七分

　　　刘　　妈　　七十万元　　息七分

　　　楼宇栋　　五十万元　　无息

　　清单显示,张伯驹执行判决、卖掉承泽园以后,他的财产就只有所
收藏书画了。书画的最后的归宿,唯有向博物馆捐赠;待书画捐了,他便
是一个无产者。

　　张伯驹给博物馆捐赠了多少书画呢?笔者没有查到完整的登记。这
里姑且列出五十件,遗漏者有待补充。

　　一、晋陆机《平复帖》卷,存北京故宫博物院(以下简称“故
宫”)。

　　二、隋展子虔《游春图》卷,存故宫。

三、唐李白《上阳台帖》卷，存故宫。

四、唐杜牧《赠张好好诗》卷，存故宫。

五、唐人写经册，存吉林博物馆（以下简称"吉博"）。

六、宋蔡襄自书诗册，存故宫。

七、宋吴琚杂书诗卷，存故宫。

八、宋范仲淹《道服赞》卷，存故宫。

九、宋黄庭坚《诸上座帖》卷，存故宫。

十、宋高宗书、马和之画《诗经小雅节南山之什图》卷，存故宫。

十一、宋马和之《后赤壁赋图》，存故宫。

十二、宋徽宗《雪江归棹图》卷，存故宫。

十三、米友仁《姚山秋霁图》卷，存故宫。

十四、宋郭熙《松石平远图》，存故宫。

十五、宋杨妹子《百花图》卷，存吉博。

十六、宋赵伯骕《仙峤白云图》卷，存吉博。

十七、宋楼阁图轴，存吉博。

十八、元仇远自书诗卷，存吉博。

十九、元颜辉《煮茶图》卷，存吉博。

二十、元钱选《山居图》卷，存故宫。

二十一、元赵孟頫《章草千字文》卷，存故宫。

二十二、元赵孟頫《篆书千字文》卷，存吉博。

二十三、元赵雍、王冕、朱德润、张观、方从义五家合绘卷，存故宫。

二十四、元王冕《墨梅图》，有说存上海博物馆。

二十五、元赵雍《松溪钓艇图》，存故宫。

二十六、元方从义《云林钟秀图》卷，存故宫。

二十七、元俞和楷书帖，存故宫。

二十八、明唐寅《孟蜀宫妓图》轴，存故宫。

二十九、明文徵明《三友图》卷，存故宫。

三十、明周之冕《百花图》卷，存故宫。

三十一、明薛素素《墨兰图》轴，存吉博。

三十二、明王谷祥写生卷，存吉博。

三十三、明曾鲸画侯朝宗像轴，存吉博。

三十四、明董其昌行书五言诗卷，存吉博。

三十五、明张瑞图书法轴，存吉博。

三十六、明赵宧光篆书字对，存吉博。

三十七、明来复草书轴，存吉博。

三十八、明杨廷和书册，存吉博。

三十九、明文彭自书诗册，存吉博。

四十、清陈洪绶书法轴，存吉博。

四十一、清王翚《观梅图》卷，存故宫。

四十二、清吴历《兴福庵感旧图》卷，存故宫。

四十三、清蒋廷锡《五清图》卷，存故宫。

四十四、清蒋廷锡《瑞蔬图》轴，存吉博。

四十五、清张祥河《松石水仙图》，存吉博。

四十六、清周亮工行书七言联，存吉博。

四十七、清陈古花卉图卷，存吉博。

四十八、《圣教序帖》册，存吉博。

四十九、《九成宫醴泉铭》册，存吉博。

五十、宋拓《黄庭经》册，存吉博。

上列珍秘瑰宝，荟萃数朝名家，不可以币值计其价。国家博物馆得以充盈，张伯驹衰落为贫士。

文物捐献，特定环境之反思

大凡收藏家将自有藏品鉴赏之后，处置方式之一是让归博物馆，之二是传之子孙后裔。常见古代书画上钤有收藏印鉴曰"子孙其永保之"。然古话有道是"富不过三代"，珍藏文物亦鲜有延传过子孙三代之后者。因而，真正酷爱文物而有远见卓识的收藏家，或捐赠与公共博物馆，或专建博物馆陈列，断不肯任珍物流散。

国家文博机关向民间征集文物，历来有之，诚为善举。然所征物品，务须持有者自愿，视品级论价，给予合理报酬。唯有这样的做法，才可以树立公众爱护文物的信念，养成社会文化氛围，增强国家文化博物事业之感召力量。如果凭借行政权势，强行夺取民间收藏，必会带来严重的消极后果，将造成对于收藏爱好者的精神伤害，也在社会上产生对于文物保护的逆反和畸形心态，甚至助长盗窃文物、破坏古文化的违法犯罪行为。如何正确对待民间收藏，政府相关部门不可不慎重研究。

笔者在法院任上，曾经遇到过两件文物捐赠的纠纷案件。

一件是徐继畬后裔起诉某研究会。

徐继畬，清山西五台人。字健男，号牧田，又号松龛（有《松龛先生全集》）。室名退密斋（有《退密斋诗文集》）。道光六年进士，初为翰林院庶吉士、编修，历任都察院陕西道御史、广西浔州知府、两广盐运使、福建巡抚，随即兼闽浙总督。仰慕并支持林则徐禁烟，曾著《禁鸦片论》。咸丰元年降补太仆寺少卿，翌年奉命回晋督办团练、阻太平军北伐。同治年间，任总理各国事务衙门行走、太仆寺卿、京师同文馆大臣。晚年告老还乡,曾在忻州、平遥坐馆授学,病逝于故里。徐著《瀛寰志略》,是我国近代最早的一部世界历史地理著作,颇具影响。咸丰年间,宁波府将此书中赞美华盛顿的名言镌刻上石,赠送于美国,至今镶嵌于华盛顿纪念塔内二百英尺高度的壁上。

一九八九年初,经忻州日报记者任先生介绍,家居五台农村的徐继畬玄孙女徐惠云,以给现金二万元、解决两个外孙的农转非户口、工作为条件,同意将祖上传下来的有关徐继畬文物资料三十三种、二百九十七件,捐赠给文化研究会。双方为口头协议。徐惠云获得二万元奖金。至于解决徐家两个外孙户口、工作问题,则未能落实。五台县有关部门拒之说:"谁拿走文物谁给解决"。为此,徐惠云曾给记者任先生写过一信,语甚凄然:

> 老任同志:近日好吧,想你工作一定很忙,我家的问题等到什么时候才能解决? 你们当初到我家时,问我有什么困难和要求,我就说献东西就是为了给两个孩子找工作和户口问题,你们答应不成问题,事实是这样不是? 还是我老婆子虚说呢? 这是人人皆知。结果东西拿走了一年的时间,你们找些客观原因,不与解决。如果当初你们说不能答应,就是给我十万我也不会把东西献出的。这不是小看我老婆子的问题,这是关于国家的声誉和干部的品质问题,把东西骗走了,问题也不解决……希望你给太原去信问问。我给去了封信,也不见回音。他们小看我这孤老婆子,连封信也不回了。再谈吧,请速来信。徐惠云。

徐惠云于一九九七年抱憾去世。一九九九年夏,徐家后人得知所捐赠的文物,只有少部分交给五台县博物馆收藏,特向法院提起诉讼。诉讼请求包括返还文物,经管辖法院多次开庭审理,而未能胜诉。

捐赠中介人任先生曾就本案情况,向中国文物学会名誉会长柴泽民写信反映,信中认为审判可能受到"行政干预","判决书中记述'查明事实'清楚表明,解决户口、工作是捐献的必要附带条件,与判决自相矛盾。而且法庭核实文物时,尚有十四种、二十九件未能核查,大多为字画、手稿等精品。"省高级法院亦曾就追查文物去向、给予经济补偿问题,分别向省公安厅、省文物局发出司法建议书,以补救判决之不足。

另一案件,原告称,一九五九年县政府以"国庆十周年展览筹备处"名义,向其父借用杨深秀画屏等十八件文物,作展览之用,后一直未归还,其父已去世。原告以合法继承人,要求该县政府归还所借文物。杨深秀是著名的"戊戌六君子"之一,山西闻喜人,通金石,善书画,所作画屏当是珍贵文物。原告所持证据,除加盖公章的借约一纸外,有当时政府方经手人提供亲笔证词说:所借文物"并未作处理,且我迭向文化局陈述此事"。原审法院驳回原告请求后,原告诉于省高级法院。省高院撤销一审判决,判令文物归还原主。该县政府不服,提请再审。

在县政府的再审申请书中,曾引用最高法院一段司法解释,大意是:文物处理问题,应依靠当地党委和群众,动员当事人将重要的历史文物和资料,捐献给国家,国家给予一定的物质报酬和精神鼓励;如不愿献,可参照"关于落实党对民族资产阶级若干政策问题"有关规定,判决由国家收购。

县政府申诉之同时,并联络所在地区人大代表在省人代会期间向省高院提出质询。那一年省代表大会通过高院工作报告时,反对票显著上升。各级法院面临大抵相似的问题,每为争取赞成票所累。为杨深秀画屏等文物之争一案,胶着数年之后,最高人民法院裁定说:"本案系在我国特定历史环境下产生的纠纷，此类纠纷不属于人民法院受理民事诉讼的范围"，因而，以驳回原告起诉为终结。

由于曾经过手以上两起文物案件，笔者遂对张伯驹捐献古代书画的事迹产生疑虑。伯驹自述云所收藏字画"宗旨是为保存研究国家的文物"，"研究工作终了，将来是贡献于国家的"。那么，他的研究工作何时终了的呢？"贡献于国家"的时间，似乎比他所说的"将来"大为提前了。捐献文物虽然符合他的"宗旨"，"自愿"也是无可怀疑的，却也是"在我国特定历史环境下"；如果他不主动捐献，就可能会按照"党对民族资产阶级若干政策"，判决"国家收购"。所以说在"自愿"之中似乎包含着几分无奈。或者是说，张伯驹捐献古代书画的卓著事迹，其文物的意义，和政治的因素，几乎各占其半。

试想，如果按照伯驹的理想，研究之后的"将来"捐献给国家，那将是文物和研究成果的双重贡献，似乎应该有一个郑重的仪式，应该举办一个专题展览，应该在博物馆开办专室陈列，以显示伯驹收藏和研究的意义，借以辉耀传统文化，也给予社会民众一个赏会学习和接受文化熏浸的机缘。当然也应该给予伯驹夫妇相应的经济报酬。然而，这一切都没有做到。

假如说，文物持有者是陈寅恪那样的学者，他便可以说：如何捐献是我的自由，绝不与政治牵涉。一九五三年中国科学院邀请陈寅恪到北京担任第二历史研究所所长，陈寅恪拒绝说："我在广州很安静，做我的研究工作。""我从来不谈政治，与政治绝无连涉，和任何党派没有关系。"张伯驹也是主张"独立之精神，自由之思想"的，也不愿意谈政治，而在表现上却没有陈寅恪那种凌厉的锋芒，并不会断然拒绝形势的驱使。他在较多的时候是随顺形势，顺其自然，但这并不等于会改变自己内在的意志。如上文所述，他在气节的表现上是一种圆通的方式。

朱自清《论气节》一文,引述冯雪峰关于"士节"的论述,写道:

> 冯先生指出"士节"的两种类型:一是忠臣,一是清高之士。他说后者往往因为脱离了现实,成为"为节而节"的虚无主义者,结果往往会变了节。他却又说"士节"是对人生的一种坚定的态度,是个人意志独立的表现。因此也可以成就接近人民的叛逆者或革命家,但是这种人物的造就或完成,只有在后来的时代,例如我们的时代。

朱自清表示对冯先生的分析"大体同意",接着便对专制时代的"忠节"和"高节"作了评述:

> 在专制时代的种种社会条件下,集体的行动是不容易表现的,于是士人的立身处世就偏向了"节"这个标准。在朝的要做忠臣,这种忠节或是表现在冒犯君主尊严的直谏上,有时因此牺牲性命;或是表现在不做新朝的官、甚至以身殉国。忠而至于死,那是忠而又烈了。在野的要做清高之士,这种人表示不愿和在朝的人合作,因而游离于现实之外,或者更逃避到山林之中,那就是隐逸之士了。

按照两位先生的分析,笔者以为:聂绀弩的"士节",最终成为"接近人民的叛逆者"了;陈寅恪则是傲立风霜的"清高之士";张伯驹亦有他坚定的人生态度,却似乎是介于"忠节"和"高节"之间的。

"心存君国"是儒家的思想文化传统,杜甫"每饭不忘君"历来受到文人的褒扬。忠臣体国,忧国如家,义兼家邦,匹夫有责,这样的一种儒家文化,应该是张伯驹的爱国主义情操的根源。他捐献古书画、"但愿永存吾土"的思想,并不是凭空而来的,那是扎在他心底的一种传统的爱国情操所致。

张伯驹的父亲张镇芳,以清朝的忠臣自居,积极参与复辟几乎被判处死刑;若是判了死刑,那大概便是"忠而又烈了"。张镇芳"忠节"观念,对伯驹有着明显的影响。新中国成立前夕,伯驹加入中国民主同盟,支持北京学生运动;建国之初,亦积极于社会活动;一九五七年整风运动中参与大鸣大放,颇有忠臣"直谏"的精神,因而被打成了右派。

"忠节"在张伯驹身上虽有表现,而纵观其一生行藏,真正浸透在他的生命中的东西还是"高节",他更多的时候是"游离于现实之外"的。他所以参加某些社会工作,也参加民盟组织的政治学习,并非都是为了"忠节",而更多的是他的圆通处世的性情使然。除了填词、演戏、作画、鉴古,是他的兴致所在,其他工作虽然不能说只是应景,却也未必真正投入。他虽然没有做了山林"隐逸之士",其实是颇有一些"大隐隐于市"的味道的。

"高节"和"忠节",两者有相通之处,却也是有矛盾的。张伯驹为保护国家文物,投入了极大的心血和钱财,而当他献出这一切的时候,无论在精神上,无论在物质上,都没有得到应有的补偿。这在常人看来,似乎不可理解,甚至有些可悲的意味。如果说张伯驹本人完全没有失意和不快之感,是不合人情的。然而造成这种结果,正是他自身的"忠节"和"高节"的矛盾所致。最终他能够坦然处之,即是"高节"完全取代了"忠节",这才全然显示出一个名士的淡泊名利的疏放情怀,或者说显示出他是一个典型的狷者,甘心于"有所不为","知未及而守有馀"而已。

重返京华，往事视如泼水

朱自清认为士人的气节，"都是个人消极的表现"，此论未免过于偏激。气节支撑着文化人的独立人格，在悠久的中国文化史上的积极意义是不可否认的。无论是孟子的"浩然之气"，还是文天祥的"天地正气"，无论是"忠节"，还是"高节"，追其根本，其实都是传统文化中的"仁"这一核心思想。即便是在诗词、书画、戏曲种种文华雅事中，无不贯穿了"恭、宽、信、敏、惠"这些"仁"的内容。孔子说："志士仁人，无求生以害仁，有杀身以成仁。"庄子说："爱人利物谓之仁。"孟子说："亲亲而仁民，仁民而爱物。"我们的传统文化，教育人们归仁向善，文化人便应当是"仁人"，应当是爱国爱民的楷模。按照传统文化的立身标准，无论在朝在野，都会心系人民，都会体察民间疾苦，而不会"求生以害仁"。虽然他们有一种狂狷之气，正如孔子所说，"不得中而与之，必也狂狷乎！"相反，那些没有接受过传统文化熏陶，既无"忠节"，亦无"高节"的人，在朝只会施行苛政，贪赃枉法，扰民害民；在野也绝不会隐逸，决不会甘心情愿做平民百姓，无非要纠合歹徒，勾结官府，骚扰乡里。这是研究张伯驹的人品节风时，不禁会联想到的问题。正是由于传统文化沦丧已久，以至社会风尚江河日下，有识之士无不忧世忿俗，期期冀盼于重整旗鼓。

文化人的不同类型、各具特色的人格，是由天性和后天教养及环境影响的不同所造就的。张伯驹的独立意志，既秉承其父辈的教诲和传锡，也有他少年时代读书学习所接受的文化熏陶，更是社会动荡中对于他的心理冲击和感悟的力量所玉成的。

张伯驹早年进入军校，是他父亲有意培养他在军政界有所出息，伯驹也不会完全没有从政的思想，"治国平天下"历来是儒士的理想。但是,在他年轻奋发、步入社会的时候,逢上了国事混乱的情势。从袁世凯称帝,到张勋复辟,两次政治闹剧都牵涉到张镇芳,尤其是复辟的失败,张镇芳一度被捕下狱,这使伯驹感受了沉重的打击。他本来已经浸染了文化人的性气,遇上政治变故的冲击,不禁黯然伤怀,从而完全放弃了对于军政界的企冀。

张伯驹小时候看戏,看过一次山西梆子《辕门斩子》,竟然当时就学会了戏中八贤王的一段唱腔,其唱词道:

> 戴乌纱好一似愁人的帽,穿蟒袍好一似坐了监牢。
> 登朝靴好一似绊马索,这玉带好一似捆人的绳。
> 不做官来不受困,食王的爵禄当报王的恩。

这几句唱词很有趣味,可知做了高官就失去了自由,伯驹的个性正是愿意自由,所以特别喜爱这几句唱词。

在《红毹纪梦诗注》中,他还写了这样一个故事:

> 匏系微官可弃捐,梨园贱隐又谁怜?
> 人间势力殊堪笑,桶水难收泼马前。
> 　汪笑侬清末为候补知县,感朝政日非,微官匏系,终无下场,乃弃而为伶,以《马前泼水》剧著名,及《张松献地图》皆其自编者,别具一种唱调,民初学之者甚众,今已无传矣。

故事说的是清朝末年,汪笑侬当了候补知县的小官,此人秉性刚正,主持正义,触怒豪绅,受到弹劾,罢职回京后,改行以演戏自娱。他演的《马前泼水》一出戏(汉朝朱买臣故事)很有名,民国初年学习他的唱腔的人还很多,可惜后来失传了。张伯驹为此写了前面那四句诗:"匏系微官"意思说做个小官像被拴住的葫芦,扔掉它并不可惜;然而,隐到梨园中演戏又有谁来爱怜你呢?人间的权势真是可恨而又可笑,过去的事情也都是泼水难收了,就演演这戏,姑且自我安慰吧。

这是一首幽默调侃的小诗。厌恶官场,耽于戏曲,清高拔俗,却又不禁顾影自怜,这是写汪笑侬,却又似乎是伯驹自况。

自一九五七年反右之后,张伯驹往日参与的文化艺术活动销声匿迹,除了奉命到北京市政协参加学习,只能赋闲在家,三年多时间几乎杜门不出。一九六一年吉林艺术专科学校约请潘素任教,伯驹方得随同,安排到吉林省博物馆工作,受到时任吉林省委宣传部长的宋振庭关照。然而气候回暖未久,阶级斗争势态来之凶猛,文革中他又成为"敌我矛盾",遭受批斗、游街,一九七零年被遣送到吉林舒兰县农村插队劳动。当年他七十有三,已过古稀,并已申请退职,因此农业生产队不予落户,夫妇遂返回北京。北京的住宅经过造反抄没,家徒四壁,既无户口,便无粮食供应,难怪张伯驹在给周恩来总理的信中言词激忿曰:"溥溥大地,锥无可立!"经老友章士钊周旋,周总理批示,一九七三年一月正式受聘为中央文史馆馆员,重新落户京华,始得安燕颐养,至一九八二年病逝,享年八十五岁。

晚年除编订词集之外,又出版了《红毹纪梦诗注》、《续洪宪纪事诗补注》等著作,在北海公园画舫斋举办了《张伯驹潘素夫妇书画展》,并参加了若干社会文化活动,这些事迹已大抵为人熟知,本书便无须饶舌了吧。

散淡暮年,心地一片净白

张伯驹的第一部词集《丛碧词》,收入了他自三十岁,至六十岁之前所填词作。近尾处的一组《鹧鸪天·春感》,满纸伤春情绪。

> 小巷垂杨日闭门,怏怏情绪独黄昏。
> 新春纵有重三月,旧侣曾无一两人。
>
> 歌歇拍,酒空尊,落花都化梦如尘。
> 莫愁魂为啼鹃断,不待鹃啼已断魂。

词中写到"重三月",便知是一九五五年,那年阴历闰三月。当时虽然伤感已甚,仍有所作所记。而其后在整风反右、大跃进运动那几年,直到一九六一年出关往吉林之前,集子中竟无一首词作,可见在高压政策之下,只好"金人三缄其口"了。到了吉林以后,才又有《春游词》之写作。

张伯驹在吉林工作生活,前后十年时间,又逢动乱岁月,历经风霜坎坷。此期间所填词,计一百八十首之多,写尽了人生感慨。《春游词·自序》写道:

> 词人先我而来者,有道君皇帝、吴汉槎。穷边绝塞,地有山川,时无冬夏。恨士流人,易生离别之思,友情之感,亦有助于词境。彼者或生还,或死而未归,余则无可无不可。沧桑陵谷,世换而境迁,情同而事异。人生如梦,大地皆春,人人皆在梦中,皆在游中,无分尔我,何问主客,以是为词,随其自然而已。

万物逆旅，皆作如是观。

道君皇帝，即宋徽宗赵佶，工书画、善鉴赏、能诗词，深通百艺，"靖康耻"被金人掳出关外，史称死于"五国城"（吉林扶馀）。吴汉槎即吴兆骞，清顺治举人，被遣戍宁古塔（吉林宁安），在塞外二十馀年，天天和羁臣逐客饮酒赋诗，气壮而才丽，后来被纳兰性德知道了，怜爱其才而为其周全，才得以赎归。

张伯驹以右派身份去到吉林的时候，联想到了这两位历史人物，也把自己与那些"恨土流人"相比，并且认为在"穷边绝塞"的境遇中，容易产生离别和思念友人的感触，这便有助于诗词写出意境。如其所云，优秀的骚人词客，都是逆境造就的。

"彼者或生还"，指吴汉槎；"或死而未归"，指宋徽宗。而张伯驹说到自己，"则无可无不可"，活着回到北京也可以，死在吉林也可以，完全是一副超脱姿态。接着说到世事变幻无穷，人生如梦如幻，梦游中的那种感觉是不论你我、不分主客的，而把这种感受写成文字，随其自然，不加雕琢，便是好词。这是张伯驹的文学观，也是他的人生观。天地不过是万物的旅居之所，一切将匆匆而去啊！这里引出李白的名句，再度显示了伯驹与这位唐代大诗人的相印的情怀和相似的人格。

继《春游词》之后，张伯驹又写了一集《秦游词》。其中一首《浣溪沙》，副题是："正月十一日大雪，晨起河边踏雪咏佛"。词曰：

梦里曾于净土行，开门起看尽光明。
岸边垂柳鹤梳翎。

天地与心同一白，乾坤着我并双清。

万花飞散打身轻。

词人夜梦中仿佛到了净土佛界，早晨开门一看，白雪世界，一片光明。河岸上柳丝静垂，悠闲的鹤在梳弄翎羽，飘散的雪花轻轻打在身上。在这个静美的时刻，词人的心与天地同样洁白，与乾坤清光相映，这是何等纯净无瑕的境界！

这首词写于一九七二年。那个一九七二年是一个怎样的年代呵，"无产阶级文化大革命"的熊熊烈火，还在中国大地上继续燃烧着，许多人还在狂呼着极端的革命口号，还在七斗八斗中，连两千多年前的孔夫子也被拉出来批斗了。当此时刻，张伯驹先生却竟然对如雷如雨、一片呼啸的世事置若罔闻，竟然能够那样悠悠然地"踏雪咏佛"，如此澹静超凡，恐非一般之人所能以达到的。

这首词中有一个精彩的警句："天地与心同一白。"这正是先生的纯真的情怀。

笔者最初读到他手写的长篇自述的时候，即已有了这样的感受：这是一个纯洁无瑕的灵魂。

张伯驹出身于大官僚地主阶级，大家庭里妻妾裙带，关系复杂，家事纷嚣。这些，都在他的自述中全盘托出。他坦陈身世，毫不掩饰其家族的腐俗与纠葛。难得的是，从这样的环境走出来，却能淘汰去污秽，独存其儒雅。他极度厌恶纸醉金迷的奢侈生活方式，洁身自好而沉醉于翰墨文物，成为贵戚子弟中的凤毛麟角。从那些平实质朴的文字间，却足以读出他是怎样从罪薮中叛逆，从纠葛中突围，处处流露着那种"天地与心同一白"的情怀。

张伯驹珍爱文化、无私报国，虽然在当年摧残贤达才良的极左的政治运动中，不念功美，反受困厄，然而，风雨过后，金声玉色，德誉愈尊。

他的行为,和他写在词中的情怀,是完全一致的。可以说,惜护文物,是其行;倚声填词,是其言,二者交相辉映。而言行一致的根本,在于心灵境界。这正如王国维所说:"词人者,不失为赤子之心者也。"

有些文章描写张伯驹,或是把他说成一个超凡脱俗、不食人间烟火的清高名士,或者把他说成一个只知交往文人墨客、出入歌馆戏楼、雅好骨董古玩的风流公子,或者让人以为他完全不理家事、不守父业、大手花钱,一派无拘无束、逍遥自在的大少爷习气。其实,他并不是那种清高,不是那样风流,也并不怎样逍遥。看了他的三个官司,分别被他的三个亲属告上法庭,就知道他在这个大家庭中的地位和处境。他的父亲下世之后,他就是全家的掌事人,不能不为之承担义务。盐业银行股份是他父亲留下的产业,他虽然对这种经济事务没有兴趣,但也一直参与其中工作。抗战期间,他看到盐业银行形势不利,又想在西安另起炉灶。这些事说明他不是完全不务经济、不理家务,但他又不愿意陷入到庸俗事务中,从骨子里鄙夷唯利是图的投机习气,这就构成了他人生旅途中的矛盾。既有社会动乱和变迁的因素,更有他个人的原因,导致家业凋零,家庭矛盾暴露。而这种经济上的损失,家业的衰败,对他来说,又都不过是身外之事,无论遇到怎样的烦鄙困顿,而他的高情雅志始终如一。似乎是在那样一种猥琐可厌的环境中,反而更磨砺、也更凸显了他的独特人格。

三件诉讼结束,家产调查见底,文物捐献已毕。他从具有大官僚、大资产阶级背景的富豪族,变成了一个无产士人。他从风流倜傥、尤以文物和艺术扬名于天下的翩翩公子,变成了一个挂着文史馆员虚名的散淡老人。他从兼有"忠节"和"高节"的儒家文化人士,最终进入了一个亦释亦道的超然境界。这就是晚年的张伯驹。

其《秦游词》序曰:"此一生如四时,饱经风雨阴晴之变,而心亦安之。"

再写《雾中词》,序曰:"余已在雾中,而如不知在雾中;即在雾中,而又如知不在雾中。佛云:'非空非色,即空即色',近之矣。"

继写《无名词》,序曰:"使余心如止水,如死灰,尽忘一生之事;于余一身未了将了之前,先入此境界,其可乎!"

十五　多馀的跋语

　　也许会有读者诘问:述其前期身世,行文絮絮而不惮烦,何故触及后期事迹却草草结末了呢?答曰:此乃本与末、源与流之关系也。笔者以为,我们来认识张伯驹的思想品性是怎样形成的,这是基础,后来的事情便如同顺流而下。如果我们不了解他的身世基础,单言后期之事,单看他后期写的那些交代材料,甚至可能会发生某种误解。张伯驹其人生的后一阶段,那种经历的社会和政治背景,我们今尚在世的许多同时代人也都是亲历过的,如何向组织交代、检查、交心、汇报,那种文字的规格上也都有大同小异之处。张伯驹在政治运动中所写的交代材料,以及在中央文史馆写的生平汇报,对他身历诸事的陈述和检讨,当然免不了重复絮繁,也免不了诸如"世界观问题"、"立场问题"、"封建主义残馀问题"等等的自我批判。既要应对政治的压力,迎合时代的要求,又绝不会失去一个文化人的传统信念和人格自尊,这是他所有的自白书写的基本衡准,也是他直至晚年,一切言行的基本衡准。

　　我们对张伯驹其人的基本了解至此足矣。至于某些细节,人云亦云,似并非关要。譬如,张伯驹与陈毅元帅交往的佳话广为流传,陈帅逝世,伯驹含悲写下一副挽联。时人都说毛主席出席追悼会看到此联如何如何,其实伯驹当年从吉林败兴而归,黑人黑户,狼狈不堪,又有何资格将笔墨悬挂到那种显赫的位置上呢?

那副悼念陈帅挽联确实写了,文辞意境确实高迈,其辞曰:

> 仗剑从云,作干城忠心不易,军声在淮海,遗爱在江南,万庶尽衔哀,回望大好河山,永离赤县;
> 挥戈挽日,接尊俎豪气犹存,无愧于平生,有功于天下,九原应含笑,伫看重新世界,遍树红旗。

挽联写就,送往何处呢? 大概张伯驹想来想去,别无门路,走到中南海的西门,交给了门卫,这是当年处境下一个聪明的办法。至于此联后来的去向,不得而知,据说陈帅的亲属也未曾看过。流传的联语的出处,自然是伯驹自留的底稿。毛主席是否看到此联,伯驹重新在京落户是否因此而沐恩,似无实据,传闻而已。人事档案中只有受聘于中央文史馆的有关材料,包括张伯驹致函周恩来总理,由章士钊转呈荐举,周总理作亲笔批示,中央文史馆对张伯驹政治历史情况的调查报告,国务院参事室主任同意张伯驹为中央文史馆馆员的批文, 这几件文书的签署日期都在陈毅追悼会之前。

又譬如,著名学者、文献学家吴则虞,与张伯驹为词学同道,约在一九七四年初,因感奋于邓小平重新回到中央工作,吴便建议伯驹为邓写一幅画作,以表达赞颂与支持之意。伯驹画了丈二疋的大幅苍松图,题为"大木颂"。大木,即大树,亦指大材、栋梁,《孟子·梁惠王下》:"为巨室,则必使工师求大木。"大画完成,吴则虞即托时在昌平县任职的陈希

同送呈,却因时局苍黄,诸端不巧,竟未能送到邓小平手上,此画便也与
那副挽联一样去向不明。据知情者言及,伯驹创作此画煞费匠心,应为
精品无疑,虽然至今不知失落何方,将来总会有面世之日。

写到此处,本当辍笔。恰值笔者赴辽阳参加中华诗词研讨会,得间
与著名诗词家周笃文先生交谈,获知张伯驹与胡苹秋"假凤虚凰"的一
宗逸闻,遂使我感发思至,引出了一些多馀的跋语。

词魔情痴,演成昆曲传奇

周笃文生年晚于张伯驹三十馀岁,他们却是友谊笃密的忘年交。伯
驹之婿楼宇栋说:"晚年先岳父自长春回京后,笃文先生是常客。患白内
障时,行动不便,磨墨裁纸之事则常由笃文先生代劳。"周笃文对于伯驹
往事知之甚多,至今尚有伯驹不少未发表诗作与书信手稿,置于其几头
收藏和研究中。关于伯驹与胡苹秋之间词笺传情的一段"恋爱"故事,已
经鲜为人知,大概只有周笃文等少数耆夙,尚能详其情由。

说到胡苹秋,真是个"敏捷诗千首"的当世奇才。时运不遂、看破浮
生的缘故吧,他并没有要成就什么丰功伟业,挂过少将军衔的须眉男
子,却偏要"男扮女装",把一肚子才华用到那些情词艳曲上,像荣国府
里的贾宝玉一样,沾了一身脂粉气。

胡苹秋生于一九零七年,早年进入军界,在东北军中任到少将秘书
处长。亲历西安事变,为谋释张学良,曾随著名抗日将领何国柱面谒蒋
介石,又随何密访延安,得与毛泽东晤谈。一九四九年投诚入解放军,任
西南军区京剧团导演,转业后为成都新声剧社编导,旋调山西,任省晋
剧院编导,至一九八三年病逝。他每自报身份称:"文官到简任,武官到
少将。"简任即是二等文官。

据说胡苹秋有诗作近三千首,填词逾两千阕,诗词作品数量之富为当代罕见。深于词学造诣,下笔风采飘逸,颇有周邦彦、吴文英的宋人遗韵。尤其善制才女词曲,婉情绮怀,每令人迷惑倾情。当初在四川,曾与西南师院教授吴宓唱和,致使吴宓"颠倒于胡"。调太原后,又以化名"胡芸娘"与山西大学教授罗元贞诗词投报。罗元贞为之倾心,求与"芸娘"相见,胡遣一少妇携幼子访于罗舍。及至后来真相大白,遣往罗舍拜访的"芸娘",却是胡苹秋的侄女。据说该少妇的夫婿从商,感情不洽,"嫁得瞿塘贾,朝朝误妾期",胡苹秋似乎是以诗词代她咏诉闺怨,倾吐爱情的期慕。

一九六三年秋天,张伯驹偶尔从福建寄来的《乐安词刊》上,看到"胡芸娘女史"的词作,有感其词情清婉,"惊为才女",于是投函于"胡芸娘",表达倾慕之意。其词中写道:"忽来空谷佳人,似鸣凤翔鸾迥出群。""吾何幸,得平生知己,馀事无论。"自此开始了才子佳人式的诗词酬唱。十馀年之间的文字交往,诗稿积至四大册,那位"芸娘"对伯驹言道:"来世愿为夫子妾,"极尽缠绵情意。伯驹并收到"芸娘"寄送的姿色靓丽的照片,胡秋苹或许还是拿他侄女的玉照冒充的,却一直使伯驹蒙在鼓里,以为对方真是一位柔情少妇。

张伯驹在进入中央文史馆之前,曾经一度声言要出家为僧,揣其心理,原因之一是备受运动的凌辱,历经生活颠沛,不能不有息影山林的心念;另一原因,则是他与"胡芸娘"频繁唱酬,且互赠礼物,其缠绵之情引起了夫人潘素的猜忌,这使他陷入了不知如何解脱的词魔情痴的烦恼中。

胡苹秋假名以"芸娘女史"与伯驹诗词神交之同时,他还以同样方式媚惑杭州大学教授周采泉,与之公开斗诗。直至周采泉被文革专案审查时,才弄清了胡苹秋"假妇戏"的真相,伯驹的天津朋友探知此事,乃转告于伯驹。伯驹犹犹然不能自已，又嘱托周笃文多方了解。发信诘质"芸娘"究竟是男是女，胡苹秋回信答曰："乃虎儿变者也。""虎变"的意思是说虎皮花纹斑斓多彩，可以变幻迷人。又询问于杭州周采泉，周采泉竟说："尤物移人，至今不悔。"伯驹终于惊醒了一晌黄粱美梦，但他似乎也是"至今不悔"。

这是一场曾使张伯驹迷坠的情梦，及至梦醒，依然长时间留恋不已。正如他的词友寇泰逢所说："虽葳蕤之锁已开，而芭蕉之心犹卷。"经词曲家把他们的故事编撰成昆曲《秋碧词传奇》时，伯驹赞赏说："三绝于今成鼎峙，桃花扇与牡丹亭。"这竟然是把他和胡苹秋的传奇故事，拿来与孔尚任的《桃花扇》、汤显祖的《牡丹亭》两部传世名著媲美，并誉为"三绝"，一往情深何至若此！

《秋碧词传奇》之"秋"，指胡苹秋；"碧"指丛碧，是张伯驹的字。由天津陈宗枢编剧，苏州王正来制曲，剧本脱稿于一九七一年。正值文化大革命如火如荼之时，上演是绝无可能的，而且随后的政治动荡，时遭惨雨酸风，连剧本流落何处尚不得知。

凡亲历过"史无前例"的十年，都知道那专政下的"继续革命"何其厉害。除了样板戏之外，别的戏曲一概禁演。除了背诵毛泽东诗词，鲜见有人敢公开写旧体诗了。若写旧体诗被人发现，不难挑剔出某个字句问题，上纲上线，便有打成"现行反革命"的危险。然而，文化人有一种执着的精神，即使不与权势正面抗争，也不会曲学阿世，旧体诗词变成许多人的"地下写作"，他们以此作为一种自我消解的方式，化除心中块垒，寄托其心仪之高标逸韵。胡苹秋与张伯驹的诗词姻缘，发生在他们的老年阶段，胡已花甲，张更古稀，其绵情密意却竟然如同青年男女一般。然后竟然还有词曲家热肠殷殷，编戏谱曲，张饰其事。由此可以窥知这些文化人，在气焰逼人的政治情势下，他们如何回避世事，而又如何在虚幻中自我陶醉的心态。他们心中含着多少难言之苦,却在诗词唱酬中化解成了幽默和闲情逸趣,在艺术同人中找到了心灵的慰藉。

常见有言论称,文化大革命的发生,根源在于传统的封建专制主义;而封建专制主义的根源又在于孔子的儒家文化。如果照上述立论推理,儒家文化便是文化大革命的根源之根源,那么,文化大革命为什么偏要批孔、批儒,为什么偏要批斗和强制改造读书人,将他们置于死地而后快呢?可见这种立论是无法自圆其说的。其实,文化大革命的根源,并不在于传统的思想。专政下的"继续革命"的理论,与中国传统文化不但毫不沾边,而且是完全对立的。

孙中山说过:"东方的文化是王道,西方的文化是霸道。讲王道是主张仁义道德,讲霸道是主张功利强权。讲仁义道德,是由正义公理来感化人;讲功利强权,是用洋枪大炮来压迫人。"孔子的儒家文化是讲王道的,文化大革命则是霸道,红卫兵造反变成了全国武斗,最后动用军队平息了红卫兵。按照孙中山所说,霸道是西方文化,可知文化大革命的根源不在中国的传统中。中国的传统文化既与文化大革命势不两立,文化大革命便是要彻底打倒传统文化。凡儒学传统深厚的文化人,绝不会赞成那种"革命",而势必遭到那种"革命"的无情镇压的。

诚然,中国文化有其精华,亦有其糟粕;西方文化有先进部分,亦有其反动部分。凡人类创造的优秀文化成果,无论东方,无论西方,都有着共同的内涵。从精神实质上看,东方文明与西方文明是相连相通的,相辅相成的。譬如西方的传统法律文化,其自由、民主、平等、法治的精神,与东方文化的王道精神,本质上有着许多共同的思想元素,它们的根本出发点都在于"民为贵"。梁启超在引述孟德斯鸠"公理先于法制"的论述时,就曾明确指出:"根本观念与儒家正同。"

近代首先"睁开眼睛看世界"的一批先觉者,他们非常睿智,提倡

"中学为体,西学为用"。取西方民主法治思想,植之于王道文化土壤上,定会开出绚丽的繁花。然而,反传统的烈风暴雨,一次又一次冲刷和摧毁着王道文化的土壤。本土的传统毁弃殆尽,欲引进西方的先进文化,却已没有可植入之地。于是,只有让霸道文化大行其道了。

西方的霸道文化,违背了由孟德斯鸠等哲人创始的民主法治精神;中国的压迫人民的专制主义,违背了孔孟倡导的王道精神。西方的霸道文化传播到中国,便会与中国的专制主义相结合,这就必然造成"阶级斗争为纲"、不断七斗八斗的那种局势。

胡苹秋和张伯驹有着颇为类似的经历,他们的思想文化基础,都是来自传统的儒教熏陶,同时也受到外来文化的某些影响,早年都曾从军,不会没有"修齐治平"的理想,尔后却为形势所迫,伤心于世事,淡泊于功名,于是沉醉在文化艺术之中。深浸在灵魂中的王道文化,使他们无法适应惨烈斗争的时代,只好"小巷垂杨日闭门",以诗词歌赋自得其乐,实际有如隐士一般。

世态暖寒,感叹曲终人渺

除了有作诗填词的共同嗜好,苹秋和伯驹两人情味相投处,还在于都是京剧名票。苹秋扮"旦"角,善演戏文中的女主角;伯驹跟余叔岩学的是"生"角,常演舞台上的男主角。苹秋一贯饰演旦角,大概对他的诗词风格会有影响,吟咏中脱不掉胭脂味,这似乎也是他擅长托名女子制词的一个原因。假如让伯驹与苹秋同台演出《游龙戏凤》,一定是苹秋扮李凤姐,伯驹扮正德帝;如果他们同台演出《四郎探母·坐宫》,一定是苹秋演铁镜公主,伯驹演杨四郎。由此观之,两人所以能够诗词神交,相恋达十年之久,似乎是有着某种隐秘的缘分的。

胡苹秋曾经上演和学习过的剧目，据说多达二百馀部，与京剧四大名旦都有交往，荀慧生曾与他同演《得意缘》一剧。张伯驹所学及所演之戏，在《红毹纪梦诗注》一书中已有详细记述，兹摘录数则如下：

余三十一岁从余叔岩学戏，每日晚饭后去其家。叔岩饭后吸烟过瘾，宾客满座，十二时后始说戏，常至深夜三时始归家。次晨九时，钱宝森来打把子(练武功)。如此者十年，叔岩戏文、武、昆、乱，传余者独多。

余从叔岩学戏，第一出为《奇冤报》。某次叔岩应天津剧院约演出，余同去津。由叔岩家至车站，在车内一路说《奇冤报》反调。叔岩在津演出《奇冤报》、《空城计》、《战太平》三剧，又同回京，即排练身段，穿上厚底靴，走台步，滚桌子，排完后即在饭庄演唱。

《战樊城》一剧精彩短练，为叔岩之拿手戏。余从叔岩学戏，为第二出。此戏一出场即表现出兄弟二人风度各有不同。兄为忠厚长者；弟则英俊机警，威风凛凛，使下书人见而生畏。与武成黑对打时，打小快枪要下场，右手推枪扔出，左手接枪，甩发，举右手而下。后场扫武成黑，扒虎，右手抱马鞭，右腿夹铜，开弓射死武成黑，精彩之至。时叔岩出演于开明戏院，每星期六、星期日各演一次。有人烦其演他戏，叔岩不应。第一日演《战樊城》，第二日演《奇冤报》，专为余看，甚可感也。

《打渔杀家》一剧为一普通老生戏，凡老生皆能演之。此剧与《游龙戏凤》经叔岩与畹华重排,身段、念白、神情,大与一般不同,成为两人合作极精彩之戏。余之靠背戏已演出不少场,与叔岩学此戏,叔岩曰:"此戏并不易演,不能同一般者,一招一式皆须有准谱,必须下功夫排练。"乃于每日下午去叔岩家,自出场走步起,船桨渔网摇法撒法,上下船一招一式,内心神情,仔细排练,每日不断。如文戏不过说三四次,靠背戏不过说七八次,即上场演出,此戏则排练一个月始完。余演于会贤堂,由陆素娟饰桂英,叔岩在台下观。演完后,叔岩曰:"成功矣!"此戏遂为余极有根柢之拿手戏。他演员演此剧者,皆不足观矣。

余四十岁生日,叔岩倡议演剧为欢,值河南去岁发生旱灾,乃以演戏募捐赈灾,出演于福全馆……大轴为《空城计》。余饰武侯,王凤卿饰赵云,程继仙饰马岱,余叔岩饰王平,杨小楼饰马谡,陈香云饰司马懿,钱宝森饰张郃,极一时之盛。后遍载各戏剧画报。此为乱弹到北京后称为京剧之分水岭。本年夏即发生卢沟桥事变,叔岩病重,小楼病逝,继仙、凤卿亦先后去世,所谓京剧至此下了一坡又一坡矣。

四大徽班入京后,汪桂芬、谭鑫培、孙菊仙为一鼎盛时期;杨小楼、余叔岩、梅兰芳为又一鼎盛时期。自此以后,一落千丈,已成曲终人渺之势。余曾于音乐堂组织演出数场,有余之《盗宗卷》,于连泉之《一匹布》,孙毓堃、侯喜瑞、王福山之《连环套》,李桂春之《独木关》,侯喜瑞、王福山之《五人义》等戏。此盖为回光返照也。

上文所提到畹华,即梅兰芳。钱宝森为老一代京剧演员钱金福之子。杨小楼(武生)、程继仙(小生)、王凤卿(老生)、于连泉(花旦)、李桂春(老生)、侯喜瑞(文净)等,均为京剧名家。

著名京剧艺术家余叔岩,艺名"小小余三胜",其祖父余三胜为清末著名老生,其父余紫云为著名花旦。叔岩幼承家学,十三岁即登台演唱,有"小神童"之誉,十八岁倒嗓,在京休养,后拜谭鑫培为师,重返舞台演出《打棍出箱》,名震艺坛。谭鑫培逝世,叔岩以"谭派传人"挑班主演,进而形成独特艺术风格,发展为"余派",以《盗宗卷》《战太平》《定军山》诸剧驰名。其嗓音圆润醇厚,行腔刚正委婉,武功架势优美,曾与杨小楼、荀慧生等合作演出,收李少春、孟小冬等为徒。张伯驹拜余叔岩为师,深得厚爱,一生所学之戏都出于叔岩门下。师徒并切磋演唱艺术,合著有《乱弹音韵》一书。从上面所引的几段回忆文字中,可以看出叔岩对伯驹的精心教诲,也可知伯驹对于戏剧艺术是如何地酷爱,情致精力是如何地投入。

张伯驹学《打渔杀家》一剧,排练了一个月才学完,成为其"极有根柢之拿手戏"。此剧经余叔岩与梅兰芳重排,身段神情之精彩非同一般,而余叔岩独传伯驹一人,所以,"他演员演此剧者,皆不足观矣"!自余叔岩、杨小楼等去世后,伯驹认为"京剧至此下了一坡又一坡矣"!他回忆了京剧历史上的两个鼎盛时期,感慨系之,说道:"自此以后,一落千丈,已成曲终人渺之势。"这里既有对余叔岩等老一辈艺术家的崇拜心情,也表达了他对京剧发展趋势的不满、失望和惋惜的心理。

初读张伯驹关于京剧"曲终人渺"的喟叹,颇令人惊异。他何至于如此悲观失望呢?推想其内心的忧思,大概与一九五七年所受到的那场批判不无关系。新中国成立之初,他对于传统文化的发扬光大曾经满怀信心。一九五二年发起成立北京京剧基本艺术研究社,出任副主任委员,后又投入文化部的传统剧目整理工作,组织老艺人演出委员会,积极推进京剧演出活动。但好景不长,随后开展的整风反右运动中,他因支持上演传统剧目而遭到打击。

《人民日报》一九五七年九月二日作了如下报道:

> 强迫筱翠花演坏戏,张伯驹是文化艺术界的绊脚石
>
> 本报讯:严重破坏和危害人民艺术事业的右派分子张伯驹,在八月三十日和三十一日两天戏曲和艺术界举行的反右派大会上,他的一系列的反共反社会主义活动,已被彻底揭穿。在鸣放期间,张伯驹到处放火。不仅在戏曲界放了大火,在国画界、书法界也进行了许多活动。特别是戏曲界这场大火,殃及许多城市——前一个时期各地一度上演坏戏,使剧目混乱的祸根就是张伯驹。
>
> 在鸣放期间,仅在京剧一团内,他就开过七次老艺人座谈会,进行放火。大力攻击文化部的戏改政策,硬说过去禁的一部分戏禁错了。他利用他把持的"京剧基本艺术研究会"组织,主张复古,组织演出坏戏。最恶劣的是:他强迫筱翠花上演坏戏《马思远》。当筱翠花以为这是禁戏,并有二十年没有演出了,既无服装又无人,不肯演时,张伯驹从中硬拉,说一切由他负责。谎称他和文化部门接洽好了;而对文化部门说,不让筱翠花演《马思远》筱有情绪,两头扯谎。
>
> 张伯驹在国画界也进行放火。张伯驹积极参与了国画界右派分子徐燕荪、王雪涛等六月间在北京荣宝斋召开的向共产党进攻的座谈会,企图和他的同谋者篡夺党在国画方面的领导权。他们这些活动曾接受章伯钧、李伯球的指使。在书法

界他也发起组织座谈会放火。

　　程砚秋等揭发张伯驹在一九五二年盗用齐白石、梅兰芳、程砚秋等近百位艺术家的名义,联名上书中央负责人,假借"发扬国粹"的幌子,对文化部大加攻击,并要胁中央负责人支持他成立京剧、书画等组织。当时,他的阴谋企图未能实现,就拉拢老艺人组成"北京京剧基本艺术研究会",用"团结新委员""发掘和研究老戏"等名义,积极发展组织,以极卑鄙的欺骗手段,笼络北京戏曲界的老艺人。在这些组织中,他散布流言蜚语,破坏国家艺术政策。章伯钧、罗隆基、黄绍竑、张云川等,都是这些组织的赞助人。民盟北京市委负责人揭发,在鸣放期间,张伯驹参加过章伯钧在文化俱乐部召集的秘密会议,并与罗隆基密谈。

　　张伯驹在大会上被揭露后,态度仍然十分恶劣,引起大家的愤怒。会议还要继续进行。

　　此则新闻报道中,加之于张伯驹的罪状是相当严重的。然从今天的眼光视之,其措辞虽然严厉吓人,却不过是空洞的大帽子而已。张伯驹从青年时期即已离开军政界,游涉于文化艺术中,对于政治权力之类毫无兴趣,何至于"反共反社会主义"呢?怎么会有"篡夺"党的领导权的野心呢? 这些都是无稽之谈。其中有一句话是符合实际的,那就是说张伯驹"主张复古"。他要"发扬国粹",这并不是"假借""幌子","发扬和研究老戏"是他的真实思想。所谓"到处放火",正是表现了他对继承和发扬传统文化的痴迷和热烈的感情。他的全部活动都是公开的,光明正大的,所以才叫"放火",并非"阴谋"和"欺骗"。直到大会批斗时,"态度仍然十分恶劣"——这一句对他的"态度"形容得很好,可谓一语如鉴:张伯驹之维护传统文化之立场竟然如此之坚定，其痴迷程度又竟然如此之深固啊！

京剧《马思远》，又名《海慧寺》，此剧是依据清朝的一起刑事案件的实事编写的。马思远本是京城一家饭馆的馆主。有名王龙江者，在该饭馆做司厨助手，每逢节日方可回家。王妻赵玉，不甘自守空房，某日到海慧寺游逛时，遇上贾明卖绒线，由调笑而至私通。这年年终，王龙江回家途中醉酒，逢熟人甘子迁向其借钱，拒之未借。甘子迁见其行囊沉重，心起歹意，尾随至其家，意图趁夜偷窃。是夜赵玉与贾明在家偷情，见王龙江醉酒归来，先将贾明藏匿于缸中，后乘王醉眠，竟与贾明相谋，用厨刀将王劈死，然后埋尸灭迹。这一行凶过程，全被随来行窃的甘子迁暗中看见，甘受惊逃去。赵玉担心王龙江不回饭馆，会引起疑窦，便到京城找马思远索人，反咬一口，诬告马思远害死其夫，致使马思远蒙冤入狱。后甘子迁在京犯夜被捉，将目睹情状说出。巡城御使受理此案，逮捕贾明，严讯赵玉，真相大白，马思远冤情始得昭雪。

此剧情节曲折，情感惨烈，生旦净丑人人有戏，颇具表演难度，演得成功则最能显示演员的高超技艺。张伯驹力主此剧排演，完全以传承京剧艺术为目的。因为中国戏曲的精粹，在于演唱艺术和表演的技术技巧；而这种艺术和技巧，只能由具体的剧目、具体的演员来表现。离开具体的剧目、具体的演员，演唱艺术和表演技巧便不能存在。所以，张伯驹认为"京剧是人传人，人没了，就完了"。著名京剧艺术家于连泉，艺名筱翠花，被誉为"花旦之王"，表演风姿艳丽，动作明爽飘洒，善于塑造风骚、泼辣的女性形象。《马思远》剧中的赵玉这个人物，从调情的娇媚，到害夫的阴险，到诬告的奸猾，多面性格，场场有戏。筱翠花能够把赵玉这个人物演活，确是炉火纯青的功夫。只有让他演出此剧，那样的艺术技巧才能显现，才能传承，不然就不能人传人，那种艺术也就完了。《马思远》被称为筱翠花的独家戏,经张伯驹倾力策划,上演了最后一场。之后筱翠花不再登台,以至今日,名重当年、人所钦慕的筱派艺术已经失传,完全应了张伯驹的话:"人没了,就完了。"

　　新中国建立之初,进行戏曲改革,其内容为"改戏、改人、改制"。"改戏"即是对戏曲的不良内容和不良表演方法进行修改。现在看来,革除那些野蛮、恐怖、猥亵的有毒害的思想内容,亦为必要之举措;但如果能对剧本作一些有效的修改,未必一定都要禁演。当年文化部明令停演二十多部戏曲,《马思远》列在其中。该剧固然有"淫毒奸杀"的内容,但张伯驹偏重于演唱艺术的价值,反对禁演,他一面组织演员排练,一面致函文化部要求解禁。文化部答复可以内部试演。伯驹极不满意,甚至召集记者招待会大声疾呼,利用舆论,力争公演。

　　前文说到张伯驹之处世,向有一种圆通态度,而且对新中国的新民主主义和实行社会主义,他抱着满腔热忱和期望。从他捐赠文物、参加政协等举动,显示着一种融入新时代的积极姿态。但对于京剧改革这件事,他从思想上过不了关。为了维护京剧的传统艺术,他直辞抗命,执言甚坚。及至面对政治运动的压力,人人自危的情势,仍然见势不趋,将个人的名利和安危置之度外。伯驹此时的表现,似有一种守道不回,甚至舍生取义、宁为玉碎的精神。一个一贯与世无争的人,突然激亢起来,胆大起来,非争不可,这是为何?这不禁使我们感觉到,他发自心灵深处的强烈动机,不只是为了一个剧目的公演,而是为了一切濒临衰退的传统文化艺术的一种抢救和抗争。这与他在国家荒乱年代倾尽全力抢救流散文物的那种作为,完全是同一种境界。

　　由此看来,其所谓"狂者"和"狷者",二者其实没有根本的区别,狂士不是时时都狂,有时也表现为狷;狷士也会在某个时候、某件事上大发其狂。张伯驹这样一位散淡自清的素心人,竟然为了争取一出旧戏的上演而狂热得不能抑制！一个纳言敏行的谦谦君子，竟然到处放起火来！所以说,狂和狷不过都是外在的表现而已,内蕴的本质是文化,是中华传统文化的基因造就了读书人那样的特质。

张伯驹痴情于传统艺术,以至于在运动中忘乎所以,敢以从戏剧界到书画界"到处放火",为弘扬国粹而有此种执着的精神,实在太可贵了！然而,他不能被那个时代所理解和容忍,他遭到了批斗和污辱。这正如卞和献宝,而楚王不识,反而受刑砍去双脚一样。前人有诗曰："荆和当路泣,良璞为谁明？"

上引《人民日报》的报道文章中,所谓"对文化部大加攻击","破坏国家文艺政策"云云,显然是张伯驹不赞成戏曲改革的某些做法。读《红毹纪梦诗注》便可知,伯驹对于前辈的艺术传授有一种"仰之弥高"的敬学情怀,而对于传统艺术之珍视,更似一种怜香惜玉的心愫。改革如果有利于传统艺术的光大,他会欣然接受;如果使传统艺术有所损伤和致衰,他定然不忍见之。

五四新文化运动前后,一些文艺界人士在西方文化的诱惑中,产生民族虚无主义,以为只有西洋的话剧、歌剧才是艺术,而中国"还没有真正的戏剧",认为中国戏曲"跳过桌子便是跳墙,站上桌子便是登山",这是"粗笨、愚蠢",是"自欺欺人",他们便要把京剧"全数扫除,尽情推翻"。他们不懂得中国戏曲原是来自民间,是扎根于人民中的伟大艺术,中国戏曲的虚拟性、夸张性、象征性,和它的程式之美,体现着艺术家们的才智,那是他们经过千锤百炼的艺术创造,也早已深入到人民心中。一个圆场,便是千里百里;几声更鼓,便可夜尽天明。船桨象征划船,马鞭象征骑马,四个举旗的跑龙套演员就可以象征千军万马。舞台之上的时间空间的如此灵活的处理,早已为广大群众所喜闻乐见。

梅兰芳等艺术大师借鉴某些国外的长处,借助现代的物质条件,对于京剧服饰、舞台美化等，曾经有所改良；而对于中国戏曲基本特色和传统程式，则积极守护与弘扬，并无任何动摇。自反右运动到文化大革命，却重新祭起了反传统的旗号，在"横扫一切牛鬼蛇神"的狂潮中，戏曲统统被视为"帝王将相、才子佳人"，遭遇了落花流水的厄运，那是一段不堪回首的惨痛历史。忆此前因后果，张伯驹当年的"放火"抗行不能不令人肃然而起敬。

人性文化，精髓薪尽火传

张伯驹离京去往吉林时，曾在词中写道："回首万事乱纷纷，""还将离恨寄重重。"可知他满怀怅惘，远行实出于无奈。有一首《浣溪沙》，尤其意蕴幽眇，值得我们赏味：

> 马前马后判寒暖，一重关似百重关。
> 雪花飞不到长安。
>
> 极目塞榆连渤海，回头亭杏望燕山。
> 归心争羡雁先还。

此词前半阕，句句都有双关含意。"马前马后"，明指远行的路途，暗指他因《马思远》一戏遭难的前前后后。"一重关"明指过山海关，暗指过政治运动关的种种不测，好似"百重关"。"雪花"句明写吉林的雪花飞不到北京，暗指自己在京蒙冤而不能昭雪。后半阕眺望榆关，回想京华，为何刚刚离京，就那样归心似箭，羡慕大雁先还呢？可知他人去心不去，为保护传统文化而遭到打击，心中不服，郁气难平。戴着不白之冤离开北京,他是不甘心的;不让他发扬国粹,他是不甘心的。这种有志不能伸的幽怨情怀,在那个时代的知识分子中,可以说是具有代表性的。凡热衷于研究和阐扬传统文化,被指斥为"厚古薄今",以至上纲为"反动""反革命"者,大都会有这番遭际。

文化的继承与改革,既有相成的一面,亦有矛盾的一面。不仅在戏曲界,而且在整个文化界,甚至整个意识形态、上层建筑领域,一直存在着这种令人困惑的矛盾。中西文化的冲突交错于其间,犹如云雾缭绕,或幽或明。又时时因政治局势的变化而变化,或左或右,翻覆无常。或是要打倒封建,扫除四旧;或是要保存国粹,弘扬传统。或是要实行拿来主义,或是要反对崇洋媚外。百多年来,政见歧异,宗派迭出,众议纷纭。直到今天进入市场经济的潮流中,似乎更多了一些新奇的高论。国中人才崛起,各路圣贤出尽风头,依附权力者有之,依附大款者有之,依附洋人者有之,理论家和文学艺术家们个个满腹经纶,振振有词,新之又新,奇之又奇,终于使社会价值全面错乱,除了物欲横流,金钱万能,常常使我们竟不知何去何从了。

学习了张伯驹诸般事迹,或许是受到他的人格的辉映,会让人觉得他所爱惜的那些传统的东西,在我们面前忽然格外地光亮起来。

中国书画、中华诗词、中华戏曲,都是民族文化的精粹。"兴于诗,立于礼,成于乐"的儒家思想,"道法自然""物我两忘"的道家意念,构成了博大精深的传统精神。"天人合一"的先哲思维,"温柔敦厚"、"中正平和"的美学灵魂,深深地凝化在传统艺术中。读中国艺术,可以悟道,即是指可以感受和领悟前贤所追求的人性美。

中国文化的精髓是人性文化。儒家、道家以及法家的文化中,包含着民主平等的思想元素。他们曾经是历史上很长时期中的先进文化。传统文化精神经过新的时代洗礼,在现在和将来的民主政治建设中,必将重新闪烁其灿丽光辉。

正是这种文化精神、艺术精神，造就了一代又一代的文化人。依托着一代又一代的文化人薪火相传，千百年来这种精神从未熄灭。张伯驹便是其中之"一介书生"，传统文化的崇拜情结深化在他的血液和骨髓中。

文化人作为民族文化和民族艺术的承载者，似乎比不上叱咤风云、擎天架海的政治家、军事家那样显赫，甚至有些人会觉得文化人不过是无用之人。然而，正是这些文化人，他们承担着民族文化的基因遗传、民族文化的资讯储存，从而使得民族灵魂不散、民族的内在生命得以绵延的责任。

文化是民族存亡的灵魂所在。一个伟大的民族，依赖于她的传统文化而生生不息。省悟了传统文化的本质及其价值，始能明白今日应当如何来拯救社会风气的衰败，如何来焕发民主政治的生机，如何来唤起天下匹夫的热忱，如何来振奋民族社稷的意气。为了我们民族的今天和明天，是需要重新认识传统文化和传统艺术，以发掘它们的极深厚而极巨大的潜力的。

梁启超在对世界几大法系的研究和比较中，看到了中华法系之伟大和中国古代法理学之发达，这不是偶然的。与之相似，程砚秋为改革中国戏曲、远赴欧洲考察和比较中，反而验证了中国戏曲的艺术价值。

梁启超说："夫深山大泽，龙蛇生焉。我以数万万神圣之国民，建数千年绵延之帝国，其能有独立伟大之法系，宜也。""我国当春秋战国间，法理学之发达，臻于全盛。以欧洲十七世纪间之学说视我，其轩轾良未易言也。"

程砚秋说："以前西方戏剧，在写实主义的空气下笼罩着，与中国戏剧之提鞭当马、搬椅当门，差不多是各自站在一个极端。现在西方写实主义的高潮过去了，新的象征主义起来了……西方戏剧这种新倾向，一方面证明了中国戏剧的高贵，他方面又证明了戏剧之整个的世界组织成为可能。"

从文化和艺术的本质意义上，东西方文化是可以融合的。然而，先进文化的融合，是对于传统的弘扬，而不是传统的消灭。

我们将张伯驹这个人的一生经历，包括那些细节，具体地想来，他不过是一个平凡的人，并没有显现怎样的经天纬地之雄才大略。他之所以让人敬仰，让人怀慕，是由于中国传统文化的魅力，由于那种文化修养的魅力。一个具有深厚的传统文化修养的"深人"，他的一切思想行为体现着人性文化的美，这就是他的价值所在。

感喟气数之终，警醒后人

笔者有幸获得的关于张伯驹的资料，还有最后一件，似有必要赘录于此，亦作为本书的尾声。

这是张伯驹写在一册词集手抄本之末的两页批语。

笔者因事旅京，某日往周笃文先生处拜访。茶间，周先生取出他珍藏的词集手抄本，观其末叶的批语，为张伯驹晚年手书，虽字迹模糊，愈令人珍重。

张伯驹因晚年眼疾故，词集聘用他人代抄，而抄写人素质低劣，以致错讹甚多，不得不反复修改粘补，然后便写了批语，表示对抄写者极度不满。抄写者是谁呢？不是别人，正是袁世凯的后人，这就不能不让张伯驹有一种特殊的痛心之感。其批语全文（标点为笔者所加）如下：

> 原本为一陈姓者钞写，错落不可胜计，乃另列勘误表，使

另一人钞写。而此人对勘误表不解，原本错者仍错，不错者亦错；且不知词之章句音韵，即《啰唝曲》、《小秦王》、《鹧鸪天》、《浣溪沙》如诗之调，亦不能句读如词；《啰唝曲》、《浣溪沙》每调之四阕者，则连写下去。屡经改与粘补，装订时复将跋语置于序前，钞订竣事费一月之时间。昔见毛子晋汲古阁钞本，书价值不下于宋刊本。此写本则实令人可恨、可笑！其钞写者为谁？乃项城洪宪皇帝袁世凯之重长孙也。性愚蠢、愎戾、疑忌，处家庭不睦，交朋友多猜，受箴规不服，对事接物不知分寸。年已不惑，娶妻生子女各一，旋离异，无职业。欲钞书给食，然既无学而又自信，教之不能领悟而即忘。父母姊妹谓其有精神病，恐是。若项城帝制成，彼当为第四世皇帝，如清之乾隆者。但袁氏之菁英，尽萃于项城与寒云之身。使此子果为帝，必亡国覆宗。是项城帝制不成，实袁氏之福矣！袁氏先世馀德，有以致之！观清顺、康、雍、乾之世，武功文治，昭垂一时。比载澧、载洵、载涛、溥儁、溥仪、溥杰一辈，非纨绔子弟，即庸人懦夫，国祚何得不易！非惟近世短史亦然，信气数之终，不可以人力挽也。壬子夏，丛碧记，目疾日剧，书不成字。

上文作于一九七二年夏日，正值张伯驹患白内障较重之时，翌年即赴西安作了医治。中有数处字迹不易辨识，能够让人感觉到其书写之困难。然领会全篇文意，简约而明快，直切而有力。由抄写的具体事，而联想到家国世道，随意写来，却成了一篇一气呵成的好文章。结尾一句感叹，意境顿觉高远，足以令人惊寤。试想，中国传统文化亦曾屡遭摧残，传承乏人，那种"无学而又自信，教之不能领悟"的青年，那种纨绔子弟、庸人懦夫，而今亦何其多也！"气数之终"一语，真好比惊謷震耳，后来人不能不警省。

再回到前面述及的京剧的话题，张伯驹所说的"一落千丈"，"下了一坡又一坡"，不啻也是一句惊世震俗之言。

梅兰芳在一九一九年出访日本，演出戏剧二十场；一九三零年旅美四个月时间，演出戏剧七十场；一九三五又赴苏联莫斯科和列宁格勒进行访问演出。京剧由此登上了世界舞台，外国观众赞之为"最高尚的东方艺术"。这是在抗战爆发之前。正是那几年间，京剧呈现出鼎盛状态。

张伯驹四十岁生辰，时为一九三七年初，经余叔岩倡议，借伯驹祝寿之际，为河南旱灾筹集赈济款，在北平隆福寺的"福全馆"隆重组织了京剧义演。因梅兰芳时在上海，未能到京，改由魏莲芳演《起解》一剧。此外，均按原来拟议，余叔岩、杨小楼、王凤卿、于连泉、程继先等，一代顶级艺术家同台演出，成为备受称赞的中国戏剧史上的一时盛事。据说那次演出所拍摄的电影，一直保存了二十年，却在大跃进的一九五八年被当做废物销毁了。如此珍贵的艺坛绝唱的一页历史，竟付之一炬，令人扼腕。

张伯驹为何说"福全馆"那次演出，乃是京剧之极盛，此后便下坡了呢？直接原因是名家辞世，后继乏人；而更重要的则是社会局势改换，先是历经战乱，后又有政治运动的压抑和干预的原因。他有诗写道：

> 一朝天子一朝臣，舞榭歌台梦已陈。
> 啼笑皆非马思远，中州断送老词人。

张伯驹自称"中州老词人"，因为组织演出京剧《马思远》而"断送"了他的命运。

他对这首诗还作过如下的解释：

　　旧历史一朝天子则有一朝之臣,一艺之兴衰亦如是也,非
天不变而道亦不变者。《马思远》为清代戏,余以支持于连泉演
出而受牵误。世换景迁,不应再谈戏曲矣!

　　"不再谈戏"一语,是含着激忿的。难道真的因为时代变迁,就不应
再谈戏曲了吗?其实,这不是张伯驹的真实思想。他所以写了《红毹纪梦
诗注》,就是要把他对戏曲的热爱和推崇,把那种宝贵的文化传统,留存
给后人,启迪于后人。他在"大鸣大放"中没有放尽的火,还在他的胸腔
里燃烧着,还在他的灵魂中燃烧着。他要把这火种留给后人。中国的传
统文化,薪尽火传,不会熄灭的。

附录

原始资料影印件

清署理北洋大臣直隶总督杨士骧荐请擢用张镇芳之奏折

袁世凯致电段祺瑞令张镇芳撤职避位之接收电文

张镇芳为张勋出任盐业银行协理一事所拟函稿

张勋复盐业银行股东会之手函

盐业银行致张勋之函稿

张勋允任盐业银行协理之复函

直鲁豫巡阅使曹为请抄送张镇芳判决书致大理院之公函

徐占凤为营救张镇芳致徐树铮之手函

张伯驹自述身世兼涉离婚一事之手稿

吴鼎昌致张镇芳报告业务之函

张镇芳为请辞职致吴鼎昌之手函

张镇芳丧葬费用清单

张伯驹任盐业银行常务董事之文件

张伯驹任南京盐业银行经理之更换印鉴之文件

为张伯驹新任南京盐业银行经理薪金之请示件

为张伯驹被绑架事任凤苞致上海盐业银行总管处之手函

西安福豫面粉公司为股票转户一事致张伯驹之复函

张伯驹题于词集手抄本末叶之批语手迹

再現署長蘆運司直隸存記道張鎮芳由進士

主事在戶部供差年久熟悉度支光緒二十八

年經升任督臣袁世凱奏調來直委辦銀圓局

務規畫精詳實心任事旋改捐道員派令辦理

永平府屬鹽務著有成效並因辦理公債暨籌

辦中立在事出力迭經升任督臣袁世凱奏保奉

清署理北洋大臣直隸总督杨士骧荐请擢用张镇芳之奏折

旨交部從優議敘並兩次蒙

恩飭交軍機處存記欽遵在案是該員之沈毅有為

廉能卓著早在

聖明洞鑒之中查永平鹽務自道光年閒商倒引懸

改歸官運因循廢弛百弊叢生自該員經理以

來釐別弊端杜絕灘私擴充銷路歲得餘利十

清署理北洋大臣直隶总督杨士骧荐请擢用张镇芳之奏折

餘萬四年統計已成鉅欵洵屬苦志經營有裨

國計數年前臣在直隸藩司任內與之共事即已

深佩其才該員現署長蘆運司整頓引課綱情

翕然鹺務當日有起色湖查長蘆有遭兵燹灘

鹽坨鹽先為俄法佔踞雖經設法以鉅欵贖回

而外人窺伺垂涎時須防範曾有日人商購永

清署理北洋大臣直隶总督杨士骧荐请擢用张镇芳之奏折

属石碑场滩盐运往海参崴等处销售以图营

试该员严词拒绝得以保我利权其从前经管

沿海渔业陆军粮饷调度得法综核靡遗犹其

余事当此举行新政百废待兴款绌用繁理财

是亟人才难得若该员之精于计学成绩昭然

者实为不可多得之员臣知之既稔不敢壅于上

清署理北洋大臣直隶总督杨士骧荐请擢用张镇芳之奏折

开应如何

施恩量予擢用之处出自

圣裁理合附片密陈伏乞

圣鉴谨

秦

张镇芳著仍交军机处存记

清署理北洋大臣直隶总督杨士骧荐请擢用张镇芳之奏折

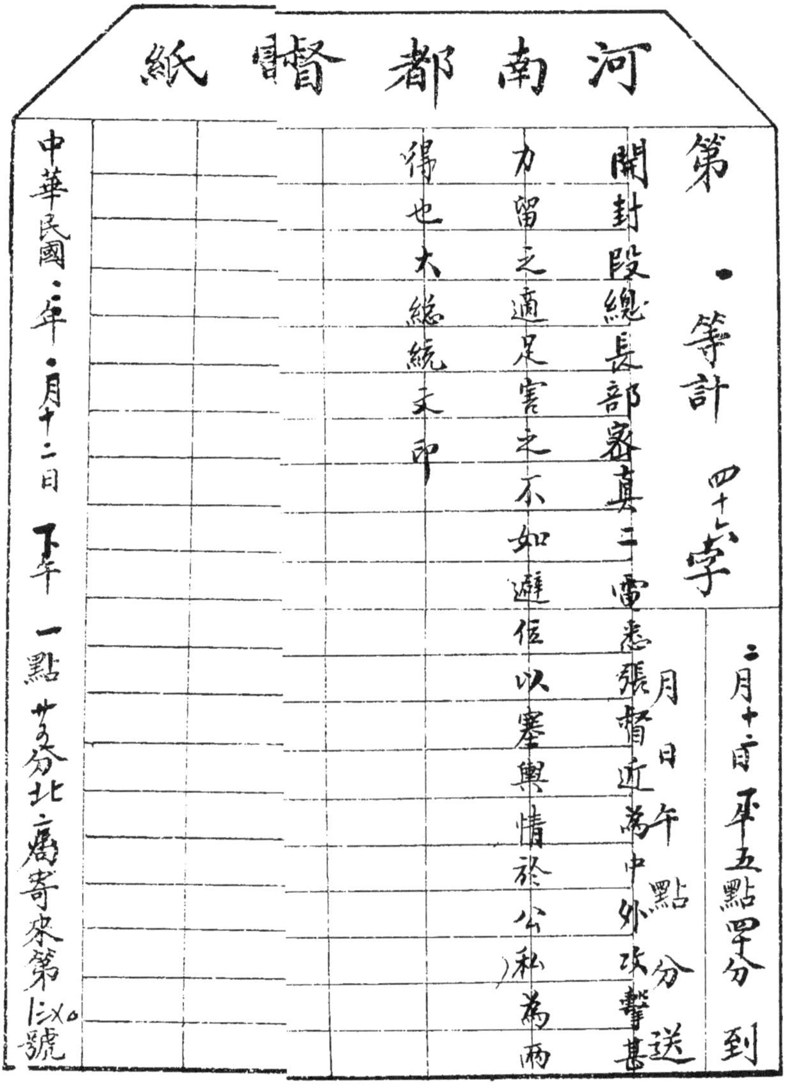

河南都督醫紙

第一等計四十六字

二月十日下午五點�'分到

月日午點分送

開封段總長部察真二電悉張督近為中外改聲甚

力留之適足害之不如避位以塞輿情於公私為兩

得也大總統丈印

中華民國.年.月十二日下午一點芳芬北處寄來第.號0

袁世凯致电段祺瑞令张镇芳撤职避位之接收电文

敬啓者　鎮芳於民國三年十月間奉

大總統諭籌辦鹽業銀行遵即招集股本釐訂

章程綿巖經營悉心規畫於四年二月間

先設京行以立基礎津滬兩處分行旋即

賡續開設進漸持恒已逾一載營業發展

成績燦然本年中交兩行停兌以後我行

楮挂橫流信用昭著官商各界極表懽迎

事務愈形繁多辦理尤為穩健現經公同

张镇芳为张勋出任盐业银行协理一事所拟函稿

议决以张少轩上将军威信素隆在行资本极厚於行中各事尤能随时维持公推为盐业银行协理以资提挈而策进行业经专函推举翁服既出众议表决自有同情相应函达即希

詧照为荷专此肃佈敬颂

台绥

張镇芳啟

张镇芳为张勋出任盐业银行协理一事所拟函稿

宦武上将軍公事牋

敬復者頃接

奉

股東會來函誦一切我國銀行營業遠遊

外人中支傅芭以来信用掃地鹽業銀行

開幕以後合眾極表懽迎揩挂中流差強

人意此係

諸公維持之力重何有焉所望恢廣信用日

上蒸在持穩健主義綜覈名實脚踏

實地爲中華營業界大放光明是亦興

张勋复盐业银行股东会之手函

官武上將軍公府事牋

有榮施至水

公推協理一節　　以治軍在遠不獲隨

諸公後一効微勞庸以虛名轉無實際撫

衷循省非所敢任若有須照拂之處但使力

量所及必不辭也專覆祗請

公安諸惟

愛照不宣

張勳拜啟

中華民國五年七月廿三日

张勋复盐业银行股东会之手函

盐业银行致张勋之函稿

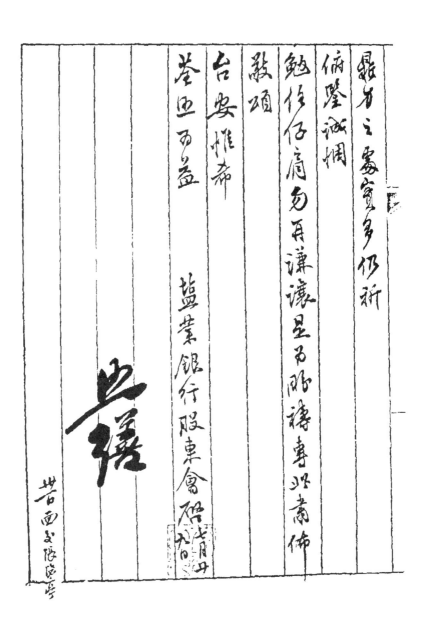

盐业银行致张勋之函稿

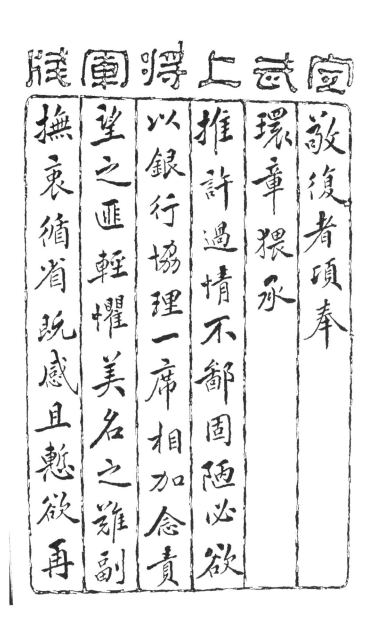

宣武上將軍閣下

敬復者頃奉
環章猥承
推許過情不鄙固陋必欲
以銀行協理一席相加念責
望之匪輕懼美名之難副
撫衷循省既感且愧欲再

张勋允任盐业银行协理之复函

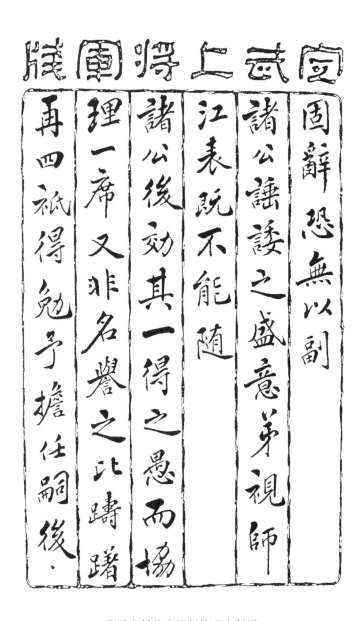

启国将上武宣

固辞，恐无以副诸公谬诿之盛意，茎视师江表既不能随诸公后，劾其一得之愚而扬理一席又非名誉之比，踌躇再四，祇得勉予担任嗣后。

张勋允任盐业银行协理之复函

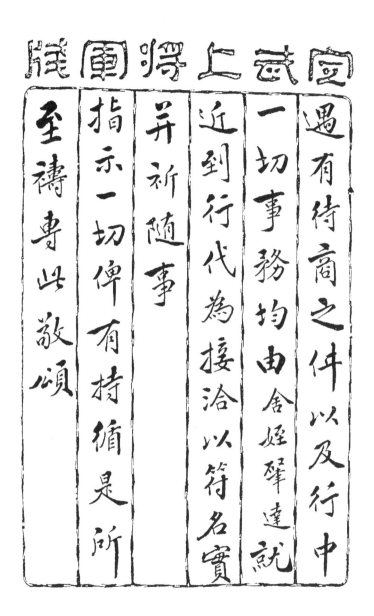

遇有待商之件以及行中
一切事務均由舍姪輝達就
近到行代為接洽以符名實
并祈随事
指示一切俾有持循是所
至禱專此敬頌
勳安

张勋允任盐业银行协理之复函

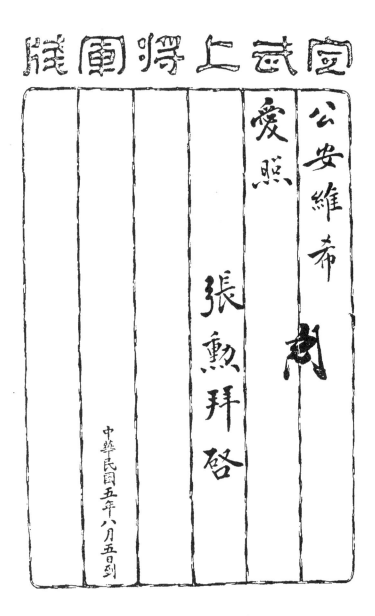

定武上将军缄

公安维希

爱照

张勋拜启

中华民国五年八月五日到

张勋允任盐业银行协理之复函

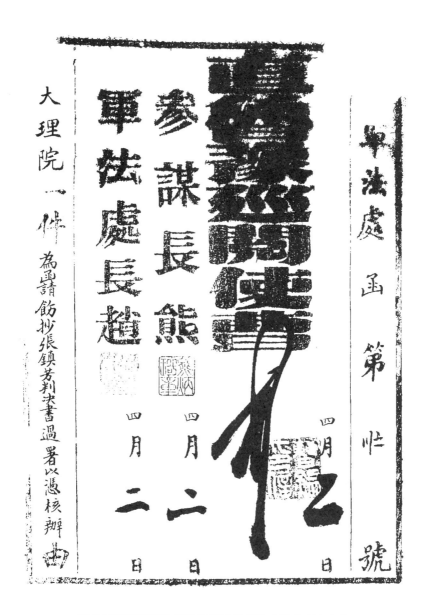

直鲁豫巡阅使曹为请抄送张镇芳判决书致大理院之公函

迳啟者卷查雷震春張鎮芳等前經因案判

處罪刑於七年二月二十八日奉

大總統令雷震春張鎮芳著即暫行開釋發交

曹。軍前隨營効力一俟軍事完竣再行聽候

處置等因奉此查張鎮芳係經

貢院審理判結敝署無案可稽相應函請

照飭抄該案判書檢送過署以憑核辦實級

直鲁豫巡阅使曹为请抄送张镇芳判决书致大理院之公函

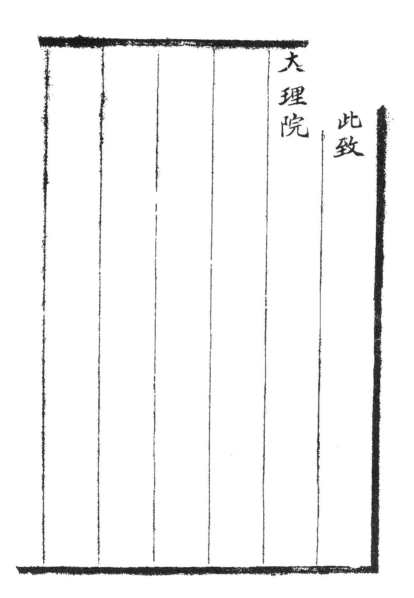

大理院

此致

直鲁豫巡阅使曹为请抄送张镇芳判决书致大理院之公函

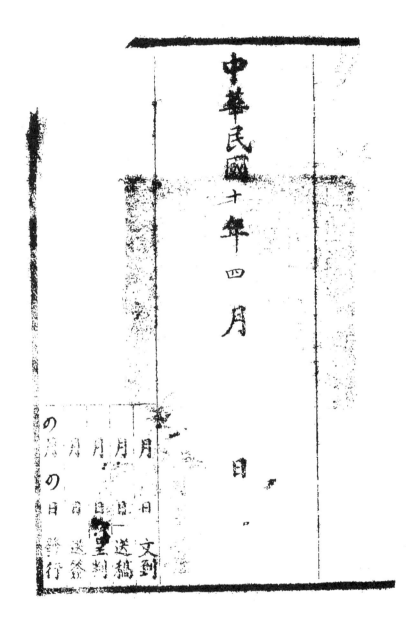

直鲁豫巡阅使曹为请抄送张镇芳判决书致大理院之公函

又钧鉴俚英览月前

迥鄙知己送别特深系念前次政争国

是赖危赖

执事寿之辩婞浮以及时解决昌胜

佩慰不意政变又生海内震动章蒙

芝老东山再起力挽狂澜其和再造

徐占凤为营救张镇芳致徐树铮之手函

徐占凤为营救张镇芳致徐树铮之手函

狂族迥悭商且为　芝言素所罪重

现在甬电又聘纷～来郊代求设法

因思吾

狂极防为怀　言重九异用特言今

绍之前广西省长王公肯庭超诣务

望狂情据见

徐占凤为营救张镇芳致徐树铮之手函

代为设法斡旋且镇芳家私百万如

能罄金受赎免共一死化无用为有

用且镇芳尚无见女则感荷

再造不苇镇芳一人已尺盍束托即颂

近祉顺候

注音

族教占凤手启

徐占凤为营救张镇芳致徐树铮之手函

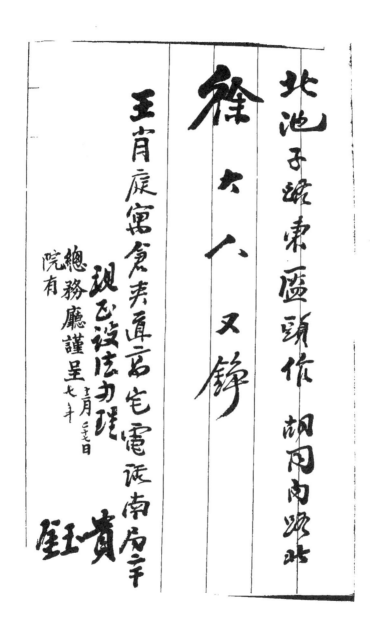

徐占凤为营救张镇芳致徐树铮之手函

我祖上是由貧農而富農而到推祖父已成了地主中了舉
人我父親中了進士由京官到直隸服官直到民國四年後
退休又創辦銀行寓居於天津租界內所以我這個家
庭完全是封建時代由地主而官僚長成的充分表現
賭奢陸生落的形象有很多污濁罪惡我是在這家
庭裏生長習梁也不能不有了罪惡在我七歲的時候
我父親已與我定了婚就是我的原配李氏他父這時是
候補道我父親也是候補道這就是門當戶對的婚姻
到我十九歲結婚結婚之後家庭裏纏知道我的原配
李氏因有疾病了是沒有月經並不能生育封建舊家庭

张伯驹自述身世兼涉离婚一事之手稿

的傳統思想是不孝有三無後為大到我二十四歲我父
親就催促我納妾是年我與鄧韻綺「在解放北京前法
我脫離鄧係兰二次給予贍養後鄧韻綺向市法院最高法
院訴請再給贍養費被批駁」同居次年生一女不久夭殤
（反來上瓶片烟瘾）
鄧韻綺久不生育到我二十七歲我兄弟病故我叔父之
子西汀只我一子我父親催我再納妾兰指示以生育為目的
不論才貌要身體肥壮田塩業銀行副經理朱虞生介紹
王韻緗本來介紹的有兩人主韻緗是其中之一因為朱虞
生的同居與王韻緗之母是朋友那一個就没時他與我見面
方促王韻緗與我的成功是年就與王韻緗實行同居於我

张伯驹自述身世兼涉离婚一事之手稿

三十一歲時生了一子「名張柳溪」這時我叔父的同居楊氏也生

一子「名張叔驥」一個大家庭共居一處大家都是享受

懶惰有雅片煙的就有十八之多我從三十歲研究文藝

對於這樣的家庭感覺痛苦尤其厭惡祖異川所以我

常去北京劉民二十二年我父親去世我父親的同居孫善

卿庶母交給我遺產但且還是有不夠這大家庭開支之

虞我看了園這時國民黨政局晚家我又做銀行的事知

道經濟前途不可栗范的對我的家庭還是這樣排塲

瀾繕下去是沒有辦法我就將大都分股票交給王韻

緗使他試腙籤理家政困為兒子是他生的並且我對他說

张伯驹自述身世兼涉离婚一事之手稿

经济前途是很危险股票的利息是靠不住的必须

紧缩开支家庭要平民化确言如在楼上由梯子一级一级

的下到平地总比在楼上陡到平地好但是他不能了解我的

话而且他早已染上雅片烟瘾每天到下午四点钟爬起床

没有管理家政的能力我把股票交给他是为供给家庭用

支股票的沪鑑还在我这里不是给他个人的而他会误

认到兒子是他生的文给他的股票我不能再拿去至於这个

家庭开支不够他没能力把他節俭下来还要想办法我

對三十九岁在上海與我的爱人儇素相遇我们两方情愿結为

配偶我是连香烟都不吸的他们都吸大烟我起床的时候

张伯驹自述身世兼涉离婚一事之手稿

是他们睡觉的时候我睡觉时候是他们打牌吸烟的时候

我感觉到苦恼而有这种声动到民二十八年天津发生

水灾我家也在淹在水中这时候孙善卿应母同王韵缃都来

北京暂住我想趁这时候把天津家庭合併在北京一起計

劃在北京房的空地建一所房专供孙善卿应母居住如

果他不来住我就不担负天津家庭的闹支我首先微求

王韵缃的意见他回答他不到北京住他还同孙善卿应母

住在他的心理因为多数的遗产在孙善卿应母手裏将

来孙善卿应母死後都归他所有但是他为了解不到将来的

局势與经济情形在这二年我的原配李氏去世所有遗

张伯驹自述身世兼涉离婚一事之手稿

物首飾衣服家具都由王韻緗接收這一年○底我父親

的第五同居李氏去世所遺衣狗（省飾）由王韻緗鄧韻綺劉

張家芬「我叔父之女」均分到民二十九年我叔父去世在一

年多之內我家有三面喪事已經負很多的債正北京房

子押出這時感覺不易維持在王韻緗那裏不得回股票

數高交族叔張慕岐經營呂買賣「一九五一年春張慕

岐曾來京云所經營的有虧料股票的欵都交還王韻

緗」民三十年我去上海在王韻緗那裏合手去股票十

萬交同鄉牛敬亭代經營我在這年夏被注精徵

的偽軍綁架此時都由潘素一人奔走借債營救拘

张伯驹自述身世兼涉离婚一事之手稿

因八个月始行释放因为还债把十万股票卖于

牛敬亭我同潘素於民三十一年回到北京此时已毫

无办法再担任天津家庭的开支而王韵缃手裏还

有一笔万股票也不再拿出来從此天津家庭开支缘

由孙善卿再毋擔負王韵缃只後他自己的塞花我本

年由朋友帮助及潘素賣出首飾離京去到西安民

三十三年潘素曾去天津向王韵缃取去股票七万由王韵

缃令其妹隨潘素去上海賣出三万的欵由女妹取回交

王韵缃自囤四萬的欵滙西安入秦隴實業公司股

民三十五年我又起王韵缃手裏約五萬以上股票的

张伯驹自述身世兼涉离婚一事之手稿

雖賣出房子手中還（是拮据到三十七年和平解放北

畫不足由潘素賣出首飾貼補始完成此任務因此我

贖回除還負債及置購現住承澤住房外以餘欵購收此

已押出負債約五十萬偽聯幣日本投降後法幣一兌五

現我恐被商人買去流到美國我所以將房子賣出前

書畫負債七千數百美金此時又有中國最古之畫發

的古代書目畫均在東北散失我為保存國家文物收買此項

來是研究考古的在日本投降時偽滿溥儀在清宮攜走

現在止鹽業銀行股本帳內他還剩有一百股三票我本

印鑑交給王韻緗換成他自已的戶名以後他陸續賣出裁自

张伯驹自述身世兼涉离婚一事之手稿

京劇工作又負了十八兩黃金的債 直到解放以後我沒

有收入這一時期沒有辦法再與顏到王韻緗相一九四九年春

王韻緗來京向我要錢聲言要字畫他也說不上名稱只說

要頂值錢的我的收藏這一部分畫畫裏面有潘素貼補

的錢是我與潘素共有的我们的宗旨是為保存研究國

家的文物不認為是我们享受的財產或遺產我们研

究工作終了將來是貢獻於國家的我寫的有邊隔並且

有朋友證明王韻緗的思想是與我们背道而馳的一九五

○年王韻緗又向我要錢我答應他有西安福豫麵粉公司

股票給亭他還有我擔任董事每月有麵粉三袋夫馬

张伯驹自述身世兼涉离婚一事之手稿

費也給他我寫信給福豫麵粉公司改換股票戶名並
滙來麵粉折價的欵侯撥到回信云在重估財產之前
不能過戶麵粉欵亦未滙來我這時急盼明白我否入在北
京一直沒去過西安而每月還給夫馬費是不合理的我
於是就辭去董事還有我投資麵粉公司時有一些餘
欵未結清若撥幣制政變則公家損失所以我又將股票
捐於公家這並不是我對王韻緗食言因為我的立場
不能不先公而後私到一九五〇年三底孫善卿庶母把天
津房子賣了我到天津請孫善卿庶母替我給他一部份
錢孫善卿庶母給他四十疋布　即是孫善卿庶母亦是

张伯驹自述身世兼涉离婚一事之手稿

替我给的但是我有过这样的請求在一九五一年王韻緗

又收列他的放款本息三百六十萬在一年之内就用去一千

三百多萬一九五一年八月我去天津作抗美援朝義演王

韻緗又向我要錢這時由潘素答應他每月設法給他二

二十萬元但是我的欠債由租房的款還掉而我的薪餉

在一九五一年春故去辦理喪事又行負責每月入不敷出

家中生活全由潘素籌措給子王韻緗一次錢就不能按月

照給後來王韻緗来信质向潘素責備不完現附來

郵函及稿上現在他来京說我不負他的責任我說你可以

列北京住他说我與他感情不好平時不同他说说话这是

张伯驹自述身世兼涉离婚一事之手稿

我的習慣平常說話，就少而我與他思想不同文化程度

不同往往說話好話也會誤會不如少說話他又提出

分產問題我答復他只有向法院去講總求我舊封

建家庭的罪惡就是我的罪惡即使我在反革命

上有小成績也是思想有些進步也是不能遮掩的在

今天一定而且必須且暴露出來予以洗刷結束總能在

這新時代從新做人一錯不能再錯所以我同意王韻

緗訴要扶養費的要求但是我既然是統一戰線上

一個人民我必須擁護政府婚姻法一夫一妻的制度，我

提請　法院判決我與王韻緗終止同居關係至於扶養費

张伯驹自述身世兼涉离婚一事之手稿

费我瞻养食费的数目我把我的负债财产收入人口生活状况报告

法院诸根据情况及王韻綃一个人生活宁以公决我愿意借钱最近在两个月内一次付给他我再学借卖出房子补还我的债务我与王韻綃雖说同居他一直住在天津我一直住在北京実际上已有十五年以上没有同居他得了瞻养费与我脱離同居倒係也可去掉依賴性去学習劳动他与我的冤子大學畢業後已經早有工作每月有三百斤上下小米待遇还能照顧他我若不幸在社會上未实現前死亡如果还有私产他与我的冤子还能

张伯驹自述身世兼涉离婚一事之手稿

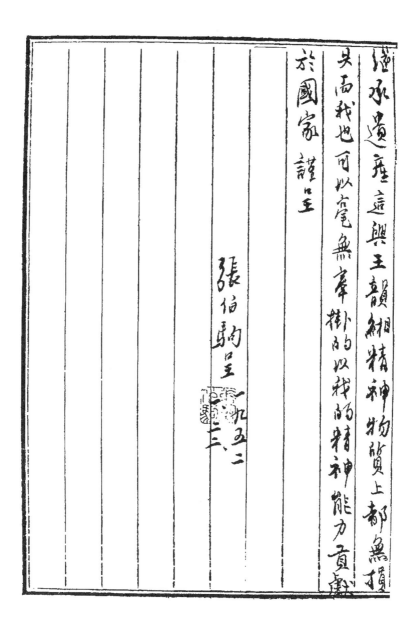

遂承遗产这与王韵相精神物物质上都无损
失而我也可以毫无牵掛的以我的精神能力贡献
於国家谨呈

张伯驹呈一九五二

张伯驹自述身世兼涉离婚一事之手稿

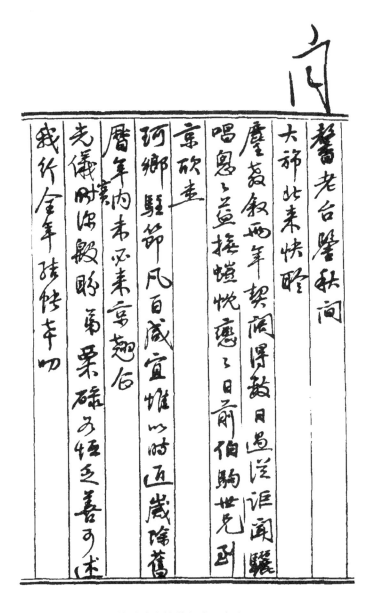

吴鼎昌致张镇芳报告业务之函

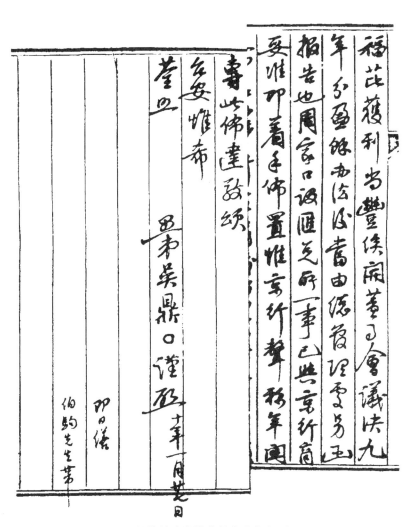

吴鼎昌致张镇芳报告业务之函

达诠仁兄台鉴敬启者　弟昔年创办我行颇费苦心嗣赖

硕画善筹日见发展感慰良深惟弟名下本行之股票数

年以来送经让出所存无几且近日多病不能任劳偿遗

误行务诚恐无以对股东兹特辞去董事长暨董事

等各职务祈

台端先行代理俟日正式提出董事会公决敬恳

俯允所请实为荷结专此顺颂

大安百益

　　　　　　　　愚弟张镇芳谨启九月十四号

张镇芳为请辞职致吴鼎昌之手函

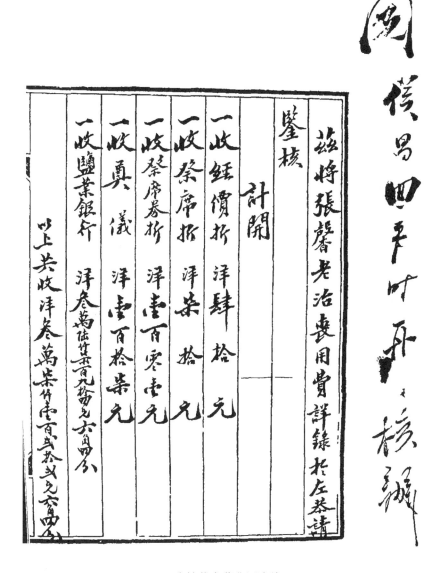

张镇芳丧葬费用清单

张镇芳丧葬费用清单

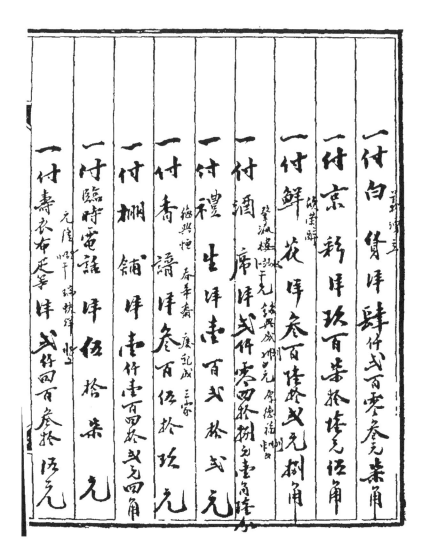

张镇芳丧葬费用清单

一付膳费洋肆百肆拾陆元叁角伍分

一付登报费洋叁百捌拾元肆百贰拾　左连根

一付茶坊洋壹仟伍百玖拾捌元陆百玖拾

一付大人工洋玖拾贰元肆角

一付後擋车洋玖拾肆元捌角

一付各行打空剃洋伍拾柒元肆百伍拾分

一付路赏洋壹仟壹百柒拾陆元伍角

一付油漆作洋捌百捌拾六元贰百捌拾分

一付笔墨供张洋壹百拾伍元伍分

张镇芳丧葬费用清单

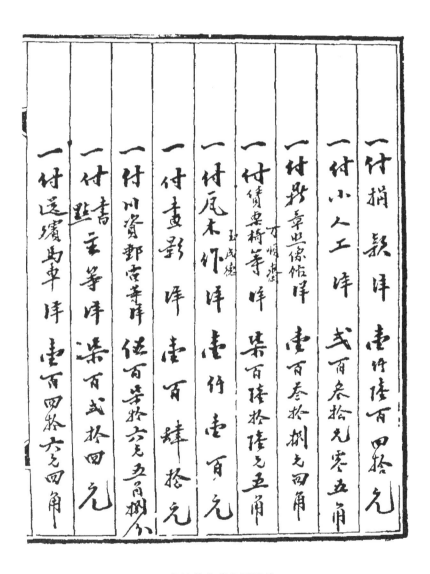

一付捎款年 壹仟陸百四拾元

一付小人工年 式百陸拾元零五角

一付彰章山像館年 壹百叁拾捌元四角

一付賃桌椅等年 柒百陸拾陸元五角

一付瓦木作年 壹仟壹百元

一付尽木作年 壹仟壹百元

一付畫影年 壹百肆拾元

一付川資鄞軍華年 伍百柒拾六元五角捌分

一付點書主等年 染百式拾四元

一付远賓馬車年 壹百四拾六元四角

张镇芳丧葬费用清单

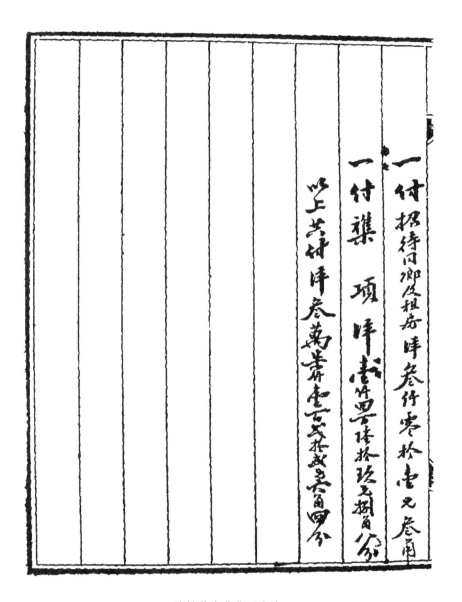

张镇芳丧葬费用清单

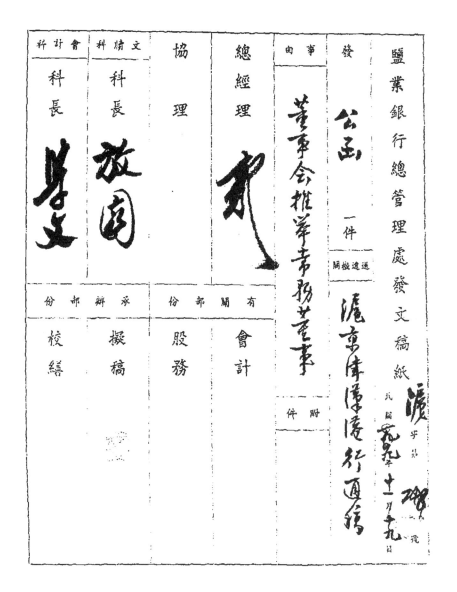

张伯驹任盐业银行常务董事之文件

沪行鉴本年自廿三日开第七次董事会
议决推举常务董事三人今推定张伯驹
刘䌹铭二位为常务董事特佳通知
即颂

公绥
　　　　总管理处启

津
段弟新与兄拟当面一谈不如所约
一刘
　　　　苏州上改张箦平
玉一件请妥为印为敬将敬礼印弟

张伯驹任盐业银行常务董事之文件

南京鹽業銀

總處台鑒敬啟張經理本日到行就職送上印
鑑一紙敬祈
營存備驗所有前送敞陳經理印鑑即請
代銷為荷祗頌
台祺
　　　　　　　寧行謹啟

華民國廿五年一月六日第　木列號第　頁

张伯驹任南京盐业银行经理之更换印鉴之文件

南京盐业银行用牋

| 总鑑誉代台 | | | |

职务	姓名	别號行街章簽	章
经理	張伯駒	伯駒	

张伯驹任南京盐业银行经理之更换印鉴之文件

請示事

舊歷年內開董事會請定日期地點

另函酌定

新任寗行經理張伯駒薪津數目

薪水二百五十元

註册一百元

新委挹彭顧問陳庶青是否致送津貼

（查表顧問每月致送三百元津貼）

侯年終酌送

監業銀行總管理處便用箋

为张伯驹新任南京盐业银行经理薪金之请示件

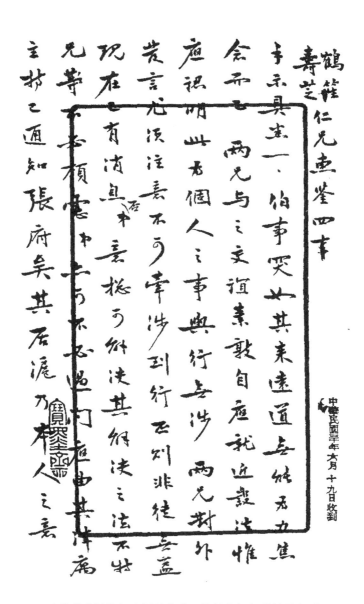

鹤笙仁兄惠鉴四事

寿芝

手示具悉一、伯事突如其来远道去能无力焦

令示已两兄与之交谊素敦自应就近毅逆惟

应讯明此方个人之事与行无涉两兄对外

发言尤须注意不可牵涉到行不列非徒无益

现在已有消息本言拯与外决其解决之法不特

无害于本顾虑中亦可不必如此在曲其伴届

主持之通知张府矣其后沉乃本人之言

为张伯驹被绑架事任凤苞致上海盐业银行总管处之手函

中华民国二年六月十九日收到

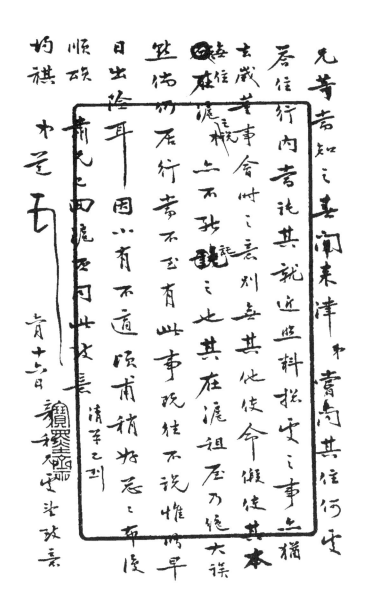

为张伯驹被绑架事任凤苞致上海盐业银行总管处之手函

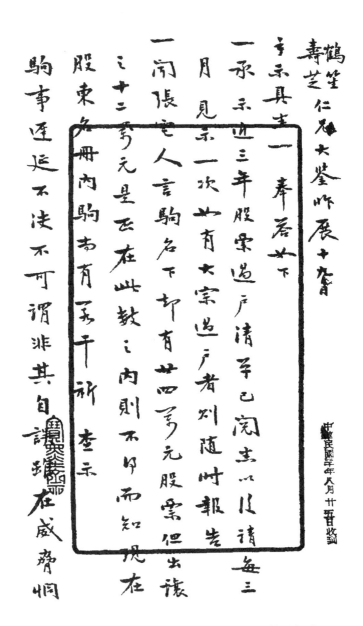

鹤笙仁兄大鉴昨展十聋

手示具言一奉荅如下

一承示近三年股票过户清册已阅去以后请每三

月见示一次如有大宗过户者列随册报告

一闻张电人言驹名下却有廿四万元股票但出让

三十三万元是否在此数之内则不叶而知现在

股东名册内驹亦有万千祈查示

驹事迁延不使不可谓非其自谋跻在威胁惘

中华民国廿年八月廿五日收讫

为张伯驹被绑架事任凤苞致上海盐业银行总管处之手函

为张伯驹被绑架事任凤苞致上海盐业银行总管处之手函

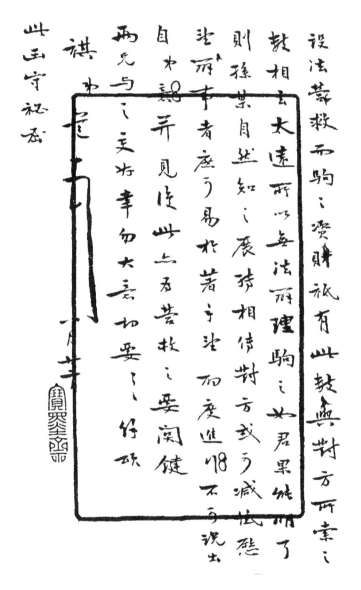

为张伯驹被绑架事任凤苞致上海盐业银行总管处之手函

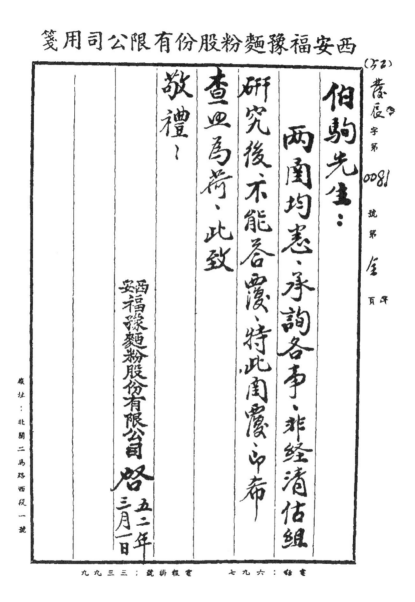

西安福豫麵粉股份有限公司用箋

伯駒先生：

　　兩函均悉、承詢各事、非經清估組研究後不能答覆、特此函覆、即希查四為荷、此致

敬禮～

　　　　西安福豫麵粉股份有限公司啟

　　　　　　　　五二年三月一日

廠址：北關二馬路西段一號

電報掛號：三三九九　　電話：六九七

西安福豫面粉公司为股票转户一事致张伯驹之复函

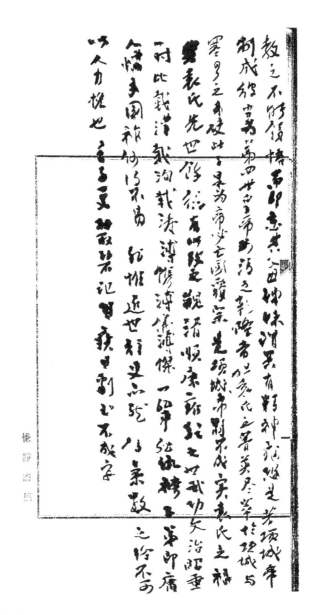

张伯驹题于词集手抄本末叶之批语手迹

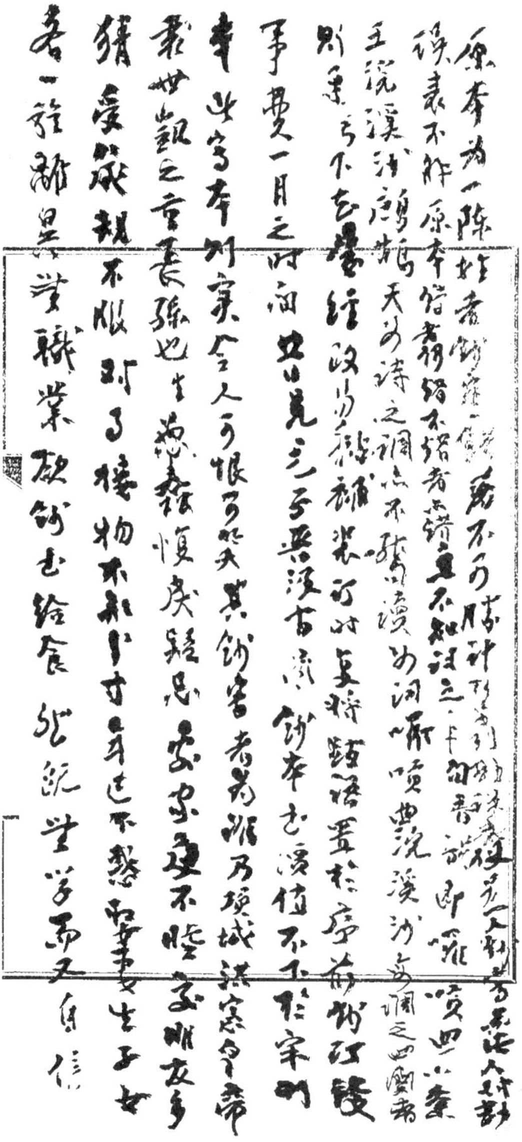

张伯驹题于词集手抄本末叶之批语手迹

图书在版编目（CIP）数据

张伯驹身世钩沉 / 寓真著.华， -- 太原 ：三晋出版社，
2013.8
ISBN 978-7-5457-0797-7

Ⅰ．①张… Ⅱ．①寓… Ⅲ.①张伯驹(1898~1982)
—传记 Ⅳ．①K825.4

中国版本图书馆CIP数据核字（2013）第188745号

张伯驹身世钩沉

著　　者：寓　真

责任编辑：解　瑞

责任印制：李佳音

出 版 者：山西出版传媒集团·三晋出版社（原山西古籍出版社）

地　　址：太原市建设南路21号

邮　　编：030012

电　　话：0351-4922268（发行中心）

　　　　　0351-4956036（综合办）

　　　　　0351-4922203（印制部）

E-mail：sj@sxpmg.com

网　　址：http://sjs.sxpmg.com

经 销 者：新华书店

承 印 者：山西臣功印刷包装有限公司

开　　本：787mm×1092mm　　1/16

印　　张：22.25

字　　数：260千字

印　　数：1-5000 册

版　　次：2013年 8月 第1版

印　　次：2013年 8月 第1次印刷

书　　号：ISBN 978-7-5457-0797-7

定　　价：48.00元